乡村旅游规划理论与方法研究

侯月洁 著

中国纺织出版社有限公司

内 容 提 要

本书围绕乡村旅游规划的方法展开研究，运用理论与实践相结合的方式，深入分析了乡村旅游规划的具体情况，对乡村旅游规划的内容进行了较为系统、全面的探讨，系统地研究了乡村旅游规划理论、乡村旅游规划设计模式、乡村旅游规划设计方法、乡村旅游景观资源规划与开发等内容。以乡村旅游规划为核心，阐述了乡村旅游资源的概念、基本特征，概述了旅游资源开发的基本理论，借助乡村旅游存在的模式对我国乡村旅游发展进行了全面的梳理、归纳、总结。本书结构合理，条理清晰，内容丰富新颖，对推动乡村旅游的发展有一定的积极作用。

图书在版编目（CIP）数据

乡村旅游规划理论与方法研究 / 侯月洁著 . -- 北京 : 中国纺织出版社有限公司，2023.10

ISBN 978-7-5229-0890-8

Ⅰ . ①乡… Ⅱ . ①侯… Ⅲ . ①乡村旅游—旅游规划—研究—中国 Ⅳ . ① F592.3

中国国家版本馆 CIP 数据核字（2023）第 194601 号

责任编辑：王 慧 责任校对：王蕙莹 责任印制：储志伟

中国纺织出版社有限公司出版发行

地址：北京市朝阳区百子湾东里 A407 号楼 邮政编码：100124

销售电话：010—67004422 传真：010—87155801

http://www.c-textilep.com

中国纺织出版社天猫旗舰店

官方微博 http://weibo.com/2119887771

三河市宏盛印务有限公司印刷 各地新华书店经销

2023 年 10 月第 1 版第 1 次印刷

开本：787 × 1092 1/16 印张：12.5

字数：242 千字 定价：98.00 元

前　言
FORWORD

近年来，随着乡村旅游基础设施建设水平和旅游服务水平的提高，人们对于乡村旅游的意愿不断增强，我国乡村旅游业发展迅猛。乡村旅游是在乡村地区开展的，以乡村特有的居住环境、山水文化、田园风光、农业生产及自然环境为基础的旅游活动。我国乡村旅游的兴起与发展是时代发展的需求和社会经济发展的产物，对于乡村旅游的发展来说，科学合理的规划具有重要意义。

本书对乡村旅游规划的理论与方法进行了较为系统、全面的探讨，着眼于我国国内旅游全面发展重要标志的乡村旅游，对推动乡村旅游的发展有一定的积极作用。全书共分为七章，第一章对乡村旅游的内涵与农村经济的关系，以及面临的困境做了概述；第二章对乡村旅游定义与类型、特点和意义等进行了分析；第三章对乡村旅游规划的基础理论及资源调查、评价进行了介绍；第四章对乡村旅游规划的设计模式进行了分析；第五章对乡村旅游规划的设计方法进行了介绍；第六章介绍了乡村旅游景观资源规划与开发方法；第七章对乡村旅游目的地生态环境规划方法进行了阐述。

笔者在撰写本书过程中参考了大量资料，并得到了许多同仁的支持和协助，在此谨向资料的提供者和作者表示衷心感谢。由于笔者的知识和实践经验所限，书中难免有不足和疏漏之处，欢迎读者提出宝贵意见。

侯月洁

2023年5月

目　录
CONTENTS

第一章　绪论……1
第一节　乡村旅游的内涵……1
第二节　乡村旅游与农村经济的关系……8
第三节　乡村旅游面临的困境……11

第二章　乡村旅游及乡村旅游资源概述……23
第一节　乡村旅游概述……23
第二节　乡村旅游资源的概念……27
第三节　乡村旅游资源的开发……36
第四节　乡村旅游市场调查与分析……44

第三章　乡村旅游规划基础理论……53
第一节　乡村旅游规划基础理论和应用……53
第二节　旅游规划的技术方法与操作实务……60
第三节　乡村旅游资源的调查……68
第四节　乡村旅游资源的评价……73

第四章　乡村旅游规划设计模式……83
第一节　现有乡村旅游模式分析……83
第二节　乡村旅游模式创新……94
第三节　基于产业融合模式的乡村旅游发展思路……102

第五章 乡村旅游规划的设计方法 …… 111
第一节 乡村旅游规划的创意与格局 …… 111
第二节 乡村旅游规划的项目设计 …… 125

第六章 乡村旅游景观资源规划与开发方法 …… 145
第一节 乡村旅游景观资源开发 …… 145
第二节 乡村休闲旅游资源开发 …… 155

第七章 乡村旅游目的地生态环境规划方法 …… 171
第一节 乡村旅游目的地生态环境规划类型 …… 171
第二节 乡村旅游目的地生态环境规划理念与方法 …… 177
第三节 乡村旅游目的地生态环境规划程序与内容 …… 184

参考文献 …… 191

第一章 绪论

第一节 乡村旅游的内涵

一、乡村旅游的定义与特点

（一）乡村旅游的定义

乡村是以从事农业为主、人口分布较城镇分散的地方。在我国，乡村一般指的是县城以下的广大地区，它不仅包括乡村居民区，还包括乡村的农田、森林和草地，是一个区域综合系统，也可被称为乡农村区域系统。乡村旅游则指的是以乡村为活动场所，利用独特的自然和人文资源，为游客提供包含吃、住、行、游、购、娱等活动的新型旅游经营活动。乡村旅游是一种兼具区域性、综合性的新型旅游业。

（二）乡村旅游的特点

1.旅游资源的丰富性

乡村地区有广阔的土地和多样的自然景观，并且乡村大多数地方和景观都保持原始的自然风貌，具有独特的风土人情、民俗文化等，这些都使乡村在旅游开发中表现出独特性。从自然环境角度来说，乡村的自然环境受到的污染较少，空气清新、绿化程度高，且环境较为开放，因此能够让人感到舒适、轻松、自在。在乡村健康、绿色的自然环境中，农业活动所获得的农产品如各种野生蔬菜，也被视为绿色食品，受到城市游客的喜爱。游客在乡村旅游时，既能够回归自然、放松身心，又能够购买和品尝农村的特色农产品与美食。同时，乡村旅游的目的地还保持较为传统的村落和景观形态，以及原始的农业生产的形式与状态，这些都构成了乡村旅游独特的人文景观，因此，游客通过乡村旅游也能够接触到真实的、传统的民俗风情与文化。这正是乡村旅游的独特魅力。

2.旅游分布的地域性

乡村旅游的分布有广泛的地域性特点。例如，根据地理位置的不同，我国乡村旅游可以分为山地乡村旅游、平原乡村旅游等。甚至，在一个村落之内，也有南北之分。

3.旅游时间的季节性

由于农业活动受自然环境影响较大，因此可以说农业活动具有一定的季节性，这也对乡村旅游造成了一定的影响。通常，人们是按照春夏秋冬的四季来划分农业活动时间的，因此，对于乡村旅游来说，夏秋通常为旅游的旺季，冬春则为淡季。

4.旅客行为的参与性

参与性主要是指乡村旅游活动项目要能吸引游客积极参与，这样才能令游客真正体会到乡村旅游的乐趣。

乡村旅游要调动社区居民的参与积极性，这样不仅可以使居民受益，也能真正体现出乡村旅游“乡村性”的特质。乡村旅游可以开展的活动非常丰富，包括文体活动、富有乡村特色的娱乐活动、乡村民俗节庆文化活动和农事体验活动等，这些活动把游客与当地村民联系起来，增进了他们之间的交流，达到了“众乐乐”的休闲放松目的。游客还可以通过发挥自己的创造性和主体性，参与到乡村旅游项目开发中，实现价值共创。正是这种参与性使得乡村旅游具有较高的游客涉入度，带给游客的身心体验也更加令人难忘。

5.旅游产品的文化性

我国具有悠久的农业历史和独特的农业文化。不同地域的农村由于地理与自然条件不同，发展出了类型多样的农业文化。此外，农村文化也不仅包括农业生产，还包括民俗、民间文艺等。因此，乡村旅游的旅游产品也具有文化性的特点。

6.人与自然的和谐性

乡村人文生态环境包括由乡村建筑和农田设施等构成的物质文化环境，以及由农耕文化、民风民俗、乡村生活方式及对游客的态度等构成的人文文化环境。乡村田野风光、气候条件、空气和水体的洁净度、土壤状况以及植被覆盖率等构成了自然生态环境。对于农业生产来说，其与自然有密切的关系，人们适应和改造自然环境，都是为了使农产品获得丰收，在农业生产中发展出的乡村文化，追求的也是人与自然的和谐。因此，对于乡村来说，其虽然不断地发展，但仍然保持原本的自然风貌和浓厚的乡土风情。正是由于乡村旅游的这些特征，使游客通过乡村旅游能够获得重归自然、返璞归真的感受，在乡村旅游中感受人与自然的和谐。

7.旅游经营的低风险性

乡村旅游是旅游产业向农业生产的扩展，因此，乡村旅游是人们在乡村原有的农业生产资源与条件的基础上进行的开发活动，只在经营方式有所调整，而不会破坏农业原有的生产形态。因此，乡村旅游开发的难度和风险都较低，并且能够很快获得成效。

二、乡村旅游的类型

由于不同的学者对乡村旅游的内涵与外延认识上存在差异，乡村旅游活动具有多样性且市场有多元性，人们可以从不同的角度对乡村旅游进行分类，以揭示其不同侧面的特征。

（一）按乡村旅游活动的功能分类

按乡村旅游活动的功能，乡村旅游可分为观光型、休闲型、度假型、体验型（参与型）、求知型、购物型这六种。

1.观光型乡村旅游

观光型乡村旅游以粮田、特色蔬菜、花卉苗木、乡村农舍、溪流河岸、园艺场地、绿化地带、产业化农业园区、特种养殖业基地等自然、人文景观为观光活动的主要内容，使游客回归自然，感受大自然的原始美、天然美，在山清水秀的自然风光和丰富多彩的民族风情中放松自己，从而获得心灵上的愉悦感。

2.休闲型乡村旅游

休闲型乡村旅游以乡村风景为背景，以宁静、松散的乡村氛围为依托，提供棋牌、歌舞、观光采风等休闲娱乐活动服务，也有的将乡村居民的生产、生活场景、器皿工具、房屋建筑、室内陈设、饮食、服饰、礼仪、节庆活动、婚恋习俗以及民族歌舞和语言等方面的传统特色纳入休闲型乡村旅游中。

3.度假型乡村旅游

度假型乡村旅游利用乡村蓝色的天空、清新的空气，让游客乘着习习凉风、听着泉水韵律、望着流星明月，处于“天人合一”的美妙境界之中，还有乡间散步、爬山、滑雪、骑马、划船、漂流等乡村度假健身、娱乐活动。

4.体验型（参与型）乡村旅游

体验型（参与型）乡村旅游主要使当地的民俗文化、农业生产和农副产品结合起来，通过参与民俗活动、种花栽树、修剪花木、除草施肥、挖地种菜、采摘瓜果蔬菜、捕鱼捞虾、放养动物、用水磨磨米面、用水车灌溉、用石臼舂米、学做乡村风味小吃、用木机织布、制作简单农具、制作陶制品等体验乡村生活的质朴淡雅，感受耕种收获的喜悦。

5.求知型乡村旅游

求知型乡村旅游一方面，以长期生活在城市的人们，特别是少年儿童为对象，向他们普及农业、农科知识，使他们了解乡村的民风与民俗，如广州市郊和番禺一带的科技农场，以及沈阳新民市的中小学生实践基地。它们或是由企业投资建设的，成为青少年科普教育基地；或是由教育系统自行投资建设的，作为中小学生农业和自然实习基地。另一方面，以特殊兴趣的人为对象，以考察研究先进农业、特色农业或农业文化、学习农业技艺为主，可以通过农村留学、参观考察、教育培训等多种形式，开展农业文化考察、特色农业考察、农业技术培训、花木栽培装饰培训、工艺品制作培训、农业知识学习等研修型乡村旅游活动，发挥乡村农业的教育功能。

6.购物型乡村旅游

购物型乡村旅游是以洁净、新鲜的特色蔬菜瓜果、稀有的珍稀禽畜和名贵水产、美丽花卉、别致的盆景、风味独特的土特产、工艺精湛的手工艺品、古朴雅致的农民书画、设计独特的旅游纪念品为丰富的资源而开展的旅游活动。

（二）按乡村旅游活动的载体分类

按乡村旅游活动的载体，乡村旅游可分为以下八种类型。

1.森林型乡村旅游

森林优美的环境和洁净的空气吸引着城市居民体验回归自然的乐趣，可与休闲、度假、避暑、疗养等服务结合起来。

2.农园型乡村旅游

农园型乡村旅游通过展示种植业的栽培技术，开放果园、蔬菜园和花卉基地，供游客赏花观景、采摘瓜果蔬菜，自摘、自取、自食农产品，体验农家乐趣。

3.渔场型乡村旅游

渔场型乡村旅游利用水库、鱼塘、湖泊和河流等水体开展渔业养殖、垂钓、划船、餐饮和水上娱乐项目。

4.畜牧型乡村旅游

畜牧型乡村旅游引导游客参观养殖场、跑马场、牧场，并且可以让游客体验骑马等娱乐项目。

5.高科技农业园型乡村旅游

高科技农业园作为一种旅游农业模式，是人工建造的，以展现先进的农业科技和农业生产方式为主要特征的园区。

6.民俗村寨型乡村旅游

民俗村寨型乡村旅游利用乡村特色地域文化或风俗习惯、民俗活动或具有民俗特色的村庄、农场、建筑群，让游客感受农家浓郁的乡土风情和民俗文化。从民俗生活的空间角度，民俗村寨型乡村旅游可进一步分为山村民俗游、水乡民俗游、渔村民俗游等。

7.民族村寨型乡村旅游

民族村寨型乡村旅游是以多样的民族文化为载体，以活的民族文化遗产保护、传承与展示为核心的一种乡村旅游类型，开展观光、学习、体验、文化探秘等多种形式的活动。我国贵州省的乡村旅游项目，大多属于这一类型。

8.古村落（镇）型乡村旅游

古村落（镇）型乡村旅游是以古村落（镇）的历史文化和人们的生活场景为吸引物而开展旅游活动的一种乡村旅游类型，最具有代表性的是江西婺源和水村、浙江乌镇、江苏周庄等古村落的历史寻访游等。

（三）按乡村旅游活动的区位分类

1.依托城市的城郊型乡村旅游

依托城市的城郊型乡村旅游是指城市郊区的农民依托农事活动和农家生活场所，为城市居民创造农事活动的参与机会、提供餐饮服务和住宿服务等的一种乡村旅游类型，多表现为城市居民周末游憩、娱乐、度假的形式。该类旅游具有重游率高、市场营销周期短的特点，是目前最成熟的乡村旅游类型。同时，不同性质的城郊在乡村旅游内容的构成上既有相同的部分又有各自的特色。

2.依托大型景区型乡村旅游

我国的乡村常常分布在风景名胜区周围。壮美的自然景色、美丽恬静的田园风光、独具特色的乡土文化和农耕文化，形成优势互补的旅游资源富集区。

农民或以自筹资金承包的山林地为资源兴办旅游业，或在景区周边乡村围绕旅游市场需求发展特种农业，或开展以家庭接待为主，融入一些乡情活动的乡村旅游。例如，广西阳朔县开发了民居旅馆、竹筏漂流、自行车游、洞穴探险、参观古建筑、洗泥巴澡以及体验农家生活的“农家乐”等旅游项目；月亮山、梦幻遇龙河、神秘的古石城、渔村古民居等景观都吸引了众多游客，成为该县旅游的另一大品牌。

3.边远独立的民族村寨型乡村旅游

原生态的自然环境与人文景观、原始的乡情习俗，构成一个个特色浓郁、带有极强的文化与生态色彩的乡村旅游地。例如贵阳市花溪区高坡苗族乡，以独具特色的苗族“背牌”服饰、远古的洞葬、竹林拱卫的村寨、绿野万亩的山地草场等，成为著名的乡村旅游范例。

（四）按乡村旅游开发的形式分类

1.观光农园型乡村旅游

观光农园型乡村旅游是指让游客进入已开发成熟的果园、菜园、花圃和茶园等摘果、采菜、赏花和采茶，享受田园乐趣，同时利用特色农产品开展一系列旅游节庆、购物活动的一种乡村旅游类型。

2.市民农园型乡村旅游

市民农园型乡村旅游是指由农民提供农地，让市民参与耕作的一种旅游形式。相关部门一般将农地集中规划为若干小区，分别出租给城市居民，用以种植花卉、蔬菜、果树及其他家庭农艺。依不同使用对象，市民农园可分为家庭农园、儿童农园等。

3.农业公园型乡村旅游

农业公园型乡村旅游是指按照公园的经营思路，以把农业生产场所、农产品消费场所和休闲旅游场所集于一体的公园形式为游客提供旅游场地的一种乡村旅游类型。

4.教育农园型乡村旅游

教育农园型乡村旅游兼顾农业生产以及农园中所种植的作物、饲养的动物、配备的设施的教育功能，主要有稀有植物、热带植物、农耕设施、栽培和传统农具展示活动等。

5.休闲农场型乡村旅游

休闲农场型旅游所提供的休闲活动内容一般包括田园景观观赏、农业体验、儿童活动、自然生态解说、垂钓、野味品尝等，它除了提供观光、采集、采果、体验农作、了解农民生活和享受乡土情趣服务外，还具备住宿、度假、游乐功能。

6.民宿农庄型乡村旅游

民宿农庄型旅游是以农业资源、生态环境和农村生活文化为基础，为游客提供住宿、餐饮和相关活动设备与服务的一种乡村旅游类型。

7.民俗村寨型乡村旅游

民俗村寨是具有浓郁的地方民族、民俗特色的村寨，民俗村寨型乡村旅游可展示民俗村寨的民族性、地方性、丰富性、多样性、大众性、传播性、时代性和空间性，使游客在参与体验中理解民俗风情，并从中获取难得的文化享受。

三、乡村旅游的意义

乡村旅游是由第一、第二、第三产业有机融合而衍生出的新的旅游业态，对农业、农民、农村、城乡一体化及旅游业意义重大。

（一）乡村旅游的经济意义

在欧洲，乡村旅游主要是为了振兴乡村经济，因此其经济影响一直是备受人们关注的问题。乡村旅游在拯救乡村、推动地方经济、提高就业率，以及促进乡村经济多元化等方面具有积极作用，是农村产业结构调整的重要举措。发展乡村旅游能够延伸农业产业链条，拓展当地人民就业增收空间，成为当地人民的重要收入来源，促进传统农业向现代化农业转变。

（二）乡村旅游的社会文化意义

乡村旅游有助于增强当地社区自豪感，推动乡村与外界的社会文化交流，平衡乡村内部及城乡间的发展差距，促进地方文化发展和遗产保护。同时，对社会结构、婚姻、家庭等方面也有积极影响，可以促进社区团结和社会结构优化，如鼓励女性更加独立、拓宽村民认识视野等，是推进城乡一体化发展的有效途径。我国乡村地区仍以种植业为主，产业结构十分不合理。乡村旅游经济的可持续发展，会使一部分剩余劳动力转移到劳动力密集型的第三产业上，可促进技术流、人流、信息流、资金流和物流向乡村地区集聚，有效改善乡村地区的投资环境。乡村旅游把城市的各种新信息、新理念带到农村，村民们潜移默化地学起了普通话、外语和计算机，学文化、学技术成了村民的自觉行为，全面提升了农民素质。

（三）乡村旅游的环境意义

为了吸引游客，乡村旅游目的地的田园、道路及周边环境需要美化，景观设计要有错落有致的乡村意象。乡村旅游目的地在发展过程中应注意保护生态环境，提高能源、资源的可循环利用率，保护乡村的文化遗产资源。在许多发达国家，乡村成为人们高度关注的对象，人们认为乡村是独特的，因此乡村旅游开发要以维持乡村独特性为核心，以实现可持续开发。

首先，乡村和农业与自然紧密相连，敏感性较高，因此乡村旅游的开发，在一定程度上可以引进高精度、更科学的农业生产方式，保护乡村环境；其次，优美的环境是乡村旅游长远发展的坚实基础，因此，保护环境成为发展乡村旅游和休闲产业的基础工作。只有保护好青山绿水，才有可能实现经济和社会效益，促进环境保护和可持续发展。发展乡村旅游的农村乡镇，有利于增强当地人民的环保意识，增强该地区的可持续发展力。乡村旅游的发展，使广大农民从根本上找到了实现长期富裕的渠道，不仅促进了当地经济的发展，还有效减轻了社会就业压力。

第二节　乡村旅游与农村经济的关系

一、乡村旅游对农村经济发展的影响

乡村旅游与农村经济发展是两个相互独立的概念，两者之间并没有绝对的联系，即乡村旅游其实只是农村经济发展道路上的一个偶然现象，是诞生在特殊的社会环境之下的。促进农村经济发展是社会主义现代化的基本要求，是解决“三农”问题的关键所在，而恰好城市居民因向往农村生活方式而选择到农村放松休闲，由此催生了乡村旅游，使乡村旅游成为农村经济发展的一个重要推动力，但这并不意味着农村经济离开了乡村旅游就无法得到进一步发展。虽然说乡村旅游的诞生与农村经济发展并没有必然的联系，但是在乡村旅游诞生之后，其就成为农村经济不可或缺的一部分。

（一）乡村旅游对农村经济发展的积极作用

1.乡村旅游能够促使农村经济结构升级优化

一般来说，游客多是消费层次较高的居民，而大多数情况下农村的社会经济环境是很难满足游客的需求的，这就促使乡村经济不断地优化自身，满足游客的需求。因此，乡村旅游的发展并不是简单地涉及第三产业。对于农村经济而言，乡村旅游的发展对第一、二、三产业的影响是十分全面的。例如，乡村旅游中的农家乐和休闲观光旅游等能够促进农村第三产业的发展；乡村旅游中的生态采摘园则能够促使农业的转型升级；乡村旅游中游客的各种工业品需求则能够促进农村第二产业的发展；等等。

2.乡村旅游提高了农民就业率

我国是一个农业大国，提高农民就业率一直以来都是解决“三农”问题的关键所在，而乡村旅游的发展对于提高农民就业率有重要意义。例如，乡村旅游涉及的交通运输业、餐饮业、现代农业等都是典型的劳动密集型产业，乡村旅游刺激这些产业的发展，也就意味着能够为农村提供更多的就业岗位，如此一来，那些农闲季节闲置在家的农村劳动力就得到了安排，农民就业率也进一步得到了提高。

3.乡村旅游能够完善农村的基础设施

并不是每个村庄都能够发展乡村旅游，乡村旅游的兴起与农村的经济水平有一定的关系。由于乡村旅游的游客大多来自城市，而城市基础设施较为完善，游客对于旅游环境的要求相对较高，例如，住宿、网络、停车场等，如果乡村不采取措施满足游客的要求，就很难吸引游客，乡村旅游也就很难发展起来。因此，乡村旅游的发展过程从某种意义上说本身也是一个基础设施建设逐步完善的过程。

4.乡村旅游推动了农村经济的可持续发展

乡村旅游的开发不可能脱离农村地区的生态环境与自然资源，但是很多自然资源都是不可再生的，所以在进行乡村旅游开发时，必须要注意对生态环境和自然资源的保护。如果旅游乡村的当地人民想要使乡村旅游能够可持续地发展下去，就必须重视本地自然和乡村的环境质量，努力维持生态系统的循环发展。在乡村旅游的开展过程中，当地村民和游客需要根据有关政府的指导，对当地的旅游资源进行合理地规划利用，避免在进行旅游活动时对资源环境产生破坏，确保农村地区文明的乡土氛围以及生态环境的优良，从而实现乡村地区经济的可持续发展。

（二）乡村旅游对农村经济发展的不利影响

1.乡村旅游对农村的生态环境造成了破坏

众所周知，乡村旅游近年来之所以成为旅游的热门，很大程度上是由于农村的生态环境较之城市更加良好。但是随着游客的大量涌入，乡村的生态环境也开始遭到破坏，导致这种现象产生的原因是多方面的。

第一，游客的增加意味着生活垃圾的增加，而农村的污水和垃圾处理设施本身并不完善，大量增加的生活垃圾和污水无法得到有效处理，从而对农村的水体、土壤等造成巨大破坏。

第二，由于农村距离城市较远，因此自驾出游是最常见的一种乡村旅游方式，而这不仅造成当地交通拥堵，更加重了空气污染。

第三，部分游客的不文明现象也是乡村生态环境遭到破坏的一个主要原因，如随手乱扔垃圾等。

2.乡村旅游造成当地物价上涨

从理论上说，作为农村的主人，村民是乡村旅游资源的提供者，也应当是乡村旅游发展的最大受益者。然而事实并非如此，对于很多村民而言，乡村旅游并没有给自己的生活带来太大的改变，原因在于以下两个方面。

（1）游客大量涌入乡村所带来的直接后果就是乡村产品需求大于供给，如此一来，乡村的物价逐步上升，农民采购货物的成本也开始上涨，这个时候村民就不再是乡村旅游的最大受益者了。

（2）当一个地方成为乡村旅游的热点之后，必然会受到许多相关企业单位的关注，大量企业单位的涉入会造成村民毫无竞争优势，能够从乡村旅游中获得的收益十分有限，久而久之，当地村民发展乡村旅游的热情就会下降，经济发展速度也会放缓。

3.乡村旅游破坏了当地的农村文化

乡村旅游的发展对当地的乡村文化也造成了巨大的冲击。城市所孕育的强势文化极大地影响了经济欠发达的乡村旅游地的弱势文化，在这种状态下，乡村的弱势文化极有可能被同化。

与此同时，部分地区的政府大搞“面子工程”，同质发展严重，这极大地破坏了乡村淳朴的原始文化。另外，随着旅游经济的不断发展，受商业利益驱动和人口流动的影响，黄、赌、毒等违法犯罪行为进入乡村，扭曲了乡村文化，从而导致乡村发展中文化优势丧失。

二、农村经济发展对乡村旅游的影响

（一）农村经济发展对乡村旅游的作用

1.为乡村旅游发展提供各种物质保障

良好的农村经济是乡村旅游发展的重要物质保障。纵观国内乡村旅游发展较好的地区不难发现，这些乡村都位于东部经济较为发达的区域，原因就在于这些地区的农村经济发展较好，拥有更多的资金来建设基础设施、加大宣传力度、满足游客的需求，因此成为乡村旅游的热点也是理所当然的。反之，西部地区的农村虽然在文化上更有特色，但是交通不便、水电通信和公共医疗条件较差，所以很难吸引游客，这些归根结底都是农村经济发展较落后造成的。

2.促进了乡村旅游产品和服务的多样化

正所谓没有需求就没有供给，消费者的需求决定了产品的类型，在发展乡村旅游之前，农村的产品供给以生活产品为主，但是在发展乡村旅游之后，面对游客的多样化需求，农村的产品结构也在逐步改变，娱乐性产品的数量与种类开始增多。例如，以往农村的产品供给多以蔬菜水果为主，但是为了吸引游客，袖珍大白菜、方形西瓜等产品被开发出来，这些都是农村产品多样化的直接体现。

（二）农村经济对乡村旅游发展的制约

农村经济发展固然为乡村旅游的发展提供了极大的帮助，但是随着旅游人数的增加，农村的经济环境必将受到一定的冲击，如此一来，当农村经济发展速度大幅下降之后，农村对游客的吸引力也会下降，从而制约乡村旅游的发展。

第三节 乡村旅游面临的困境

一、乡村城市化的弊端

20世纪50年代，美国经济学家刘易斯提出“二元经济理论”的概念，他将一个国家的经济分为以现代工业部门为代表的资本主义部门和以传统农业为代表的非资本主义部门两种类型，其中非资本主义部门的最大特点就是剩余劳动力过多，如此一来，当资本主义部门扩张时，非资本主义部门的劳动力将会逐步转移到资本主义部门中，经济的发展是以资本主义部门为依托的，因此非资本主义部门的首要职责是为资本主义部门的发展提供丰富而廉价的劳动力。从刘易斯的观点可以看出，城市经济的扩张是转移农村剩余劳动力的主要途径，是实现二元经济转换的重要手段，这也是当前许多国外学者将中国的城市化进程与美国的高科技研发作为影响人类21世纪发展两大关键要素的一个主要原因。而从国内社会经济发展的角度来看，乡村旅游的发展是乡村城市化的催化剂。然而，乡村城市化固然是乡村社会经济不断发展的重要产物，但是对于乡村旅游的发展而言，乡村城市化却有极大的弊端。

（一）对乡村的自然景观与人文环境有不利的影响

从理论上说，乡村城市化并不是简单地将乡村转变为城市，而是要不断地提高乡村居民的生活质量，使之向城市居民靠拢。但是国内当前对乡村城市化的认识明显集中在将乡村转变为城市上，而在转变过程中，乡村的居住环境、居住文化等必然会随之发生变化，这种变化可能是不利的，例如：村民的生活方式逐渐与城市相同；部分有特色、有价值的乡村景观随着乡村城市化进程逐步消失。

（二）对传统乡村的生态环境有不利的影响

在乡村城市化特别是城镇化的发展过程中，土地的供需及利用矛盾也变得更加尖锐。城市化进程中土地问题的焦点是建设用地与保护耕地之间的矛盾，其实质是发展与保护的矛盾。土地作为一种稀缺而宝贵的自然资源和不可替代的重要资产，其合理利用和配置直接关系到社会经济的可持续发展。大量优质耕地被征用为工业或建筑用地，人均耕地面积减少，已逼近耕地警戒极限并危及粮食安全，这迫使农民过度开发利用耕地，加大耕地利用强度，扩大开垦劣质耕地，同时导致大量林地、绿地、水面等非耕地转为耕地，使林地、草地、水面数量急剧减少，林、草产品数量日益下降。这些问题致使土地利用结构和空间布局不合理，必然会严重破坏生态平衡，造成土地退化、水土流失、环境恶化。这必将危及农业生产的土地基础，直接影响新农村建设中生产发展的目标和要求的实现。

（三）对乡村传统文化形态有不利的影响

自中华人民共和国成立以来，在社会主义改造、经济体制改革和新农村建设背景下，乡村旅游的兴起使得乡村的民俗文化逐步发生了巨大变化。正如乌丙安先生认为的：“民俗文化艺术的人为传播和获取经济收益结合在一起，使民俗文化急剧变迁中的民俗文艺也呈现出两重性格和两种形态。”其中的一种形态是民俗文化的原始形态，它是乡村的最本质文化特征的表现，是乡村居民在历史中锤炼出的与乡村生活最适合的文化形态，是乡村精神文化建设取之不竭的文化资源，另一种形态则是在乡村社会经济发展中的民俗文化再生形态，或者说它是为了适应乡村社会经济的发展而对原始民俗文化的一种改造，它的出现与市场经济和乡村旅游有十分密切的关系。从某种意义上说，这种文化形态已经不再属于乡村民俗文化，而是打着民俗文化的幌子的一种经济文化。满足游客的文化艺术欣赏，进而获取相应的经济效益是这种民俗文化诞生的基本目标，也就是说，无论这种民俗文化是否适合乡村的社会经济现状，只要它能够为居民带来足够的收入，那么对原始的民俗文化进行改造也并不是不可以的。在乡村旅游中，这种民俗文化常常表现为民风不古、民俗扭曲等。

民俗是构建社会主义和谐社会的重要力量，而民风不古也是构建和谐社会的一个重要障碍，在市场经济确立的过程中，五彩缤纷的民俗逐步被市场经济理念冲垮，享乐主义、功利主义在逐步取代传统的民俗文化。但是乡村旅游的迅速发展使得民俗文化再次焕发和升级，从表面来看，这对于民俗文化的保护与发展是极为有利的。但实际上，乡村旅游从本质上说是市场经济的产物，民俗文化虽然因乡村旅游的兴起得到了重视，但是更因乡村旅游这一市场经济产物受到了极大的戕害，具体表现为民俗文化的伪造、破坏和同化等。

在乡村旅游中，民俗文化不再是乡村居民的精神食粮，而是一种商品，是近年来旅游部门和旅游科研者主动参与扶贫工作的一个重要创举，很多省市都在积极开发当地的民俗文化来吸引国内外的游客，丽江、西双版纳、九寨沟、张家界等原本相对贫困的地区都因民俗文化的宣传而逐步脱贫致富，可以说民俗文化是乡村经济发展的一个重要资源。例如，广西龙脊地区在开发乡村旅游时就利用当地的瑶族、壮族在过牛魂节时需要蒸五色糯米饭和黑色糯米饭的特点来开发旅游产品，这种食品不仅新颖，而且具有一定的药用价值，对游客有极大的吸引力，该地区政府和居民利用这一特点来增加游客的体验感，之后更是重新尝试竹筒饭的做法，逐步形成了完善的民族风味餐。由此可见，乡村旅游的发展对于乡村地区运用现有的民俗文化和挖掘早已被摒弃的民俗文化具有极大的意义。

但是在发展乡村旅游中，也不乏对民俗文化胡乱篡改，将民俗文化作为摇钱树，导致民俗文化受到极大戕害的问题。例如，在乡村旅游中，乡村饮食一直以来都是游客关注的一个重点，在游客看来，乡村的饮食或许粗糙，但是却更天然，有利于养生，因此很多地方打着"乡村野菜"的名号来吸引那些追求养生的游客。再如，部分风景区出租的民族服装也是一种欺骗，无论哪个民族在形成自己的民族服装时都需要紧密结合自身的民族文化特点，但是部分景区所谓的"民族服装"纯属胡乱编造。

民俗文化属于乡村旅游的"软件"，在乡村旅游发展中被逐步破坏。无独有偶，部分乡村旅游的"硬件"也逐步遭到破坏。部分地区甚至出现了扭曲和丑化当地民俗文化真正含义的做法，例如，福建崇武惠安女性的服饰本来具有浓厚的民族色彩与文化内涵，但是在经过游客的宣传和渲染之后，它竟然被认为是一种十分庸俗的服饰，在游客的反对和怪异的目光中，这种服饰在逐步消失。值得注意的是，旅游是一种持续性行为，乡村居民与游客的接触时间是比较长的，因此在乡村旅游的发展中，很多乡村居民的思想观念也逐渐发生了变化，原本淳朴的乡风开始消失，取而代之的是各种经济意识，如广西龙脊梯田旅游，其在风俗民情上，除了建筑还保留一定的特色之外，服饰、饮食、歌舞等在乡村旅游的冲击下都开始异化，在商业化道路上越走越远。

二、乡民边缘化

（一）被城市边缘化

在乡村的城市化进程中，大量剩余劳动力进城务工，而这些农民工素质不高、文化水平低，加上二元户籍制度和身份制度的影响，流入城市的农村人口成为城市社会底层群体

“二等公民”，农民难以完全市民化，城市内部出现新二元结构，农民工成为“两栖”劳力。这种城市新二元结构与“两栖”劳力的形成，是当代农民被城市边缘化的表现，我国太多的农村劳动力即使在这样迅速的城市化进程中也不可能被正常吸纳。乡村旅游的发展则可以将一部分剩余劳动力利用起来，但这些剩余劳动力仍然面临文化素质提高的要求，而且随着农业现代化水平的提高，更多的农业劳动力被解放出来，乡村旅游也消化不了越来越多的剩余劳动力。

（二）被旅游边缘化

很多人将乡村旅游视为解决农村剩余劳动力过多问题的主要途径，理论上说也确实如此。但事实上乡村居民在乡村旅游中被旅游边缘化的现象是十分明显的，原因主要有以下两点。

第一，乡村旅游属于第三产业服务业，从这个角度来说，乡村旅游需要综合素质较高的乡村居民，而乡村居民的综合素质普遍比城市居民低，在这种情况下，如果一个地区的乡村旅游得到迅速发展，那么必将吸引大量的外作者，如此乡村居民除了属于本地居民这一优势之外，毫无竞争优势可言，此时，乡村的剩余劳动力问题并不会得到根本的解决。

第二，乡村旅游发展迅速，但是乡村居民却很难获得旅游所带来的收益，乡村旅游中，一切最好的衣、食、住、行等设施都是为游客服务的，乡村居民能从中获得一定的经济收益，但是这些经济收益在物价不断上涨的乡村给乡村居民带来的改变是极其有限的，乡村居民被旅游边缘化也在所难免。

（三）被现代边缘化

作为乡村旅游资源的主要持有者，乡村居民理应是乡村旅游的主体，但是在乡村旅游发展中，这种主体地位却逐渐边缘化，主要表现在以下两个方面。

第一，作为农村土地的所有者，乡村居民却无法正常地对土地资源进行开发利用。虽然说很多农户通过开设农家乐等在乡村旅游中获得了一定的收益，但是纵观乡村旅游中的旅行社、饭店等，就可以发现这些大多数是由城市人投资的，他们从乡村旅游中分走了大部分收益，其原因就在于乡村居民缺少足够的开发资金，能够用于旅游资源开发的资本十分有限。

第二，乡村旅游中需要的大量工业产品并没有给农村经济带来发展，很多食物、饮料、手工艺品都是从外界运输进来的，农村居民在其中只是一个销售者，能够获得的收益并不是很多，也就是说，在很长一段时间内，手工业和农业给当地居民带来的收入都是十分有限的，反而因乡村旅游的发展，农村的种植业产量在不断下降。而导致这些现象产生的根本原因就是乡村与现代社会的脱节。

（四）乡民异化

在很多人眼中，乡村生活应当是一种静谧和谐、忙闲有致、自得其乐的生活方式，但是随着乡村旅游的迅速发展，一方面，农村的游客在不断增加，大量的商品与服务需求使得农村居民不得不从之前悠闲的生活中走出来，为游客提供服务，所以生活逐渐忙碌起来，看似富裕的生活背后隐藏的却是悠闲和谐生活环境的消失，乡村居民也逐渐成为“城市居民”；另一方面，随着乡村旅游而来的是市场经济思想，功利主义开始在乡村兴起，传统的道德信仰与淳朴的民俗文化逐渐消失，乡村居民的幸福指数开始下降。

三、制约乡村旅游发展的因素

（一）乡村旅游发展不成熟

从当前我国乡村旅游发展的整体现状来看，我国的乡村旅游仍旧处于初级阶段，还不成熟，主要表现在以下几个方面。

1.旅游产品低层次化

目前我国的乡村旅游仍旧以乡村田园观光为主，以农家乐餐饮、棋牌等为主，而且这些产品的开发并不是统一规划的，层次较低，具有民族文化色彩的乡村旅游产品十分有限。对比国外多样化的乡村旅游产品，当前我国的乡村旅游产品十分匮乏，乡村旅游资源并没有得到充分挖掘。

2.乡村旅游活动内容单调重复

纵观国内当前的乡村旅游活动内容可以发现，农家乐几乎占据了绝对的比例，而考虑到农家乐这项旅游活动的诞生时间，人们可以发现，我国乡村旅游活动内容的更新速度极其缓慢，这就使得我国乡村旅游对游客的吸引力逐渐下降。

3.乡村旅游的季节性与客源受到的约束极大

很多地方的乡村旅游季节性极强，例如，以油菜这种经济作物为主题的乡村只有在油菜花盛开时才能够吸引大量的游客，一些生态采摘园一年只能开展一次乡村旅游，如此一来就造成了乡村旅游资源的极大浪费。乡村旅游缺少统一规划，规模小、分布散、规划乱、项目重复等现象使得乡村旅游的客源以国内游客为主，能够接待国际游客的乡村特别少。

4.对旅游开发缺乏正确认识

受传统观念的影响，有的开发者认为乡村旅游缺少可开发的旅游景观资源，因此造成了对乡村旅游的忽视，导致乡村旅游的开发建设缺乏支持。另外，一些开发者对于乡村旅游的开发也存在认识不足的问题，主要是对乡村旅游的性质与特色认识不足。乡村旅游作为一种旅游业与农业相结合的新型产业，农业是其重要基础。但是，有的开发者没有认识到农业对于乡村旅游的重要性，只是在乡村进行单纯的旅游开发。还有的开发者为了搞旅游开发，在乡村开展大规模的建设与改造，将农业旅游区改成了文化区、旅游区。这些都不是乡村旅游开发的正确形式，难以体现出乡村旅游的魅力与特点，所以无法吸引游客，最终导致开发失败。

5.缺乏旅游开发整体规划

由于乡村旅游的开发对于区域经济有较强的推动作用，因此，有的地区领导出于发展经济、增加村民收入的目的，在没有对本地乡村旅游的资源优势和客源市场进行充分分析的情况下，就一哄而上地发展乡村旅游，造成重复建设、功能雷同的问题，这既浪费了资源，又难以获得理想的经济效益。例如，在我国的一些沿海都市的郊区，有较大的客源市场潜力，但是由于缺乏整体的规划，各个区县一窝蜂搞乡村旅游，造成旅游开发项目雷同，导致相互之间盲目竞争，结果难以取得理想的效益。乡村旅游开发的这种盲目性在农户身上也有所体现，有的农户看到别人通过乡村旅游发家致富，自己也急于搞农业旅游，因此忽视了市场分析与规划设计，仅凭自己现有的农业资源就搞起了农业旅游，其所搞的农业旅游在层次和品位上都不足以满足游客的需求，配套设施也难以跟上，从而影响了旅游的环境与服务质量，难以吸引到游客，不仅难以致富，甚至会因为盲目的旅游开发而亏本。

6.缺乏旅游开发市场分析

要想搞好乡村旅游就必须对市场进行深入、准确的分析，包括市场的需求、规模及变化。乡村旅游主要的目标市场就是城市，因此，要想通过乡村旅游开发获得理想的效益，就必须对城市市场和游客进行全面的分析。而有的地方，既没有进行必要的市场分析，又没有掌握相邻地区的同类项目竞争情况，就盲目进行乡村旅游的开发，造成的结果是，不仅游客数量少，还导致与其他地区之间产生竞争。

7.资金投入不足

有的乡村旅游开发在各方面都需要一定的资金支持，如乡村旅游的园区建设、市场宣传与营销等。但是，乡村和村民往往缺乏足够的资金，这也是影响乡村旅游开发的一个重要因素。

8.基础设施不完善

通常来说，乡村旅游开发的所在地经济发展水平相对较低，因此缺乏资金用于旅游基础的开发和配套设施的建设，例如，道路条件差、卫生间数量不足且条件简陋、住宿设施条件差等，导致其卫生、安全等方面的条件较差，所以很难吸引游客前来旅游，即便有游客来，也难以获得良好的旅游体验。

9.存在各种不规范问题

由于处于起步阶段，我国的乡村旅游中存在许多不规范的问题，主要表现在以下几个方面。

（1）旅游项目的审批、管理不规范。有的旅游项目没有申办报告，有的审批没有经过专家论证，就自行发放审批手续；有的旅游项目则没有被纳入旅游部门的正式管理范围中，开业和停业都较随意。

（2）经营和服务不规范。有的旅游经营者随意定价，甚至存在宰客现象；有的旅游服务人员则素质不高，难以为游客提供满意的服务。

（3）考察不规范。相关部门未能对旅游项目的动态进行跟踪与考察，没有形成考评的末位淘汰制度。

（4）管理体制不健全。乡村旅游的管理体制尚未被纳入政府行政职能，尤其是农业部门和旅游部门难以在管理、扶持等方面发挥相应的职能。

10.缺少相关的政策和法规

由于旅游开发既不耽误农业生产，又能够获得额外的经济收入，因此，农民对于乡村旅游开发具有较高的积极性。但是，政府尚未针对乡村旅游制定相关的优惠政策和管理办法。缺少了政策的支持和法规的管理，乡村旅游就难以实现真正的可持续发展。

（二）市场区位条件

市场区位条件大致可以分为交通区位和环境区位两种类型，其中交通区位指的是乡村旅游景点与游客或者潜在游客之间的距离以及交通便利情况，环境区位则主要指的是旅游景点的自然人文景观。对于乡村旅游而言，市场区位是十分重要的一个因素。纵观国内发展较好的乡村旅游景点可以发现，它们大多都是市场区位条件较为良好的地区。反之，如果市场区位条件较差，那么乡村旅游就无法保证拥有稳定的游客群体，如此乡村旅游也就无法得到发展。以北京香山地区为例，香山地区的人文景观与自然景观其实质量较一般，但是该地区的乡村旅游发展却极其迅速，原因就在于该地区以北京市为依托，市场区位条件较好，北京市庞大的消费群体是该地区的主要客源。再比如西南少数民族地区，这些地区无论是自然景观还是人文资源都十分丰富，但是乡村旅游发展速度却极其缓慢，原因有两点：一是西南少数民族地区没有稳定的客源；二是西南少数民族地区交通不便。

（三）旅游资源条件

在短期内，虽然旅游景点有的市场区位条件对于乡村旅游的发展有巨大的影响，但是从长期的效益来看，决定乡村旅游发展前景的却是旅游资源条件。一般来说，乡村旅游资源越具有独特性，对游客的吸引力就越大，乡村旅游的发展潜力也就越大。例如，部分具有浓厚人文底蕴和秀丽自然景观的乡村旅游景点对国内外的游客吸引力都极大，因此这些乡村旅游景点长盛不衰。反之，部分地区由于缺少具有特色的产品，有意地仿造一些宫、庙、殿等来吸引游客，但是由于缺少足够的文化底蕴，这些乡村旅游景点很快就失去了生命力。就乡村旅游地旅游资源的效益功能而言，乡村旅游地旅游资源的效益功能影响其生命周期，乡村旅游地旅游资源的经济、社会和生态效益越好，乡村旅游地的生命周期越长。从供需角度看，乡村旅游地旅游资源的吸引力因素直接影响游客的需求，这也就影响乡村旅游地的生命周期。

（四）旅游环境

1.旅游环境的概念

旅游地的环境质量是乡村旅游地发展旅游的重要条件。从不同视角进行研究，旅游环境的概念不同。以游客为中心的研究视角，可以将旅游环境定义为，以游客为中心，使旅游活动得以存在和发展的各种旅游目的地的自然、社会和人文等外部条件的总和。以旅游资源为中心的研究视角，可以将旅游环境定义为，以旅游资源为中心，围绕在旅游资源周围的自然生态和人文社会等各种因素的总和。

2.旅游环境的分类

旅游环境是一个综合性概念，按照不同的分类标准，可以分为不同的类型。

（1）以区域为指标，可以将旅游环境划分为森林旅游环境、滨海旅游环境、乡村旅游环境、城市旅游环境等类型。

（2）以资源的性质为指标，可以将旅游环境细分为自然旅游环境、人工旅游环境以及半自然旅游环境。

（3）以空间为指标，可以将旅游环境划分为旅游客源地环境、旅游目的地环境以及旅游行程环境。

（4）以环境属性为指标，可以将旅游环境划分为旅游社会环境和旅游自然环境两大类，其中旅游社会环境主要指的是旅游地的基础设施、社会经济、人文氛围等，旅游自然环境则主要指的是旅游地的自然气候、地理环境等。

3.旅游环境的作用

如果说旅游资源的丰富与否决定了乡村旅游的未来发展前景，那么旅游环境则决定了乡村旅游的起点。一般来说，旅游环境越好的地区在乡村旅游发展初期对游客的吸引力越大。例如，我国西北地区的旅游资源十分丰富，沙漠、戈壁、雅丹地貌等都是十分优秀的旅游资源，但是西北地区的乡村旅游却始终无法得到发展，根本原因就在于旅游环境较差，这使得游客对这些旅游资源敬而远之。好的开始是成功的一半，而旅游环境的优劣则恰好决定了乡村旅游能否有一个好的起点。

（五）旅游地居民态度

旅游地居民态度是指旅游目的地居民对当地旅游业发展所持的观点和看法。旅游地居民态度对于乡村旅游发展具有重要意义，有益于和谐旅游氛围的建构，有益于使游客获得满意的旅游体验，有益于旅游目的地良好形象的建立。旅游目的地居民态度可分为积极态度和消极态度两种类型。旅游目的地居民从旅游发展中获得的经济利益和旅游目的地居民对旅游发展的价值认可都将使旅游目的地居民对旅游发展产生积极态度。

乡村居民对乡村旅游发展的态度是不断变化的，大致可以分为欢迎、冷淡、不满和厌恶四个阶段。

1.欢迎

在乡村旅游发展初期，由于乡村的经济发展较为缓慢，乡村旅游能够有效地增加当地居民的收入，这个时候绝大部分乡村居民对乡村旅游都是持肯定态度的，十分欢迎游客来旅游。

2.冷淡

当乡村旅游业初步形成规模时，大量游客的增加使得乡村居民无法再像以往那样招待每一名游客，这个时候乡村居民的态度普遍较为冷淡，游客付出多少价格才会得到多少服务，最初的那种淳朴之风在逐步消失。

3.不满

当乡村旅游景点成为一个热门地区时，理论上说能够极大地提高乡村居民的收入，但是这个时候乡村居民对旅游发展却是一种不满的态度，原因就在于乡村旅游发展带来的一些弊端开始暴露。例如，当地的生态环境遭到破坏、民俗文化开始异化等，对于收入已经提高的乡村居民而言，这种变化是难以接受的，因此他们对乡村旅游开始有不满的情绪。

4.厌恶

随着游客数量的进一步增加，乡村居民的态度则逐渐上升到厌恶层次，游客与居民之间的关系也逐渐恶化，这种厌恶态度将逐步导致乡村旅游进入下滑期。法国的巴黎居民就是一个典型的代表，每年的旅游旺季，法国巴黎都会遇到交通堵塞等问题，这对当地居民的工作和生活产生了极大的影响，也由此引发了居民阻止游客进入市区的行为。

（六）乡村旅游产品

乡村旅游产品是旅游经营者通过开发和利用旅游资源为游客提供的旅游吸引物与服务组合。乡村旅游产品是一种综合性产品，乡村旅游产品的生命周期是客观存在的，受到各种主客观因素的影响。这些主客观因素包括吸引力因素、需求因素、效应因素和环境因素。

1.吸引力因素

吸引力是乡村旅游产品能否发挥应有作用，成为推动乡村经济发展重要动力的关键因素。旅游产品归根结底是一种商品，而商品只有被出售才能够发挥出它的价值，吸引力对商品的销售有十分重要的影响。一般来说，吸引力越强的旅游产品销售量越大。从乡村旅游的角度来看，旅游产品的吸引力需要旅游经营者从旅游地的人文景观和自然景观中发现。

2.需求因素

社会经济发展程度、消费观念变化、人均收入水平、时尚潮流变化、旅游地环境质量等因素将影响旅游消费者需求的变化，从而引起客源市场的变化，进而影响乡村旅游地的生命周期。

3.效应因素

乡村旅游产品对乡村旅游地生命周期的影响，主要表现在旅游活动引发的对旅游地的经济、环境和社会文化效应。持续和积极的经济效应，不仅可以维持旅游地的繁荣，还可以促进旅游地的发展。乡村旅游产品因管理不善而导致严重的环境问题，必然会使乡村旅游产品迅速失去吸引力。乡村旅游社会文化效应足以影响旅游地的旅游发展，乡村旅游发展对乡村文化的强烈冲击将引发社会摩擦，由此将加速旅游地旅游业的衰亡。

4.环境因素

乡村旅游产品的经营环境既包括内部组织环境，又包括外部经营环境，这些环境因素将影响旅游地的生命周期。当前旅游业市场竞争日趋激烈，为此，乡村旅游地必须改变经营观念，加大促销与宣传力度，实施正确的产品组合策略和市场细分战略，这样才能扩展客源市场，延长旅游产品的生命周期。

（七）市场营销策略

“酒香不怕巷子深”的时代早已过去，当前乡村旅游能否顺利发展与科学的市场营销策略有十分密切的联系，如果缺少市场营销，那么无论旅游资源如何丰富、旅游环境如何好都无法顺利发展乡村旅游。市场营销策略大致可以分为价格策略、产品策略、渠道策略和促销策略，对此乡村旅游地需要结合本地区的实际情况灵活采取不同的营销策略。

1.市场营销策略的种类

（1）价格策略。乡村旅游价格并不是越低越好，事实上，对于大多数能够外出旅游的游客而言，其收入较高，价格并不是其考虑的第一要素，有时候过低的价格甚至会遭受怀疑，因此在制定旅游价格时要根据客源地的收入情况，同时参照其他乡村的旅游价格并适当地降低价格，以此获取竞争优势。

（2）产品策略。乡村旅游需要重视赋予旅游产品以统一的品牌，包括产品的包装、设计、颜色等都要充分体现出旅游地的文化和自然特色。

（3）渠道策略。乡村旅游地不能只限于实体广告来拓展客源，而要充分利用互联网的优势来提高旅游地的影响力。

（4）促销策略。乡村旅游地可以采用折扣、返现、抽奖、免费体验等方式来实现销售产品和增加销售额的目的。

2.市场营销策略中存在的问题

市场营销策略对于旅游地的发展是至关重要的，乡村旅游地市场营销策略将直接影响乡村旅游地的发展。我国大多数乡村旅游地在营销方面仍然存在许多问题，主要表现在以下几个方面。

（1）盲目降价，影响本地经济的正常发展。

（2）忽视售后，没有形成较好的旅游产品售后服务体系。

（3）法治观念淡薄，例如，提供虚假的旅游服务信息以贿赂手段拉拢顾客等。

（4）没有将网络技术充分运用于旅游市场营销中。

（5）追求的是短期销售目标，而没有长期营销目标。

（6）不能根据市场需求，科学设计具有鲜明特色和吸引力的旅游形象。

以上这些问题的存在严重影响了乡村旅游地旅游的可持续发展。

（八）旅游地形象定位

1.乡村旅游地旅游形象的内容

21世纪是形象时代，旅游形象是人们对旅游景区及其所在地的总体、抽象、概括的认识和评价，是对旅游地的历史印象、现实感知与未来信念的一种理性综合。在乡村旅游地的开发规划过程中，旅游形象的塑造具有非常重要的价值和意义。旅游地旅游形象是否鲜明、独特和富有感召力成为乡村旅游地吸引力大小的关键。模糊混乱的旅游地形象不仅使现实的游客的回头率低，而且很难对潜在的旅游客源市场产生吸引效应。个性鲜明的旅游地形象有助于形成庞大的旅游市场，并且使旅游地具有长久的生命力。乡村旅游地旅游形象涉及内容繁多，一般可分为以下三个部分。

（1）旅游地理念识别系统：主要指的是乡村旅游地中独特的文化个性和精神内涵。

（2）旅游地行为识别系统：主要表现为乡村旅游地的政府行为、民众行为和企业行为。

（3）旅游地视觉识别系统：主要包括旅游地的建筑造型、公共标志牌、交通工具、员工制服等，是乡村旅游地最直观有形的形象识别系统。

2.乡村旅游地形象定位方法

形象定位差异主要由主体个性、传达方式和大众认知等要素决定。其中，主体个性是指乡村旅游地品质和价值内涵的独特风格。传达方式是把乡村旅游地独特风格有效准确地传递至目标市场的渠道和措施。大众认知是指游客对乡村旅游地形象的认识和感受程度。乡村旅游地可以通过领先定位方法进行形象定位，比如，“天下第一瀑”“五岳归来不看山，黄山归来不看岳”等。领先定位法适用于有独特乡村旅游资源的旅游地。乡村旅游地也可以通过比附定位法进行定位。比如，牙买加被表述为“加勒比海中的夏威夷”，这样就可使牙买加从加勒比海区域众多海滨旅游地中脱颖而出。乡村旅游地还可以通过逆向定位法进行定位，以消费者心中第一位形象的对立面和相反面对乡村旅游地的形象进行定位。另外，乡村旅游地也可以通过空隙定位法进行定位，全然开辟一个新的形象阶梯，树立与众不同和从未有过的乡村旅游地主题形象，或者可以通过重新定位法进行定位，用乡村旅游地的新形象替换其旧形象，重新获取一个有利的心灵位置。

第二章　乡村旅游及乡村旅游资源概述

第一节　乡村旅游概述

一、乡村旅游的起源与界定

（一）乡村旅游的起源

从考究乡村旅游的演化史的角度来看，乡村旅游分为传统乡村旅游和现代乡村旅游两种，目前国内外学术界对乡村旅游还没有形成完全统一的定义。

国际上，传统的乡村旅游出现在第一次工业革命以后，最初源于一些出生在农村的城市居民节假日"回老家"度假的形式，由此演绎出传统的乡村旅游活动，传统的乡村旅游并没有明显地促进当地社会与经济的发展。

现代乡村旅游是20世纪80年代出现在农村区域的一种新型的旅游模式。旅游的时间不局限于假期，旅游者几乎涉及一切城市居民。乡村巨大通透的空间、清新的空气、优美的田园景观和自然环境、朴素的原乡建筑、淳厚的乡土民情等文化资源经过业主的成功打造之后，往往会大大地促进当地的社会与经济发展。本书中所谓的乡村旅游就是指现代乡村旅游。

从乡村旅游的起源来看，乡村旅游发源于法国。1855年，一位名叫欧贝尔的法国参议员带领一群贵族来到巴黎郊外农村度假，参与当地农村的日常生活活动，使他们重新认识到大自然的价值，加强了城乡居民之间的交往，增强了城乡居民的友谊。此后，乡村旅游在欧洲兴起并兴盛起来。20世纪60年代，西班牙开始发展现代意义上的乡村旅游。随后，乡村旅游在欧美等发达国家的农村地区迅速发展，于20世纪80年代后具有了相当规模，并且走上了规范化发展轨道。德国、意大利、荷兰、匈牙利、波兰、保加利亚、英国、美国、巴西、日本等国家都开展了丰富多彩的乡村旅游活动，并取得了明显的社会、经济和生态效益，乡村旅游对当地经济的贡献和意义得到了充分证明。欧洲各国为促进乡村旅游的开展，纷纷采取了大量措施。德国农业协会为保障游客的合法权益制定了乡村旅游品质认证制度，并多次修订，沿用至今。法国成立了隶属国会农业委员会的农业观光服务处，作为推广农业旅游的中央机构。此外，欧洲大部分国家都加大了专项经费的投入，建立完善的预订系统，游客可通过乡村旅游网络预订系统、电话或旅行社预订行程。由于多策并举，欧洲乡村旅游发展快速，成果显著。

（二）乡村旅游概念界定

乡村旅游，英文为Rural tourism，法语为Agritourisme，也有些英语国家将其称为Agri-tourisme（农业旅游）和Green Tourism（绿色旅游）。绿色旅游这一概念由墨西哥提出，用“绿色旅游”描述“乡村旅游”，实质上是规定了“乡村旅游”的归属范畴，即“生态旅游”。

中国国家旅游局将2006年的旅游主题确定为“2006中国乡村游”，这为我国乡村旅游的发展和社会主义新农村的建设带来了新的契机。但旅游学术界对乡村旅游的概念众说纷纭，没能达成一致意见。目前，对乡村旅游的定义至少有20种，从其定义的不同角度看，归纳起来可以分为三种类型：

1.从乡村旅游的特点角度界定

比较有代表性的是：欧洲联盟（EU）和世界经济合作与发展组织（OECD）将乡村旅游定义为发生在乡村的旅游活动，并进一步认为“乡村性”是乡村旅游整体推销的核心和独特卖点。这一定义从地理角度加以界定，指出乡村旅游是一个空间概念，是与城市旅游相对立的一种旅游形式。

2.从乡村旅游的资源角度界定

农户为旅游者提供住宿等条件，使其在农场、牧场等典型的乡村环境中从事各种休闲活动。这种界定把乡村旅游的对象局限于农场、牧场，其实质是农业旅游，没有看到乡村旅游资源的多样性、对象的复合性、内容的丰富性。

3.多角度界定

乡村旅游是以农业文化景观、农业生态景观、农事活动及传统的民俗为资源，集观赏、考察、学习、参与、娱乐、购物、度假于一体的旅游活动。该定义强调农业是乡村旅游的主体，并将农村文化融于其中，同时明确了乡村旅游的几种类型和内容。但是这种界定方法过分强调以农业为主，会掩盖乡村旅游所包含的其他类型，如乡村地区的工业、商业。同时，这种定义方法也没有把乡村建筑、乡村聚落等人文资源包含进去。

乡村旅游的概念体系应该由主体需求、客体需求、目标需求三部分构成，这样才能完整地诠释乡村旅游的含义。

主体需求：一是市场的需求。旅游者有逃避城市污染、回归自然、体验乡土气息生活的需求。二是农村经济发展的要求。乡村旅游是农业向多样化经营转化的最佳形式，这是政府和村委会开发乡村旅游的主要动机。我国的乡村旅游正是在市场需求的促动下，在农业发展急需调整产业结构、寻找新的经济增长点的情况下应运而生的。

客体需求：

第一，乡村旅游开发必须以“乡村性”和“可持续发展”为准则。根植于乡村世界的乡村性是吸引旅游者进行乡村旅游的基础，乡村旅游的开发必须以可持续发展为理念。农村经济的发展是朝着生态农业可持续发展方向前进的，决定了以农村经济为基础的乡村旅游必须走可持续发展道路。

第二，乡村旅游的发展空间是指乡村旅游活动必须在农村进行。乡村旅游是相对于城市旅游而言的，但绝非仅仅是旅游地域方面的不同，只有发生在农村的且具有乡村性特点的旅游活动才是乡村旅游。

第三，乡村旅游资源包括乡村地区的自然资源、人文资源和社会资源。第四，乡村旅游产品是在乡村的空间和资源的基础上形成的。

目标需求：乡村旅游是农业与旅游业即第一产业与第二产业的良好结合。从旅游业角度看，它是一种旅游产品；从农业角度看，它促进了农产品生产，调整了产业结构；从旅游业和农业相结合的角度看，它可以使贫困乡村脱贫致富。但是，总的看来，两者都追求经济、社会、生态三效益的协调统一发展。

综上，可以将乡村旅游的定义归纳为：乡村旅游是以远离都市的乡野地区为目的地，以乡村特有的自然和人文景观为吸引物，以城镇居民为主要目标市场，通过满足旅游者休闲、求知和回归自然等需求而获取经济、社会效益和环境效益的一种旅游形式。

二、乡村旅游的发展历程

（一）国外乡村旅游的发展历程

国外乡村旅游的发展已有很长的历史，它起源于19世纪中叶的欧洲。工业化与城市化进程的加快及其产生的负面影响，导致城市居民向往宁静的田园生活和美好的乡间环境，乡村旅游应运而生，而铁路等交通设施的发展，改善了乡村的通达性，促使越来越多的城市居民选择到乡村去，逃避工业城市的污染和快节奏的生活方式。欧洲的阿尔卑斯山区和美国、加拿大的落基山区是世界上早期的乡村旅游目的地。在1865年，意大利成立了“农业旅游全国协会”，专门介绍城市居民到农村体验农田野趣。但这时的乡村旅游仅仅是诸多旅游活动中的一个项目，没有形成产业，也不是乡村发展中令人关注的领域。乡村旅游的飞跃发展是在20世纪中后期，全球性的环境恶化促使人们更加关注生态环境，人们在全世界范围内倡导的“绿色运动”也对乡村旅游的发展起到了重要的推动作用。一个多世纪以来，由于工业化和城市进程不断加速，乡村的经济和政治地位发生了很大的变化，由此产生了农村劳动力需求下降、剩余农产品不断增长、农村人口外移、人口老龄化日益突出等问题。乡村旅游作为改变乡村经济结构的重要途径之一，引起了政府的高度重视，得到了蓬勃的发展。进入20世纪90年代，在世界旅游组织和其他国际组织的大力推动下，乡村旅游作为生态旅游的一个重要组成部分，开始向发展中国家推广。目前，在意大利、德国、英国、法国、奥地利、芬兰、西班牙等欧洲国家，乡村旅游已具有相当的规模。

（二）我国乡村旅游的发展历程

我国乡村旅游的发展可以说是旅游业与农业发展交叉结合的产物，起步较晚。一种说法是，我国乡村旅游萌芽于20世纪50年代，当时为满足外事接待的需要，在山东省率先开展了乡村旅游活动。此外，20世纪70年代，采用定点接待方式开展了一些具有乡村旅游性质的政治性乡村旅游接待活动。但由于时代本身的限制，这种半政治、半旅游的乡村旅游活动不可能有广泛的群众基础。另一种说法是，在20世纪80年代后期，改革开放较早的深圳首先开办了荔枝节，主要目的是招商引资，随后又开办了采摘园，取得了较好的效益。于是各地纷纷效仿，开办各具特色的观光农业项目。绝大多数国内学者认为国内的乡村旅游从20世纪90年代中期兴起。一方面，随着实行每周五天工作制，人们得到的休憩时间大大增加，这极大地刺激了人们的休闲消费欲望，城市近郊100千米内的短距离旅游逐渐兴起。另一方面，城市生活的紧张节奏使人们更向往乡村恬静美丽的生活。从我国20世纪90年代以来的乡村旅游发展状况来看，我国乡村旅游可分为三个时期。

1.萌芽时期

20世纪90年代中期以后，工业化和城市化的快速发展使得休闲需求开始出现，再加上交通运输业的快速发展和国民收入的稳步提高，在都市郊区产生了农家乐等乡村旅游的萌芽形式，同时，基于乡村地区旅游景区的附属餐饮和住宿的乡村旅游也开始在大型景区周围出现。此时的乡村旅游基本上处于自发和粗放式经营的状态，理论界对此也尚未给予足够的重视，尚无乡村旅游的综括性提法。

2 .发展初期

2002年以后，由于国家三农政策的调整和乡村旅游的持续发展，农民开始寻求新的生财之道，出现了游客采摘等简易地体验类乡村旅游产品，观光果园、观光花园和观光农场逐渐开始出现。但是，由于我国乡村旅游游客消费行为的初级化特点，参与采摘活动的绝大多数游客不只是为了体会收获果实的感受，而要同时享受收获的过程。相当数量的游客在采摘过程中，对果实的数量和质量的在乎程度远超过参与收获过程的心理感受。而且，采摘活动中静态和被动地活动与设施也已无法满足游客的需求。随着游客新鲜感的降低和区域间的竞争，这种旅游形式开始出现发展的“瓶颈”，尽管如此，但是这种乡村旅游类型的出现是早期乡村旅游发展的重要里程碑。

3.蓬勃发展期

2005年，国家旅游局将2006年定为“乡村旅游年”，同时“十一五”规划将社会主义新农村建设列为重要内容，这标志着乡村旅游进入了一个新的高速发展阶段。这一时期，企业开始介入乡村旅游的开发，出现较大规模的农场，或者综合利用农村环境资源，提供较多样化的服务。各种民俗活动、民间庙会等乡村节庆活动、地方历史文化、美化和营造的乡村空间和景观等具有地方特色的乡村旅游产品开始涌现。同时，有关乡村旅游的各级政府规划开始出现，理论界对于乡村旅游的研究也开始向纵深发展，乡村的综合规划和发展，乡村环境改善，乡村旅游的社区参与，乡村文化，乡村产业，文化、环境与乡村旅游的关系，观光农业，乡村旅游可持续发展等问题开始被提出。

第二节　乡村旅游资源的概念

一、乡村旅游资源的定义

（一）旅游资源的概念

旅游资源作为现代旅游业得以发展的重要条件，是旅游业的基础要素。旅游资源主要分为两大类：一种是自然风景旅游资源，另一种是人文景观旅游资源。前一类资源主要有自然界中的高山峡谷、森林、飞禽走兽、气候、江河湖海、温泉等，这类资源又可以大致划分为四大类，分别是地貌、水文、气候以及生物；后一类资源主要表现为文化古迹、古代建筑、民族风情、现代景观、地方特色饮食、购物以及文化娱乐等，这类资源又可以进一步划分为四大类，分别是人文景物、文化传统、民情风俗以及体育娱乐。

（二）乡村旅游资源的基本认识

从生产的角度来看，人们把乡村旅游资源作为原材料。乡村旅游的“原材料”实际上就是乡村资源——土地、生物的多样性、历史建筑等。当旅游经营者认识到这些乡村旅游资源是有价值的“原材料”时，就会把它们投入乡村旅游产品的生产过程中，发挥这些原材料的价值。

从景观学的角度来看，人们认为乡村是一种景观，也是具有独立空间属性的景观空间。因此，乡村旅游资源是指在乡村地域范围内能够被利用的景观及景观资源，对乡村居民或城市居民都能够产生吸引力，并满足旅游者需求的乡村事物、事件、过程、活动、人物、乡村文化、乡村民俗、口头传说、民间艺术、乡土教育等资源。乡村旅游资源的数量、类型、品位、地方性组合特征和乡村居民的友善好客等态度构成乡村旅游资源的主要特征，而乡村旅游资源开发程度、基础设施建设、经济更新条件等成为乡村旅游资源开发与利用的重要条件。

从内容来看，有的研究人员认为乡村旅游资源不但容纳了诸如地文景观类、水域风光类、生物经管类等自然旅游资源，也囊括了古代文化遗迹元素、现代休闲娱乐类以及经济购物类等各种人文旅游资源。

从功能来看，相关学者认为乡村旅游资源具备使旅游者感受乡村气息、回归自然和体验乡村生活等功能的作用，只有具备上述特征的乡村资源才可以被看作真正的旅游资源。

从产生过程来看，有的研究人员将乡村旅游资源看作可以对旅游者产生吸引力，从而让这些旅游者前来开展旅游活动，并且在被开发利用后能够带来一定的经济、社会以及生态等各个领域综合效益的一类资源。因此，这种资源立足于自然环境，以人文因素为主导，从而形成一种人类文化和自然环境融为一体的文化景观。

一般来说，乡村旅游资源之所以得到更多的关注，是因为在现代社会演进过程中，人们在旅游方面的意识出现了新的动态变化。立足于新资源观等理论框架分析可知，现代人对于旅游资源的类型和内容方面的认识有了新的发展，现代旅游需求出现多样化的变化，都使得乡村旅游资源关注度提升，并需要人们重新进行认知和了解。总体来说，现代乡村旅游资源的内涵范围不断扩充，种类日益丰富。

最根本的原因是，我国经济水平的大幅提升，使人们的物质生活水平上升到一定的高度，从而使民众在精神层面上的追求快速增加，而旅游作为一种在较高层面上的精神需求成为我国民众普遍参与的活动。民众在旅游领域的审美观念差异性不断凸显，决定了现代旅游日益呈现出个性化和多样化的特点。综合来看，我国旅游领域的热点也不断变化，依次从初期以观光游览历史名城、名山大川为重点，逐渐转换到田园生活这一中心上。正是由于现代旅游的内涵不断丰富和更加成熟，旅游资源的内涵和外延都明显增加，这种发展趋势在乡村旅游领域也得到了充分体现。

在现代乡村旅游领域里，在传统意义上不属于“旅游资源”的事物、一些特征模糊的资源以及在以往不属于人们观念中的事物都发展成为现代旅游开发的有价值的对象，甚至成为现代乡村旅游资源的重要组成部分。举例来说，乡村领域的传统娱乐活动、中国南北方特色民居，包括北方的土炕和南方的花雕小床等都成了现代乡村旅游资源。因此，从现代旅游领域来看，只要是可以在一定程度上满足现代旅游者需求的事物都可以看作有价值的旅游资源。在乡村领域，农家民居清幽闲适的氛围、田园风光的自然清新、乡村食品的天然绿色以及乡里乡亲的纯朴热情，对希望接触自然、回归自然的城市居民来说，都属于有很大价值的旅游资源。范围广阔的农村区域和收入水平不断提升的工薪阶层，统统构成了客观存在的而不是虚构的广大的卖方和买方市场，这一观念的悄然变化引起了“旅游资源”概念的巨大变化。所以，只要有旅游者的需求存在，那么并非只有名山大川、名胜古迹才能成为乡村旅游资源，乡村中一切生产、生活条件和过程均可成为乡村旅游资源开发的对象。

因此，乡村旅游资源就是指在现实条件下，能够吸引人们产生旅游动机并进行旅游活动的各种有一定内涵和特色的自然、人文、物质及精神的乡村旅游景观。这些景观能为旅游者提供游览、观赏、知识、乐趣、度假、疗养、娱乐、休息、探险猎奇、考察研究、社会交往等功能和服务。也就是说，乡村旅游资源是指那些能够吸引旅游者前来进行旅游活动，为旅游业所利用，并能产生经济、社会、文化、生态等综合效益的乡村社区活动场所，依托乡村独特的生产形态和乡村特殊的环境产生的农业生产、农村生活、农村风情等客观体。

二、乡村旅游资源的基本构成

乡村旅游资源由自然环境、物质要素、非物质要素三部分共同组成，形成立体、生动的有机复合体。

（一）自然环境

自然环境是包括一个地区的地质、地貌、气候、水源以及生物等在内的一种自然综合体，可以看作乡村旅游资源最基本的素材和背景。人的社会实践活动正是基于自然环境这一对象，创造出和当地的自然环境保持一致并突出地方特色的乡村景观。一般来说，乡村旅游资源无论是在外部特征表象上，还是在内部结构组成上，都反映了当地自然环境的特征。

形成自然环境的基本组成要素呈现地域性的分布规律，在这一因素的影响下，乡村景观表现出来的诸如当地的农业类型、居民住房等也都显示出地带性的分布规律。总体来看，自然环境不同的要素对于农村景观的形成产生的影响和作用也是多样化的。首先，当地地质地貌的特点决定了该地区乡村景观的宏观外貌特征。例如，不同的海拔和地形会直接使得农村景观表现出不同的类型，在江南平原可以欣赏到的是水乡景观，但是不会欣赏到梯田景观，因为梯田景观在乡村旅游资源中属于山区的旅游资源。同时，地质地貌在各地的不同也在一定程度上影响不同地区乡村旅游资源的利用方式和开发程度，进而会对各地乡村居民的生产生活行为产生影响，导致不同地区乡村的社会经济发展和人们的现实生活都有不同的形态，决定了不同的乡村景观具有不同的特性。其次，不同乡村区域的气候状况也会对各地的乡村景观产生重要影响。这一方面的影响主要表现为当地的动植物种群、土地耕作方式以及当地居民生活习惯的独特状况。再次，不同地区水文状况的差异性也会对乡村地区的农业、交通布局以及居住聚落等产生明显影响，从而对乡村景观起到一定的影响。乡村土壤条件的差异性也和农业生产组成有紧密的联系。最后，各地区乡村中的不同生物类型，特别是植物类型是不同乡村多样化景观的重要组成部分，诸如森林景观、农田景观、草原景观等就取决于这一因素。同样，各地各具特色的动物种群也对乡村景观有类似的影响，例如，牧场、渔场等乡村景观都决定了在当地景观中有突出地位的动物种群方面的特点。

（二）物质要素

物质要素对于乡村旅游资源来说，可以具体为游客到某一地区进行乡村旅游消费时亲身接触和感受到的具体事象，可以是地形、土壤、森林，也可以是农业表象，还可以是当地的民族特征以及住宅聚落和房屋建筑形状等有形的对象，并且这些物质要素会由于不同的组合而构成不同地区、不同乡村景观的各种外部特征。以傣族乡村为例，标志性的竹楼、地区性的榕树、南方的水稻田、适应气候的对襟短袖衫、宽肥长裤的男子穿着和浅色窄袖、大襟短衫加上筒裙的女子装扮，以及反映当地信仰的小乘佛教寺庙，共同形成了这一地区特有的景观。乡村区域的人们开展的物质生产活动在乡村旅游资源中属于最基本的要素，可以由此衍生出多样化的乡村旅游资源。简单来说，诸如田园、草原、渔区景色、林区等不同农业景观都来自农村区域的生产活动的多样化。不同地区表现出来的建筑的不同特色也是各地区的自然因素和人文因素等共同影响并融合在一起的产物。就不同地区的建筑来说，建筑用到的建筑材料、采用的房屋结构、建筑群落的规模和布局以及建筑能发挥的功能等都会因为地区的差异性而有所不同。物质要素是对本地区的地域地貌、气候特点、水文环境、生物物种等自然条件的集中体现，也是对本地区的经济发展、民俗文化、人口结构以及生活习惯等独特社会经济条件的一种反映。此外，一些地区的民族服饰等汇集的民族文化元素也是乡村旅游资源的物质要素。

（三）非物质要素

这类要素包括与乡村相关的思想潮流、道德认知、价值认同、思维特点、民族风俗以及宗教信仰等。虽然这些要素是无形的，但是旅游者在乡村旅游环境中可以非常明显地被这些要素的魅力吸引，因此，这类要素不只是乡村旅游资源的组成要素之一，而且是组成乡村旅游资源的核心要素，是乡村旅游资源的灵魂所在，也是体现乡村旅游精髓的重要载体。前往乡村旅游的消费者欣赏乡村旅游资源直接表现出来的外貌特征，这固然是这些消费者追寻的旅游价值所在，而用心品味乡村旅游资源内部包含的文化要素等无形价值，则更是旅游者愿意领略的内在特征。只有乡村旅游资源的外貌特征和内在价值同时使旅游者感受到趣味和滋味，旅游者才能够真正被情景交融的乡村景观吸引，并自愿成为乡村旅游的口碑宣传载体。

实际上，这类乡村旅游资源的非物质要素的具体表现很容易被理解。例如，乡村地区的居民具有的文化气质、乡村的精神面貌以及当地的生活习惯等能够共同烘托出一种特有的乡村“气氛”，很容易感染前去旅游的人们，使他们感受到愉悦的乡村旅游气氛。

三、乡村旅游资源的主要特点

（一）和谐性

乡村旅游资源相对于其他旅游资源来说，更多地表现为人和自然的和谐性，它是在长期发展过程中，乡村区域的居民和周边的自然环境相互作用和影响而形成的乡村旅游元素。基于旅游资源的乡村景观形成过程，可以看作当地的人和地理环境之间不断磨合和协调的过程。在这一过程中，人们如果顺应了自然发展规律，遵循了生态发展的需要，实现了人和自然之间的协调一致，该区域就会受惠于自然，使得乡村的社会经济更加和谐；如果人的活动违反了自然规律，破坏了生态环境，就要受制于自然而使得当地环境恶劣。各种人与自然环境之间长期的反复磨合，使得当地的景观发展和自然规律之间逐渐协调，使得农村区域的旅游资源成为当地人和自然和谐的产物。相应地，乡村区域的人对自然环境在漫长的历史过程中的改造和适应，最终塑造出来的乡村景观是人和自然和谐的直接表现形式。

（二）广泛性

在全球范围内，除了诸如高山、沙漠以及极寒地区等不适合人类生存的地域以外，都有人类居住。这些不同地域的居民，在农、林、牧、渔等产业领域广泛地开展改造自然的实践活动。立足于不同地区的自然条件，人类经过长期的不懈努力，都在自己的居住地创造出了多种多样的乡村景观。这些景观遍布于世界各个角落，其中大部分成为现代的乡村旅游资源，为当地乡村旅游业的发展提供了基础。可以说，乡村旅游资源在空间分布上的广泛性是其基本特性之一。

组成乡村旅游资源的成分非常多样，不仅包括自然环境因素，也包括客观存在的物质成分，还包括精神文化等非物质成分，因而构成了旅游资源元素和元素组合的复杂性，形成了乡村旅游资源内在丰富、外在类型多样的特点。

（三）地域性

从乡村旅游资源的基本组成要素可知，旅游资源和当地的自然环境因素以及社会环境因素都是紧密相连的。由于这些环境因素不同，乡村旅游资源显示出具有差异性的景观类型。有时，同一种乡村旅游景观却会在有差别的自然条件下呈现出各自独特的表象。以气候的影响为例，不同的气候带造就了不同区域相应的农业带，组成了不同的乡村旅游资源。事实上，诸如政治、宗教、民族、文化、人口、经济以及历史等基本要素共同决定的不同地区社会环境之间的差异性，成为乡村民俗文化的基本立足点。例如民族服饰、信仰、礼仪、节日庆典等元素，使乡村民俗文化表现出不同的地域性特点，也就使这类乡村旅游资源在深层次上表现出了地域性。因此，各地自然环境和社会环境的不同，决定了乡村旅游资源的地域性特点非常突出。

（四）系统性

乡村旅游资源的系统性主要是指人和自然环境长期以来相互作用所共同形成的乡村旅游资源，可以看作自然环境和历史人文环境各要素融合在一起形成的复杂又和谐的综合体，对于组成资源的任何一个要素来说，所发生的变化都会引发相应的乡村景观发生改变。因此，乡村景观必须遵循自然规律，受到社会规律的支配性影响，乡村旅游资源实质上就是一个庞大而复杂的资源系统。所以，整体性和系统性是不同地区的乡村旅游资源的共性。

（五）生产性

乡村是农业生产的空间和直接载体，因此乡村旅游资源不但具有旅游功能，还应具有生产功能，不能丧失其生产性。同时，乡村旅游资源的开发，改变了农村的生产方式，增加了农产品的商品量和农业的附加值，提高了农村的经济效益。此外，它还带动了农产品加工、手工艺品加工等加工工业的发展，促进了农村多元化产业结构的形成，为农村经济的发展注入了新的活力。

（六）民族性

民族文化是构成乡村旅游资源的重要元素，也体现了乡村旅游资源的灵魂。不同民族都在长期发展中演化出了各自独特的文化。随着现代城市地域的信息交流日益频繁，不同城市地域的民族文化或多或少地融合了其他民族的元素，从而使得现代的城市区域更多地体现了多民族文化交融的发展趋势，使原有的民族文化发生变异。而在我国广大的乡村区域，因为地理区位偏远，交通和信息传递渠道不畅通，这些地区的民族文化传统得到了较好的传承，具有原有的独立性和传统性。而这些保持良好的原汁原味的民族文化，赋予了乡村旅游资源独特的魅力，所以对于乡村旅游资源来说，民族性特点较为突出。在一定程度上，民族性和当地的乡村旅游资源吸引力之间有明显的正相关性。这一特点在我国一些边远地区的少数民族乡村表现出来的浓郁民俗文化中得到了体现。

（七）保护性

乡村生态环境总体来看是包括了自然生态系统和社会系统的一个更为全面的大系统，其中生态系统一旦被破坏就很难修复。也就是说，乡村区域的生态环境构成了乡村旅游活动的现实环境，是农村区域居民生存和发展的根本性因素。因此，对乡村旅游资源开发和利用时，一定要按照生态规律科学地开展，在发掘乡村旅游价值的过程中，要始终将保护乡村生态环境放在第一位，切实落实保护性开发这一根本性原则。

同时，旅游的发生和发展过程是不同文化相互交流的过程，在这个过程中，不同性质的文化因素相互接触、碰撞、取舍和融合。到乡村旅游的游客多数是城市居民，游客本身携带的文化是“强势文化”，而乡村旅游文化是一种“弱势文化”，“强势文化”会对“弱势文化”产生巨大的冲击。由于文化本身的价值趋同性，旅游目的地居民会在游客游览过程中不知不觉地接受旅游者携带的文化。因此，乡村旅游文化资源的脆弱性要求在乡村旅游开发时要注重对当地乡村文化的保护。

四、乡村旅游资源的科学分类

对乡村旅游资源进行适当的开发利用，首先一定要开展针对乡村旅游资源的科学分类与综合评价活动。从一定程度上说，这种分类评价工作是开展和组织好乡村旅游活动的基本依据和重要前提。随着我国对乡村旅游发展的重视，学术领域对旅游资源分类的研究日益增多，已经在可以采用的技术和实施的方法上有了突破性的学术成果。然而，以乡村旅游资源评价为主要对象的评价活动还较少有人涉足，目前这方面的成果还不具备很强的实践操作性，也没有建立起具有实用效果的用于乡村旅游资源综合评价的分析模型和关键指标体系。针对这一现状，笔者将尝试结合各地乡村旅游资源的类型和乡村旅游资源所在区域的各种属性，科学构建可以用于乡村旅游资源分类的合理标准，并形成可行的综合评价体系，希望以此帮助中国乡村旅游更好地构建战略发展规划，并使其在开发利用中能够更好地满足科学发展观的要求。

（一）乡村旅游资源分类遵循的主要原则

在对乡村旅游资源实施分类时，须遵循一些特定的原则以保证分类的科学合理性。

1.同质标准原则

被分为同一类型的乡村旅游资源，必须在资源的主要成分、基本的外部特征、具有的景观功能以及内部结构等主要领域能够达到同样的标准，具有一致性，并且在这些标准上和被划分为其他类型的旅游资源之间存在明显差异。

2.演进一致性原则

被确定为同一类型的乡村旅游资源，在资源的形成基础上具有类似性，也就是说，同一类型的资源无论是自然环境还是人文环境都能够表现出一样的特征，并且同属于一个类型的乡村旅游资源在发展和演变的规律上也能够保持相似性。另外，同类型乡村旅游资源在社会、经济、文化等方面的未来发展趋势上也能够趋同。

3.同时性原则

乡村旅游资源会由于时间不同而表现出不同的特点，是一个受季节变化影响明显的地域综合主体，同一个乡村旅游资源在不同的季节会形成不同的景观表象。从这一分析来看，要保证乡村旅游资源分类的科学性，并且使不同类型的乡村旅游资源之间具有可比性，就必须体现同时性原则。也就是说，在同一时间点上，同一类型的资源表现一致，从而真实地反映不同类型的乡村旅游资源具有的同类特征。

4.持续更新原则

在不同时期，人们对旅游资源的认识有差异，消费者对旅游吸引物的理解也在发生变化。随着旅游产业由传统观光向休闲度假转变，乡村环境也成为旅游消费者的追求目标之一。目前，乡村旅游者更加喜欢乡村安静的环境、清新的空气等。夏季凉爽的局部气候、空气负离子含量高的大气环境等也可以成为乡村旅游开发的资源凭借。

（二）乡村旅游资源的分类体系综述

按照乡村旅游资源分类的基本原则，一般可将乡村旅游资源归纳为六类主要资源，分别是乡村自然生态资源、乡村田园资源、乡村遗产与建筑资源、乡村旅游商品资源、乡村人文活动与民俗文化以及乡村景观意境。以下对这六个主要类型的资源进行具体介绍。

1.乡村自然生态资源

这类乡村旅游资源的主要表现形式可以划分为山地、水域以及生物三个亚类，这三个亚类主要包括山丘型地貌、独峰、奇石、峡谷、岩石洞穴、岛屿、河流溪水、湖泊池沼、瀑布、林地、花卉种植地、动物栖息地12种基本类型。这类乡村资源主要是体现乡村区域的自然山水和生物等资源的特征，蕴含了传统农业社会中独特的“天人合一”境界，因此，这类资源可以看作现代乡村旅游业的根本基础和发展背景。

2.乡村田园资源

这类乡村旅游资源主要包含六个亚类，分别是农业生产、田园、林区、渔区、草场以及城郊。这六个亚类又包含农业生产场景、农业用具、水乡、旱地、梯田、森林、种植园、海洋渔场、淡水鱼场、草原、山坡景观11种基本类型。这类资源可以看作乡村旅游资源最主要的组成部分，是对乡村生活的真实反映，也是现代乡村旅游业的基础资源之一。

3.乡村遗产与建筑资源

这类乡村旅游资源主要有乡村区域的历史遗迹和遗址、聚落文化、居住社区、主建筑和附属建筑、游憩场所、归葬地、交通建筑以及水工建筑八个亚类。这八个亚类又包括军事遗址与古战场、宗教与祭祀活动场所、文化活动场所、特色聚落、乡土建筑、名人故居与历史纪念建筑、展示演示场馆、塔形建筑物、楼阁亭台、书院、度假区、墓（群）、桥、水库及观光游憩段落14种基本类型。这类旅游资源是农村区域居民进行生活、生产、休息等社会实践活动的主要场所，以聚落和建筑等物质载体为基础，蕴藏着丰富的人文活动，凸显的是农村区域的地方文化特色。

4.乡村旅游商品资源

这类乡村旅游资源主要表现为旅游商品和传统工艺与手工艺品两个亚类。它主要由4个基本类型组成，分别是风味食品、乡村特产、传统工艺和手工艺品。这类资源是乡村区域的居民在生活、生产中长期形成的具有地方特色的食品、特产和传统工艺等，属于乡村文化的重要表现形式和组成部分。

5.乡村人文活动和民俗文化

这类资源主要有人物记录、艺术与文化、民间习俗、现代节庆四个亚类。在这些亚类中，主要有人物、协会、地方文化、民间演艺、民间节庆、宗教活动、旅游节、文化节8种基本类型。这类乡村旅游资源是一定农村地域范围内的居民表现出来的风土人情和生活习惯等，是游客到乡村开展旅游活动时可以体验到的重要内容和对象。

6.乡村景观意境

这类乡村旅游资源主要包括景观通道和景观意境两个亚类，这两个亚类主要可以分为乡村景观生态廊道、乡村山水环境意境、乡村聚落文化意境、乡村农耕田园生活意境4种基本类型。这类资源是立足于自然景观和文化景观而形成的综合人文生态体系，游客通过对这种农村区域整体景观的消费感受，获取超越农村区域的物质景观实体所能提供的旅游价值。

第三节　乡村旅游资源的开发

一、乡村旅游资源开发的基本介绍

旅游资源的开发就是运用适当的资金和技术手段，使尚未被利用的资源能为旅游业所用，从而产生经济价值及其他多种价值；或使已被利用的资源的广度和深度得到加强，从而提高综合价值。

乡村旅游资源的开发应该与一般旅游资源的开发不同，它需要更多地展示自己最核心的东西——乡土味。旅游规划上要以体现自然风景与当地的农事生产相互作用的结果为目的，重在向世人展示一个特有的农业生产风光和农村景色，要以保持原有的乡村风光为主，在此基础上进行开发建设。除了目前常见的特色民俗风情旅游，围绕古建筑、古村落进行的乡村旅游项目外，农业生产也是乡村旅游开发的重点之一。我国地域辽阔，各地农业生产由于气候、地域的差异而各有特色，从而形成了农耕、渔猎、游牧等不同样式的农业生产互相交织而又别具特色的格局。同时，由于历史及发展的原因，不同时代、不同发展阶段的农业生产方式并存，统观起来犹如一个中国农业生产历史博物馆，而这也正是吸引游客特别是外国游客的有重要特色的地方旅游资源。

二、乡村旅游资源开发的基本原则和重要意义

（一）乡村旅游资源开发的基本原则

1.开发保护兼顾原则

对乡村旅游资源的开发要遵循开发与保护相结合的原则，要维护好当地的生态资源，防止人为地破坏和污染。开发是目的，保护是前提，对于乡村旅游资源如果不善加保护，最终会丧失开发和经营赖以存在的基础。乡村生态环境相当脆弱，目前一些旅游地的生态不够理想，人与自然环境也不够协调，因此发展乡村旅游时应特别注意乡村生态环境的保护与建设。加强策划者、管理者、开发者、旅游者的生态环境保护意识，建立相应的保护措施。

2.政府主导原则

旅游开发应在政府主导下，有主次、有先后地开展，防止盲目地开发与破坏性地建设。乡村旅游正处在初级发展阶段，因此，政府应发挥主导作用，对村落保护和开发、招商引资、旅游的规划、旅游配套设施的完善、旅游宣传促销等工作进行全面系统的安排落实，派专人指导监督，帮助村民顺利开展旅游业。制定的旅游发展规划应涉及旅游点的布局、风格要求、服务规范等，并监督执行，从而保障乡村旅游业有序合理地发展。

3.当地居民全面参与原则

人是组成乡村旅游资源的最活跃因素，在发展乡村旅游时一定要组织当地居民参加旅游服务，安排具有地方特色和民族特色的民俗文化旅游项目，使外来游客感受到原汁原味的乡村文化氛围。要加强对旅游从业人员的培训，使其熟悉旅游业务、学习行为规范、遵守旅游法规、提高服务质量、树立品牌意识和精品意识，吸收国内外发展乡村旅游的成功经验，建设一批具有示范作用的乡村旅游基地并逐步推广。

4.经济、社会效益双赢原则

乡村旅游资源的开发要以取得经济效益为目的，因此在开发前和开发中要注意投入、产出的预算，不能盲目地开发、建设。同时，要注意社会效益，不能只单纯地追求经济效

益，要考虑旅游者的身心健康和获得的知识。朴实无华的大自然能给人以返璞归真的感受，使人得到充分的休息，健康长寿。

5.整体系统开发原则

乡村旅游资源既形式多样、丰富多彩，又是区域旅游资源的一个组成部分。要把乡村旅游资源的开发利用纳入区域旅游开发的系统工程中，从区域旅游的角度出发，进行统筹安排、全面规划，形成统一的区域旅游路线，促进区域经济的发展。

6.突出乡土特色原则

乡村旅游对于都市人群的吸引力，在于乡村的特有魅力，既要保持乡村特有的“土”味和“野”味，也要保持乡村旅游资源的原汁原味，展示乡村本土的特有民俗民风，让游客能体验到其独特之处。乡村旅游资源的开发是在其原有的自然风景的基础上进行的加工改造，而要使自然美和人工美有机地结合起来，促使两者协调发展，就不能单纯地强调某一个方面。如果在原有的自然美的基础上进行合理的人为加工改造，则可起到锦上添花的作用。

（二）乡村旅游资源开发的重要意义

目前，乡村旅游资源的开发形式日趋多样，显示了良好的旅游开发前景。乡村旅游资源开发不仅突破了传统的旅游资源开发观念，拓展了我国旅游资源开发形式，而且有效地促进了第一产业和第三产业的交叉与渗透，建立起了以农业养旅游、以旅游促农业的互动机制。可以预见的是，乡村旅游必将成为我国旅游业的一个新的增长点和亮点。大力开发乡村旅游市场具有十分重要的作用和意义。

1.推进城乡文化交流，促进农村观念更新

通过城市居民的参与活动，把先进的科技知识带到乡村，有利于科技推广。城市居民可以亲身了解和体验农村生活，而他们的观光活动又有利于促进农业生产者封闭保守思想的改变，使其形成市场意识。通过对观光农业基地的管理，可以提高他们的管理水平和适应市场的能力，实现土地的合理开发和多样化经营，提高用地效益。

2.改善农村环境，提升生活质量

观光农业不仅以农业生产方式、多种活动、民俗文化等吸引游客，而且以优美的环境给游客以美的享受，因此，植树种草、美化环境是其必要的投入。这在客观上起到了保护环境的作用，特别是在水土流失严重的地区意义更大，对于我国发展生态旅游也有促进作用。

3.深入带动相关消费，实现旅游业的经济促进作用

旅游业的关联性强，带动功能强，扩大消费需求的作用十分明显，因此要充分发挥旅游业在刺激消费、扩大内需中的作用。这既是旅游产业自身发展的需要，也是时代赋予旅

游业的新的历史使命。目前，通过发展乡村旅游来开发乡村市场，刺激消费，扩大内需，成效将会十分显著。

4.有利于旅游产业规模化，推进我国旅游强国建设进程

加强乡村旅游市场开拓，对推进我国旅游强国建设大有裨益。随着我国全面建成小康社会进程的不断加快，人民收入水平的逐步提高，不断扩大的乡村旅游市场对壮大我国旅游经济规模将起到积极巨大的作用。

5.优化农村区域经济结构，推动农业产业化发展

我国农业仍然是以种植业为主的农业，农业结构不合理，农村第三产业所占比例太低，农业经济效益低下。发展乡村旅游必然可以带动乡村商业、服务业、交通运输业、建筑业、加工业等相应产业的发展，从而带动产业结构的调整。同时、乡村旅游的发展必然引起区域农业产品特色化，有利于形成对产品的加工、储藏、运输和销售系列化，促进农业产业化发展，增加就业机会，进一步解决农村剩余劳动力的就业问题。

三、乡村旅游资源的科学开发模式

（一）以中心城市为基本依托的发展模式

依托中心城市发展乡村旅游是国内外最为常见的一种模式。在中心城市的周边开发乡村旅游市场，有很大的潜力。

城市居民市场是一个庞大的市场，大多数城市居民都有回归自然、放松身心、向往乡村清新空气、感受乡村淳朴民风的需求，并且有一定的可随意支配的收入和闲暇时间，可以实现短程观光和短暂的度假活动。

依托中心城市发展乡村旅游，要重点考虑乡村旅游产品的区位、特色、类型和功能等因素。

第一，这类乡村旅游产品离中心城市的最佳距离不宜超过1小时车程，应有良好的可进入性条件。

第二，应注重产品的自然性、观赏性、参与性、文化性、娱乐性，应进行多样化开发，以迎合城市居民多样化的需求，每个景点应根据自身的资源优势和企业实力进行特色化开发，以促成各景点间产品的互补性，防止产品雷同。

第三，城市周边的乡村产品类型和功能主要依据市场需求和资源特色而定，有很大的灵活性。目前世界上流行的产品类型主要有观光型、休闲型、体验型、品尝型、购物型、游乐型、综合型等，功能可以是单一的，也可以是复合的。

（二）以著名景区为依托的发展模式

首先，其客源主要来自所依托的著名景区，因而这类乡村旅游产品与其所依托景区的距离以近为佳。

其次，这类产品的开发应特别强调地方性和民族性，要在优美生态和田园风光的基础上突出本土文化，可以说这类产品的灵魂是民俗风情、民族风情以及居民生活的文化提升和景观化。同时，这类产品应与其所依托景区的产品类型形成互补性，要突出本身特色。这类景点的规模不宜太大，关键是要突出特色，做出精品。

（三）“公司＋农户”合作发展模式

“公司+农户”模式是对具有旅游特色的村镇，通过引进有经济实力和市场经营能力的企业进行公共基础设施建设和改善环境，指导乡村居民开发住宿、餐饮接待设施，组织村民开展民族风情、文化旅游活动，形成具有浓郁特色和吸引力的乡村旅游产品，吸引和招徕国内外旅游者。在参与式乡村旅游的开发中，这种模式依然实用，并可演化成“公司+农户”和“公司+社区+农户”两种模式。

“公司+农户”模式通过吸纳社区农户参与乡村旅游的开发，在开发有浓厚特色的乡村旅游资源时，充分利用社区农户闲置的资产、富余的劳动力、丰富的农事活动，增加农户的收入，丰富旅游活动，向游客展示真实的乡村文化。同时，通过引进旅游公司的管理，对农户的接待服务进行规范，避免不良竞争，保障游客利益。

“公司+社区+农户”模式中，公司先与当地社区（如村委会）进行合作，通过村委会组织农户参与乡村旅游，公司一般不与农户直接合作，但农户接待服务、参与旅游开发则要经过公司的专业培训，并制定相关的规定，以规范农户的行为，保证接待服务水平，保障公司、农户和游客的利益。

（四）“政府＋公司＋农村旅游协会＋旅行社”合作发展模式

这种模式的乡村旅游开发参与者更多，各方面的协调配合也更完善，因而能实现健康稳定的发展。

政府作为行政管理机构，负责规划和基础设施建设；旅游公司，由政府授权，负责经营管理和商业运作，并收取门票，招募当地村民到公司就业，组织节日庆典和表演等活动；农村旅游协会，由村民自发成立，代表村民参与旅游事务的管理、监督，负责组织村民参与地方戏表演及公司组织的各项节庆活动，从事导游讲解，制作工艺品等工作，提供住宿、餐饮服务以及维护和修缮传统民居等；旅行社，负责开拓市场，组织客源。

这一模式的特点是能发挥旅游产业链中各环节的优势，通过合理分享利益，避免了乡村旅游开发过度商业化，保护了本土文化，增强了当地居民的自豪感，为旅游可持续发展奠定了基础。这种模式可以实现多方共赢，但是在实际操作中，因为涉及的利益主体比较多，因而协调困难，阻碍因素比较多。

（五）“农户＋农户”合作发展模式

在远离市场的乡村，大多数农户不愿把资金或土地交给公司来经营，他们更信任那些“示范户”。在这些山村里，许多农户通常在“示范户”的带动下，加入旅游接待的行列，学习成功的经验和技术，在短暂的磨合后，就形成了“农户+农户”乡村旅游开发模式。

这种模式通常投入较少，接待量有限，但乡村文化保留最真实，游客不仅花费少，还能体验最真实的本地习俗和文化，是最受欢迎的乡村旅游形式，但受管理水平和资金投入的影响，通常对旅游的带动效应有限。

（六）多样化农庄发展模式

1.个体农庄发展模式

个体农庄模式是从规模农业个体户发展起来的，通常以“旅游个体户”的形式出现，其对自己经营的农、牧、果场进行改造和旅游项目建设，使之成为一个完整意义上的旅游景区，能完成旅游接待和服务工作。

2.主题农园和农庄相结合发展模式

这种模式形成教育农园、市民农园、租赁农园等多种形态，承载农旅结合的农事参与、自然教育和DIY创意空间等功能。

3.商务度假和企业庄园相结合发展模式

这种模式承载企业董事会议、商务谈判、员工奖励度假和旅游景观房产等功能。

4.农业产业化和产业庄园相结合发展模式

这种模式主要表现为集生产、研发、销售、交流、教育和旅游于一体的现代化农庄，比较成熟的有葡萄酒庄园、香料庄园、草莓庄园和西瓜庄园等。产业庄园既要体现产业化生产特点，又要满足服务型企业的需要。

（七）股份制发展模式

为了合理开发旅游资源，保护乡村的生态环境，可以根据资源的产权将乡村旅游资源界定为国家产权、乡村集体产权、村民小组产权和农户个人产权四种类型。

在开发乡村旅游时，可采取国家、集体和农户个体合作的形式，把旅游资源、特殊技术、劳动量转化成股本，收益按股分红与按劳分红相结合，进行股份合作制经营，让相关各方通过土地、技术、劳动等形式参与乡村旅游的开发。

企业通过资金的积累完成扩大再生产和乡村生态保护与恢复，以及相应旅游设施的建设与维护。以公益金的形式投入乡村的公益事业，以及维持社区居民参与机制的运行等，同时通过股金分红支付股东的股利分配。

通过“股份制”的乡村旅游开发模式，把社区居民的责（任）、权（利）、利（益）有机结合起来，引导居民自觉参与他们赖以生存的生态资源的保护，从而保证乡村旅游的良性发展。

四、乡村旅游资源开发的基本流程

（一）前期统筹规划

乡村旅游资源的开发是在特定的乡村环境中进行的，开发过程及开发后的经营都将对乡村社会、经济和环境产生重大影响。同时，对乡村旅游资源的开发也是为了乡村城镇化的发展而进行的，要考虑乡村居民的切身利益，以切实增加乡村居民的收入和解决其剩余劳动力的就业问题。因此，对乡村旅游资源的开发要做总体规划，实行具体的开发程序，并在“资源+市场”开发导向下拟议旅游项目，既立足于资源优势，又考虑到旅游市场的需求。

乡村旅游规划的设计大纲内容主要包括：旅游规划设计地区的基本内容、旅游规划设计所需的技术资料和图文资料、旅游规划设计专家系统、旅游规划设计工作的主要内容、时间的安排、经费预算等。

（二）全面调查研究

旅游资源开发总体规划不完善或不切实际，旅游开发项目构思拙劣或匆匆上马，都可能导致开发失败。因此，在确定规划前要对各方面内容做好详细的调查研究，主要是需要相关部门，如林业、农业、园林、城建、环保、交通、通信、旅游等部门提供所需资料，配备必要的设备及后勤组织工作等，以保证旅游规划设计工作顺利进行。同时，必须进行实地考察。聘请有关专家运用科学的方法对拟议旅游项目进行深入细致的调查研究，对建设方案预期的技术经济效果进行分析、比较、论证，评价方案的可行性，为投资决策提供科学依据。专家就目标市场、经济状况进行分析，确定项目进行修订，权衡投资机构项目，筹集开发资金，为下一步的项目实施做准备。同时，成立开发指导委员会，具体负责项目资金，并与当地的居民进行交流、沟通，以获得各种反馈信息。乡村旅游开发是一个信息双向反馈的过程，主要通过乡村旅游开发指导委员会将旅游的影响告知社区居民并向社区居民作出解释，综合考虑社区居民的意见和建议，尽量扩大有益的影响，消除或减少负面影响，参加评审的对象要扩大到旅游开发指导委员会的成员，以及与旅游项目实施相关的社区代表。这样既能保证项目的科学性，又能得到社区公众对项目开发的理解和支持，减少项目实施过程中的阻力。

（三）具体推进实施

1.旅游产品构建

靠策划和创意，把原生态的、同质的资源按不同的手法打造，以不同的风格装帧，抓住本地、本村、本户特色，凸显优势，制造差异，塑造不同类型的产品。以前的农耕只是种庄稼，收获农产品，现在农民是演员，具备展览、表演、展示的功能，农村的一切生产、生活活动和成果都变成了向游客销售的商业行为。

2.基础设施建设

旅游是一种复杂的社会经济活动，对于真正意义上经久不衰的乡村旅游来讲，仅有资源和热情好客的心是远远不够的。原生态不等同于原状态，任何形式的乡村旅游形态，包括古镇、村庄、农庄、林牧场等，必须进行一定的改造和建设。旅游的吃、住、行、游、购、五要素，在乡村旅游中也不可缺少。

“行”，城里人下乡，怎么到达？干线公路通达性要保证，农村、农庄、林场等原有的泥路要修缮，不能雨天无法下脚。游客步行道不宜直、宽，要既省投资，又符合景观、文化、生态，仅建路就很有讲究。

“游”，怎么个活动法？要精心筹划的有多少项目？这包括观赏的、参与的、体验的、科普的以及与农民和谐交流、共度时光的特色产品。农户开展家庭接待活动还须添置必要的设施和器具。

“吃”，城里人来了给他们吃什么？在什么场所吃？人少的话，农户家中可以应付，人多了需根据客源量配置接待中心。同时，还要考虑入口食物的卫生。

“住”，给客人提供的住所，起码要达到一星、二星标准，概括而言，卫生、方便、安全。

“购”，农户的手工艺品、农村土特产品，城里人是很喜欢的。要想尽办法就地销售，增加收入。这方面需在包装、运输等多个方面投入一定的财力、物力。

另外，停车场、指路牌、指示牌、安全警示牌、污水垃圾处理、上下水、化粪池等都要建设完善。总之，作为一个乡村旅游的目的地，前期对基础建设的投入是必不可少的。当然，我们切忌贪大求洋，要尽可能低成本的开发。

3.持续拓展市场

我们建设农业旅游示范点的最终目的是扩展旅游业态，满足人们的需求；更重要的是调整农业产业结构，增加农业附加值，提高农民收入水平。衡量这个地方是否是旅游目的地，唯一的标准是游客。说一千，道一万，产品搞得再好，若无人光顾，就不是一个旅游产品，一切都无从谈起，产品走向市场才是真谛。游客来得越多，农民收益越高，各方积极性越高。否则，投入没有回报，农民血本无归，项目开发就变成了坑农。因此，要将农业旅游推向市场。相对景区、景点和其他旅游资源的宣传力度，农业旅游产品的推广相当薄弱。各级旅游部门及政府的主要任务之一是营销旅游产品，扩大知名度，发展旅游经济。

4.人才培训建设

乡村旅游产品真正被认可是近年的事，旅游部门也知之甚少，经验不足。农民群众普遍知识面不广，文化程度较低，观念较陈旧，信息不通畅。要把纯农业转为农旅结合，把一产转为与三产融合，把靠体力转为靠智力经营，困难较多。为了使农业旅游尽快地健康发展，提高各示范点的竞争力，唯一的办法是增加培训。

5.科学全面管理

管理的主体是政府，也可由群众自治。合定乡规民约，旅游部门要研定一些标准，以便有个参照、目标和依据。还可推行旅游行业管理经验，出台一些等级划分、品牌服务、诚信建设的规范等，使乡村旅游在市场中牢牢站住，得到长远回报。上述这些标准必须符合农村实际，防止管理过度，越位操作。乡村旅游中考虑的标准化不是一律化，不是只搞一个模式，而是共性的必备条件，是农民能掌握、能做到的。

第四节　乡村旅游市场调查与分析

一、乡村旅游市场调查

旅游市场调查是运用科学方法，系统收集、记录、整理和分析与旅游市场有关的资料，从而了解旅游市场现状和发展变化的趋势，为旅游市场预测和经营决策提供科学依据的过程。乡村旅游市场更是一个特殊的服务性专业市场，它不仅具有一般市场的共同属性，而且具有服务市场的某些特殊特征和旅游行业市场的特殊属性，因而有与众不同的供求规律和竞争策略。只有不断通过有针对性的旅游市场调查，更新系统信息，维护系统资源，才能了解旅游市场需求及竞争者的最新动态，制定出正确的旅游市场营销战略决策。

而现实工作中，市场调查是中、小型乡村旅游企业经常忽视的一项工作。不少乡村旅游营销决策者往往依靠经验，通过直觉和主观判断来分析市场，有时这些判断不仅快速且很准确。这是否意味着市场调查对乡村旅游完全没必要呢？答案是否定的。有效的营销决策源于科学的市场调查，不经过事先的市场调查和分析而开展的营销是盲目的。准确及时的市场调查信息有多方面的作用，如帮助制订更切实有效的市场营销计划，评估计划实施效果并及时调整，不断发现新的市场机会等。

（一）乡村旅游市场调查的内容

1.购买行为的调查

旅游服务是无形的，需要旅游目的地的市场形象做代表。了解游客理想化的旅游服务形象，将是旅游目的地在制定促销宣传和有形展示策略时的重要参考。公众对旅游目的地形象的评价，对游客尤其是对潜在游客的购买决策具有很强的说服作用。

2.销售过程的调查

在销售过程中，游客会产生两个重要的服务感受：服务质量和满意程度。对销售服务过程开展细致全面的调研是非常重要的，因为它直接影响营销效果。

3.中间商的调查

旅游中间商直接面对市场，更了解游客的需求和营销策略的效果，对旅游产品的特色、优势与不足有更深刻的认识。

4.竞争对手和相关行业的调查

虽然所处的行业和领域不同，但经济上的联系总会使不同行业、不同旅游目的地之间存在可以互相借鉴和学习的地方。

（二）乡村旅游市场调查的对象

乡村旅游市场调查可以根据具体情况采用观察法、询问法、网络调查法等，调查的内容可以根据调研目的进行设计和安排，通常包括游客动机、游客人口学特征、游客消费水平、地域结构等方方面面。调查对象包括以下几类：

1.居民

乡村居民淳朴的自然生活形态本身就是一道旅游风景线。一方面，开发乡村旅游会对当地人的生产生活产生巨大影响；另一方面，开发乡村旅游离不开乡村当地人的支持，脱离了乡村居民的旅游发展道路是行不通的。

对当地乡村居民进行旅游市场调查以面谈、电话等问询方式为主。问询法简单方便、灵活自由，可随机提出一些相关问题，对不清楚的可补充阐述，被调查者还可充分发表意见，相互启发，把调查问题引向深入，有利于获取较深入的有用信息。例如，可以与熟悉当地风俗、文化的居民面谈，请他们对乡村旅游人文景观的开发现状和市场情况提出一些意见或建议。用问询法调查，信息量大，回收率高，可信度高，是乡村旅游市场调查的常用方法。

2.市场

对乡村旅游资源处于“养在深闺人未识”的乡村旅游区来说，其客源市场调查宜以对当地乡村居民的调查为主；而对已开发、游客市场已初具规模或相当规模的旅游区来说，乡村旅游市场调查则可以针对乡村旅游客源市场进行。客源市场对旅游区景观、环境、基础设施、产品价格等印象的反馈对指导乡村旅游区的下一步开发建设有重要的意义。

针对乡村旅游区客源市场进行的市场调查，一般采用问卷调查法。调查人员将事先设计好的调查问卷发放到调查者手中，问卷的设计一般以选择题或是非题为主，便于游客作答。在问卷最后可以适当设计一些开放性问题。

3.相关部门

到当地相关部门进行调查也是乡村旅游市场调查的有效途径。一方面，政府和有关部门能提供翔实的官方数据和资料；另一方面，政府和有关部门对乡村旅游市场的判断较敏锐、准确，对乡村旅游市场开发的意见或建议具有前瞻性、权威性和战略指导意义。开发乡村生态旅游，需要林业局、水利局、环保局等提供相关数据和资料；旅游区市场规模预测，旅游区旅游环境容量的确定等也需要到相关部门收集资料；地方部门往往熟知可以推出的旅游产品、能吸引游客的地域范围、游客群体以及客源市场规模。调查人员对这些资料的收集对旅游区开发建设意义重大。

对地方相关部门的旅游市场调查一般以面谈访问为主，重点是对旅游市场需求、旅游市场供给情况进行调查，可以是个别谈话，也可以是开会集中征求意见，这样可信度更高。

4.竞争者

对于某个乡村旅游目的地来说，市场上的竞争者是不得不关注的。同业竞争者的调查包括有哪些竞争对手，哪些是现实的竞争对手，哪些是潜在的竞争对手，还包括竞争对手的资源特点及定位、资金实力、乡村旅游产品项目设计、服务质量、价格水平、促销策略等状况。

（三）乡村旅游市场调查的方法

调查方法的选择和运用直接关系到乡村旅游市场调查的进展程度和调查结果的可信度，因此调查过程中必须选用科学的方法。在乡村旅游市场调查中常用的方法主要有：询问法、文案调查法、观察法、实验法、网络调查法等。

1.询问法

询问法是调查人员与被调查者直接接触的实地调查方法，旅游市场调查人员将事先拟订好的调查问题以各种方式向被调查者提出询问，通过其回答获取所需资料。为了提高调查人员收集资料的规范性及方便整理资料，事先拟订的问题一般以调查问卷的形式出现，所以，调查问卷的设计直接影响调查的效果。询问调查法一般分为访谈法、邮寄法、留置法和电话法。

2.文案调查法

文案调查法就是通过收集各种历史和现实的动态统计资料，从中摘取与市场调查有关的信息，在办公室内进行统计分析的调查方法，所以也称间接调查法、资料分析法或室内研究法。就一般情况而言，统计数据的收集相对快捷，成本较低。

统计数据资料的来源主要有：

①旅游企业内部积累的各种资料。

②国家机关公布的国民经济发展计划、统计资料、政策、法规及一些内部资料。

③旅游行业协会和其他旅游组织提供的资料，或者旅游研究机构、旅游专业情报机构和咨询机构提供的市场情报和研究结果。

④旅游企业之间交流的有关资料。

⑤国内外公开出版物如报纸、杂志、书籍及图书上刊登的新闻、报道、消息、评论以及调查报告。

获取以上统计数据的方法主要有文献资料筛选法、报刊剪辑分析法和情报联络网络法。

3.观察法

观察法是指由旅游调查人员到各种现场进行观察和记录的一种市场调查方法。在观察时，既可以耳闻目睹现场情况，也可以利用照相机、录音机、摄像机等仪器对现场进行记录，以获得真实的信息。

观察法的优点是被调查者往往是在不知不觉中被观察或调查的，处于自然状态，因此收集到的资料较客观、可靠、生动、详细。但这种方法花费较大，并且只能观察到事实的发生，观察不到行为的内在因素如感情、态度等，因此一般与面访调查等其他方法结合使用。

4.实验法

实验法是指旅游调查人员将调查对象置于特定的控制环境中，采取变量和实验检验差异来发现变量之间的因果关系的一种调查方法。由于实验法是在较小的环境下进行实验，所以在管理上容易控制，获取的资料也较客观，一般适用于获取因果性调查数据。

5.网络调查法

网络调查法是指旅游调查人员利用互联网了解和掌握市场信息的方法。具体方式是旅游企业通过Web方式附加调查问卷、给被调查者发送电子邮件等方式来获取被调查者的资料。

（四）旅游市场调查的程序

1.调查准备阶段

调查准备阶段的重点是解决调查的目的、要求、范围和规模及调查力量的组织等问题，并在此基础上，制订一个切实可行的调查方案和调查工作计划。这个阶段的工作步骤如下。

①提出需要调查研究的课题。

②分析有关问题的情况。

③制订调查方案和工作计划。

2.调查实施阶段

这个阶段的主要任务是组织调查人员深入实际，按照调查方案或调查提纲的要求，系统地收集各种可靠资料和数据，听取被调查者的意见。这一阶段大体包括以下具体步骤。

①建立市场调查组织，集中调查人员，组织学习或培训，成立调查小组并对人员进行培训。

②组织调查人员，收集二手资料。

③确定调查单位，收集原始资料。

3.调查资料分析和总结阶段

调查资料的分析和总结阶段是得出调查结果的重要阶段。这一阶段的工作如果抓得不紧或者草率从事，会导致整个调查工作功亏一篑。它是调查全过程的最后一环，也是旅游市场调查能否充分发挥作用的关键一环。这一阶段包括以下步骤。

①整理分析资料。

②编写调查报告。

③总结经验教训。

二、乡村旅游市场分析

（一）我国乡村旅游市场分析

游客以城市居民为主。参加乡村旅游的国内游客，绝大多数是为调剂都市生活而出游。多为近地旅游，以城市近郊区为活动范围。出游的时间较短，多为1～3天。能承受的价格多为人均50~100元/天，主要是冲着价廉物美而来。游客对乡村旅游的各种活动项目有所侧重，游客参加频率和重游率最高的项目是：以“住农家屋，吃农家饭，干农家活，享农家乐”为内容的民俗旅游，或以春节、端午等民间传统的节庆活动为内容的乡俗节庆旅游。

总之，乡村旅游消费初级化，绝大多数乡村旅游者在较低价位的消费水准下，享受到的是较低档次的旅游服务和较低层次的精神感受，乡村旅游行为停留在赏心悦目的基本层次，而体察乡俗、修身养性的成分较少，休养疗养、商务会议、艺术创作、文化体验所占的比例更小。

（二）乡村旅游市场的构成和特点

1.青少年乡村修学旅游市场

青少年乡村修学旅游的主要特点是认识学习，以学校或家长等安排的有目的的旅游与考察、写生、实习等为主要内容，以学生远足、夏令营等为主要形式，旨在通过对不同于城市生活场景的乡村旅游，扩大视野、增长知识以及培养吃苦耐劳精神等。

2.青年乡村旅游市场

乡村旅游对于这类人群来说更多的是一种体验式旅游。对于青年乡村旅游市场，适合开发田园自然观光的生态乡村旅游，种菜摘果等参与性和娱乐性比重较高的“农家乐”乡村旅游产品。另外，以特色风光、农事活动或村落名胜等观光旅游为主的旅游产品也能激发年轻人的兴趣。

3.中老年乡村旅游市场

中老年乡村旅游市场的本质特征为寻根怀旧、回归自然。他们偏好如菜花飘香、牧场风情等具有独特乡村氛围和景色的乡村旅游产品。那些有过上山下乡插队经历的中老年人，有十分强烈的“知青情结”和“寻根情绪”，他们久居城市后回到乡村，再次感受乡村劳动体验，回味无穷。对于受教育程度较高、对建筑及历史文化有兴趣的中老年旅游者，也可以开发以民居建筑游为主的乡村旅游产品。

4.都市居民乡村旅游市场

都市居民往往向往乡村宁静、安谧、健康的生活环境，喜好绿色健康食品，偏好休闲休养的旅游方式。乡村特色餐饮美食，或以采摘垂钓等为特色的乡村旅游产品较为适合城市人群。自然生态观光旅游、农户家庭接待的“农家乐”以及新鲜瓜果采摘等乡村旅游产品，能吸引邻近城市的居民群体。

5.城市文化者乡村旅游市场

对于城市中文化水平和受教育程度较高的都市知识阶层来说，他们的主要旅游动机是体验城乡文化差异。他们更愿意选择对村寨历史地理的未知探索、乡村独特风土人情、土特产品的旅游产品，体验自己不熟悉的乡村生活，以达到心理享受。

6.乡村度假旅游市场

乡村度假旅游产品的目标客源市场主要是城市中收入较高者及其家庭，以山野及水体运动、乡村自然环境疗养健身等为主的乡村度假活动较符合这一市场的需求。

（三）乡村旅游市场需求的影响因素

影响乡村旅游市场需求的因素来自各个方面，除了价格、可支配收入和闲间外，以下这些因素也会产生一定的影响：

1.个人因素

乡村旅游者的性别、年龄、职业和生活方式等往往不同，这使乡村旅游市场的需求呈现多样性。例如，男性比女性在体力上更充沛，活动速度更快，因此男性更倾向于体力娱乐类或探险类的乡村旅游活动，而女性较偏爱采摘、购物等乡村旅游产品。工作繁杂程度高、人际交往频繁的白领热衷于放松型的度假活动，而一般都市居民喜欢参与程度高的农事或“农家乐”等乡村体验旅游。

2.经济因素

个人的收入水平由宏观经济状况和职业两方面共同决定。宏观经济变化直接导致乡村旅游消费者的微观经济状况发生改变。经济发展水平及产业结构的调整和变化，会在很大程度上影响人们未来的收入和职业，并在更深层次上影响整个社会结构的变化及文化的变迁，从而影响人们对乡村旅游产品的购买行为。

3.社会文化因素

任何一种消费行为都是在特定的社会环境中进行的，社会文化让人们形成了不同的价值观念、偏好及认识事物的方法。这些因素也决定了个人购买乡村旅游产品的种类和消费方式。

4.乡村旅游市场供给因素

乡村旅游市场供给因素包括乡村旅游资源、旅游设施、旅游项目、旅游服务等，其中乡村旅游资源是诱导乡村旅游需求的重要因素。完善的乡村旅游设施和高质量的乡村旅游服务是顺利进行乡村旅游活动的保障，它们都会影响乡村旅游市场的需求。

（四）国内乡村旅游发展趋势

旅游消费决策是旅游消费者做出的关于购买某种旅游产品并进行消费的决定。人们的旅游消费决策五花八门，决定进行乡村旅游消费是其中的一种决策。在选择乡村旅游消费决策时，一般都会面临许多需要选择的问题，可以归纳为以下几方面：一是为什么消费；二是消费什么；三是消费多少；四是到哪里去消费；五是什么时候消费；六是怎样消费。

通常情况下，乡村旅游消费者购买决策的全过程，可以分为问题认识、信息调查和信息评价等阶段。

1.问题认识

乡村旅游消费者消费决策的第一步是对问题的认识，这种认识是由于乡村旅游消费者的期望状况和现有状况之间存在一定的差距导致的。只要发生期望的状况大于或小于现有状况，就会产生对问题的认识，而在期望的状况与现有状况基本吻合时，则不会产生问题的认识，因而也就无须做出决策。

2.信息调查

如果旅游者认为有必要进行乡村旅游消费，就会有意无意地寻找有关乡村旅游产品的信息。乡村旅游消费者获得信息的来源大致可分为内部和外部两种。内部信息是指乡村旅游消费者过去的经验与知识留在头脑中的记忆。外界信息包括家庭成员、亲戚、朋友、邻居的意见和态度，政府部门提供的信息，新闻媒体和专家学者提供的信息，企业公关活动如广告、展销、陈列及销售员的推销指导提供的信息等。

3.信息评价

收集信息后，乡村旅游消费者就开始对信息进行评价和选择。由于评价和选择本身需要外部信息的支持，这个过程往往和外部信息调查同步进行。作为支持的信息可分为三类：解决问题所需的各种评估标准、各种可行的解决方案以及实现的难易程度。

乡村旅游消费者在信息采集和决策制定时，首先会对产品的类型和品牌等方面确定一个范围，如果范围内的信息和产品能满足他们的要求，就会进行消费选择；如果要求得不到满足，他们就会再次扩大选择的范围，直至选定满意的旅游产品为止。在选择过程中，乡村旅游消费者也会列出那些自己认为不喜欢或因为价格等原因不能接受的产品，这类旅游产品会被排除出选择范围。

第三章　乡村旅游规划基础理论

第一节　乡村旅游规划基础理论和应用

一、景观生态学理论

（一）景观生态学理论

人口增加、工业化、城市化及人类活动正以空前的速度、幅度和规模改变着自然环境，导致生物多样性减少、土地退化、环境污染等。日益加剧的全球环境问题迫使人们达成共识，并为维护与改善人类赖以生存的生态环境进行有目的的规划、设计和管理，在经济发展过程中合理利用自然资源及维护资源的再生能力，使人类的生存环境得到最大程度的保护。1992年6月在巴西通过的《关于环境与发展的里约热内卢宣言》的第一个原则指出："可持续发展已成为人类最关注的问题，人类应享有健康、富有，并且与自然相互和谐的生活。"可持续发展理论为人类社会提出了未来发展的目标。人们对实现可持续发展研究的尺度可选择生态系统、景观、区域、大陆和全球。全球或生物圈是最高等级的空间尺度，这一等级的可持续性对低等级的可持续性有重要影响。但生物与人类的生存更依赖于较小尺度的可持续性，大陆有明显的边界，被交通运输、经济等因素松散地联系在一起，其中包含极不相似的土地利用类型。区域的边界由地理、文化、经济、政治和气候多方面的因素决定，它被运输、通信、文化密切地联系在一起，但在空间上存在明显的生态差异性。景观是由一组以相似方式重复出现的相互作用的生态系统组成的，绵延数公里至数百公里的异质性陆地区域，它与区域不同，是存在类似生态条件的综合体。生态系统是在更小空间尺度上的局部同质系统，虽然在没有人类干扰的地区，生态系统可以以基本不变的状态维持几个世纪，但较大的自然干扰可以改变许多生态系统，而且现在许多生态系统都受到人类的干扰。在可持续发展中，景观和区域尺度起着承上启下的桥梁作用，所以，景观在可持续发展规划与设计中是较为适宜的尺度。景观生态规划与设计是指运用景观生态学原理、生态经济学及其他相关学科的知识与方法，从景观生态功能完整性、自然资源的内在特征以及实际的社会经济条件出发，通过对原有景观要素进行优化组合或引入新的成分，调整或构建合理的景观格局，使景观整体功能最优，达到人的经济活动与自然过程的协同进化，目的是创造一个可持续发展的区域生态系统。因此，景观生态规划与设计是实现景观可持续发展的有效途径。

（二）景观生态理论在旅游规划中的应用

景观生态学的发展带动着景观生态规划与设计的发展。景观生态规划、景观生态设计和景观生态管理构成了景观生态建设（肖笃宁，1991），属于景观生态学结合实践的应用研究。从景观生态规划与设计的本质来讲，景观生态规划注重生态规律的提炼和掌握，景观生态设计则注重生态规律下的景观创新和创造（王云才，2007）。景观生态规划，是从较大尺度上对原有景观要素的优化组合以及重新配置或引入新的成分，调整或构建新的景观格局及功能区域。它强调从空间上对景观结构的规划，具有地理科学中区划研究的性质，通过景观结构的识别，构建不同的功能区域。而景观生态设计，是在小尺度上对景观生态规划中划分的特定功能区域的细化和功能的实现过程，强调对功能区域的具体工程设计和生态技术配置，选择合理的利用方式和方向，需要技巧性、直觉与本能。也就是景观生态规划的深入和细致，更多地从具体的工程或具体的生态技术配置景观生态系统，着眼范围小，可以是一个居住小区、公园、绿地、休闲地的设计。景观生态规划与设计是对自然人文复合的有机整体系统的设计，一种尽可能借助自然力的最少设计，一种以自然系统自我有机更新能力为基础的再生设计，即促使现有物质流与能量流的输入和输出形成良性循环。景观生态设计与景观生态规划一起构成景观生态学应用领域不可缺少的一部分。它们在国土整治、资源开发、土地利用、生物生产、自然保护、城乡建设和旅游发展等领域发挥越来越重要的作用。

二、区位和空间结构理论

（一）区位和空间结构理论内涵

1.区位理论（location theory）

区位是指人类活动占有的场所，这种场所既体现一定的空间位置，又体现一定的空间联系。区位理论是研究经济行为的空间选择及空间内经济活动的组合理论，或者说是研究经济活动最优的空间理论。早期区位理论是为了选择生产的最佳布局，德国的农业经济学家杜能（VonThunen）、德国经济学家韦伯（Weber）等都对农业及工业的生产布局问题进行了研究，形成了区位论的系列经典论述。到了近现代，区位理论的研究也从生产布局的成本最小化转到了生产布局的市场范围最大化。这一时期的学者着重研究了空间布局对争夺市场的影响，其中德国克里斯泰勒（Christaller）的中心地理论，廖什（Losch）的市场区位理论都是极具影响力的研究成果。区位理论从研究选址问题发展到研究区域生产力的合理布局问题，进一步提升了区位理论对社会经济发展的影响力。近年来，随着不同学科间在知识体系方面相互渗透和交叉，区位理论也在不断完善，目前，区位理论研究关注的决策因素开始由单一的经济要素向政策、文化等社会因素拓展。

2.空间结构理论（spatial strcture theory）

空间结构是指社会经济主体在空间中的相互作用和关系，以及由于互动关系而形成的各种空间集聚形态。空间结构可以按照空间尺度的大小分为微观空间结构（企业与企业间的结构）、中观空间结构（城乡间结构）以及宏观空间结构（国家间结构）三个层次。一般在不同的发展阶段，区域空间结构也体现出不同的特点。例如在集聚与扩散机制、空间近邻效应等机制的综合影响下，区域内的空间结构会产生升级和优化。一般来说，空间结构会依次经历原始均衡结构、增长极结构、核心—边缘—外围结构、网络—体化结构等阶段。从区域的发展来看，从无序的混乱状态走向网络状的系统化发展是区域经济主体发展方向。区域经济主体发展形态上的演变可以由区域经济系统自发完成，也可以通过人为规划设计完成。空间结构理论在旅游规划中的有效指导能够根据区域发展所处的阶段，提出空间结构优化的方向，从而保证社会经济主体保持最佳的相互关系状态。

（二）区位和空间结构理论在旅游规划中的应用

1.确定旅游地的市场范围

旅游地吸引力大小决定了其在市场上的影响范围。市场范围有上限和下限之分。市场范围上限就是由旅游地的资源吸引力、社会容量、经济容量以及生态环境容量四者共同决定的客源市场范围或接待游客数量，但是上限值不能超过上述四个变量中的最小值。而市场范围下限则类似于克里斯泰勒中心地理论中的门槛值。所谓门槛，是指生产一定产品或服务所必需的最小需求量。旅游地的门槛即为其提供旅游产品和服务必须达到的最低需求量。否则，旅游地无法实现规模效应，其经营成本无法得到弥补。因此，旅游规划与开发要考虑旅游开发的需求门槛。

2.确定旅游地的等级

旅游地等级划分的主要根据是它的市场范围，即吸引力。高等级旅游地是市场范围较大的中心吸引物，低等级旅游地则是具有较小市场范围的旅游吸引物类型。通常高等级旅游地提供的产品和服务档次高、功能多、品种全、质量好，而低等级旅游地提供的产品和服务则相对单一。规划者应首先明确旅游地在市场中的等级定位，从而在项目、设施及服务设计等方面作出相应的安排。

3.制定旅游地的均衡布局模式

不同等级旅游地的服务职能和市场范围存在差异，产生了各级旅游地均衡布局的问题。某个区域内往往存在多个不同等级的旅游地，只有通过均衡布局才能保证区域旅游的健康发展，并最终实现区域旅游发展水平的持续提高。旅游地的均衡布局还要考虑旅游地内部各功能要素间的均衡布局。

三、消费者行为理论

（一）消费者行为理论的内涵

消费者行为理论是指研究消费者心理及其行为模式的理论。从国内外对旅游者行为研究的内容来看，主要包括以下三个方面，即旅游者的空间行为模式、旅游者的消费行为模式以及旅游者的消费心理模式。旅游者的空间行为模式，是指旅游者选择旅游目的地时的空间指向。旅游者的消费行为模式，是指旅游者在旅游目的地的消费行为构成。旅游者的消费心理模式，是指对不同类型旅游者消费行为的心理学解读。对于特定区域旅游者的消费行为规律，主要通过访谈、市场抽样调查与统计数据分析等渠道获得。

（二）消费者行为理论在旅游规划中的应用

1.旅游产品及线路设计

在消费者行为理论的指导下，设计者可以根据当前旅游者的消费特点和今后旅游消费者可能的消费行为趋势设计相关的旅游产品和线路，以适应不断变化的市场需求。在旅游线路的设计方面，旅游者消费心理的相关研究成果，如旅游兴奋度曲线、疲劳度曲线等，能更有效地指导旅游线路和行程的设计。以全球闻名的美国迪斯尼乐园为例，该乐园在设计之初并没有设计出游客步行道，而是让旅游者在草地上自由行走，随着时间的推移，草地上自然会形成一条道路，最后迪斯尼乐园将这条路建设成为游客的步行道。可见，迪斯尼乐园的游客步行道设计就是对游客消费行为模式研究的产物。

2.市场营销策略的选择

旅游市场营销策略不仅要迎合旅游者的消费需求，更应创新概念引导旅游者的消费心理。因此，在消费者行为理论的指导下，旅游规划可以在市场推广策略的设计方面，针对目标市场中旅游者的心理特征设计出能有效引导消费需求的市场营销策略。

四、旅游地生命周期理论

（一）旅游地生命周期理论的内涵

旅游地生命周期的概念最早是由德国学者克里斯塔勒（Christaller）在研究欧洲旅游发展时提出的。目前，较为典型的旅游生命地周期模型是巴特勒（Butler）模型、普罗格（Plog）模型以及双周期（Double-Cycle）模型。我们重点介绍加拿大学者巴特勒（Butler）于1980年提出来的巴特勒模型。

1980年巴特勒在他的文章《旅游区发展周期概述》里将旅游地生命周期（tourist area life cycle）的演变分为六个阶段，即探索阶段、起步阶段、发展阶段、稳固阶段、停滞阶段、衰落或复苏阶段。

旅游地探索阶段（exploration stage）是指旅游地发展的初级阶段。此时旅游地接待的游客以零散、自发的为主，数量有限。目前南极洲的部分地区、拉丁美洲和加拿大的北冰洋地区就处于该阶段。

旅游地发展的起步阶段（involvement stage）是指随着旅游地逐渐为人们所认识，到该地旅游的旅游者日益增多，当地居民开始逐步为旅游者提供一些简易的设施和基本的服务。目前太平洋和加勒比海地区一些规模较小、发展较晚的岛屿正处于该阶段。

当旅游地进入发展阶段（development stage）时，该地已经吸引了大批旅游者，旅游市场的发育初具规模。到旅游高峰季节时，旅游者人数甚至超过当地居民的人数。随着大量外来资金投入旅游地建设，旅游地的基础设施条件已经大大优化。当地居民已经积极参与了旅游接待活动，甚至将旅游接待作为其重要工作。

当旅游地处于稳固阶段（consolidation stage）时，旅游地经济发展与旅游业息息相关，虽然游客的增长速度减缓，但是旅游人数仍然很多。规模庞大的旅游者已经对当地居民的生活造成了一定的影响，居民对旅游者表现出一种厌恶情绪。

到旅游地进入停滞阶段（stagnation stage）时，旅游者数量已经大大超过了旅游地的环境容量，产生了一系列的经济、社会、环境问题，旅游业的发展受到来自诸多方面的阻力。

衰落或复苏阶段（decline or rejuvenation stage）是指旅游地进入了衰落阶段。在这个阶段，旅游者受到其他地区新兴旅游吸引物的影响，减少了到该旅游地旅游的频率，旅游业在当地国民经济发展中的重要性日益降低。若旅游地积极进行旅游开发创新，则有可能在停滞阶段之后进入复苏阶段。

（二）旅游地生命周期理论在旅游规划中的应用

1.预测客源市场规模

对于客源市场的预测是旅游规划与开发的重要内容。目前，很多旅游规划与开发在进行游客量预测时，一般都简单地套用一元线性回归方程进行趋势外推。但是，由于线性回归模型的拟合程度不高使得预测结果失真。旅游地生命周期理论分析了旅游地各发展阶段的特征，预示了其发展趋势，因此，可以将该理论作为预测和指导区域旅游规划与开发的工具。例如它可以作为一种检验工具，对运用各种预测模型预测出的结果进行判断检验，并对预测结果进行校正。

2.提供旅游规划调整的依据

旅游地生命周期理论对编制调整性规划具有较大的启示意义。调整性旅游规划是指规划实施一段时期后，针对旅游地发展的实际情况对原有规划进行调整的规划。因此，要依据旅游地所处的生命周期阶段及时调整开发方向、产品结构，改善旅游发展环境，改变市场营销策略等，以尽量延长旅游地生命周期。

3.指导旅游产品的创新开发

从旅游地生命周期的发展动力机制来看，旅游者的边际效用递减规律会促使旅游者不断寻找新的旅游产品来满足其不断发展变化的欲望和需求，这也从一定程度上论证了旅游者求新、求奇、求异的偏好。旅游地如果保持其功能和产品形式一成不变，那么其生命周期中的衰落期必定会到来。要想延长旅游地生命周期就必须不断推进全方位的创新，通过创新来提升旅游地对旅游者的吸引力和市场竞争力。

五、体验经济理论

（一）体验经济理论的发展

1.体验与体验经济

体验经济是在人类社会经济发展过程中，继服务经济之后的发展趋势。约瑟夫•派恩（B. JosephPine）以及詹姆斯•吉尔默（James HGilmore）将体验界定为一种新的价值源泉，是从服务中提炼出来的。他们用以下的例子来证明体验经济带来的经济效益："用同一种咖啡豆煮成的咖啡，每杯成本价格是5~25美分；在街头小餐馆、杂货酒吧，售价为每杯0.5~1美元；在一家五星级酒店，售价为每杯2~5美元；在意大利威尼斯圣马可广场的弗劳里安咖啡店，络绎不绝的顾客愿意为这样一杯咖啡支付15美元……"可见，在体验经济下，消费者在消费时考虑的不仅是产品或服务自身的价值，更关注的是消费过程中的情感需要、产品和服务的个性化、消费的过程以及消费者更加愿意加入产品及服务生产的过程中。例如在旅游过程中，越来越多的旅游者会喜欢自己动手为家人或朋友制作一件独一无二的纪念品，而不是购买一些标准化模具生产的产品。

2.体验的内涵及实现

体验由四个部分组成，即娱乐、教育、遁世和审美，如果某个产品或服务能够同时具备上述四个功能，则能够为消费者带来最客观的体验满足。例如近年来澳门兴建的如威尼斯人度假村酒店、澳门银河综合度假城等综合性酒店度假村娱乐项目，规模宏大、功能多元，在娱乐、教育、遁世以及审美方面取得了较好的平衡，因此，吸引了越来越多的旅游者。此外，约瑟夫•派恩以及詹姆斯•吉尔默还从体验经济的实现角度，将体验的生产分为三个"S"：满意（satisfaction）、代价（sacrifice）、惊奇（surprise）。其中满意度是消费者期望与实际感知之间的差距。代价则是顾客需求与顾客付出的成本之间的差距。惊奇是消费者最终的感知与期望之间的差异。因此，在强化体验经济的过程中，应首先使消费者满意；然后减少消费者为该产品或服务付出的代价；最终实现惊奇。为此，也有学者指出，所谓的体验就是消费者能够对该产品或服务产生记忆。

3.旅游与体验

旅游与体验具有较多的相似之处，如都具有无形性特点，强调一种经历或记忆，更关注消费的过程而非结果等。由于不同旅游者在旅游过程中获得的体验和经历各不相同，因此，可以从体验经济的角度将旅游归纳为离开常住地追求多种体验的过程，如回归自然的体验、求知学习的体验等。所以，随着人们对体验经济的关注和重视，体验式旅游的概念也应运而生。

（二）体验经济理论在旅游规划中的应用

1.能促进旅游规划更好地突出个性，避免规划的模式化

由于体验经济强调的是人性化、个性化和参与式，因此，在体验经济相关理论的指引下，旅游规划需要更加强调区域旅游发展中的主题个性。此时，旅游规划的目标之一就是为到访该旅游地的旅游者提供独特的旅游体验。

2.能为旅游项目的策划提供较清晰的方向指引

有学者在对如何营造个性化的体验开展研究后提出，应该从确定主题、以正面要素塑造印象、减少负面要素的作用、充分利用旅游纪念品、实现旅游者感官的整合等方面，为旅游者提供理想的旅游体验。

3.对有效体验主题的标准进行研究

旅游体验主题应符合自身的特色和具有吸引力；应在时间、空间和资源上协调，并能通过多种方式进行表现；还要能够彻底改变游客对现实的感觉；好的体验主题应该选题新颖。体验主题可从规划区的特色资源中进行挖掘，体验主题的设计要与旅游地产业要素的核心竞争力保持一致。

第二节　旅游规划的技术方法与操作实务

一、旅游规划与开发的技术方法

（一）遥感技术

遥感技术是指利用装载于飞机、卫星等平台上的传感器捕获地面或地下一定深度内的物体反射或发射的电磁波信号，进而识别物体或现象的技术。遥感技术具有观察范围广、直观性强、能实时客观获取信息、反映物体动态变化特征的特点。其在旅游规划与开发中的应用主要表现在以下几方面：

1.探查旅游资源

遥感图像能够辨别出几乎所有的旅游资源信息，如水体、植被、土地、山地等。还可以从遥感图像上辨别出较小尺度的物体，如一条小路、一棵树、一个人、一条小溪。

2.提供制图基础

遥感图像是对当地空间发展现状的描述，由于其更新快，能够反映规划区域的最新状况，所以，在旅游项目规划中一般使用遥感图像来做规划图的底图。

3.动态规划管理

因为遥感图像具有实时动态的特点，通过不同时期遥感图像的叠加处理，可以清晰地观察到旅游规划地域的发展状况，所以，遥感图像常用于旅游规划与开发的动态反馈和未来预测。

（二）地理信息系统

地理信息系统是指采集、存储、管理、描述和分析空间地理数据的信息系统。它以计算机软硬件环境为支持，采用地理模型分析方法，以地理坐标和高程确定三维空间，将各种地学要素分别叠置于其上，组成图形数据库，具有对空间数据进行有效输入、存储、更新、加工、查询检索、运算、分析、模拟、显示和输出等功能。其在旅游规划与开发中的应用主要表现在以下几方面：

1.为旅游地规划与开发提供图形数据

通过构建旅游地理信息系统，可以将各种规划管理数据输入该系统中，并定期进行维护和更新。借助该系统平台，旅游规划和经营管理者能直观地获得区域内各种数据。

2.构建智能型和互动型导游系统

由于地理信息系统具有良好的图形界面且蕴含大量的信息，可以充分发挥计算机多媒体的技术方法构建旅游地电子导游系统，通过声音、图像、视频甚至味觉等信息为旅游者全面展示区域内的风土人情。此外，通过地理信息系统的查询功能还可为旅游者提供路线查询和景点查询的服务，同时借助计算机的外设产品，可将查询结果输出，从而为旅游者提供可随身携带的个性化游览咨询服务。

（三）全球定位系统

全球定位系统是美国国防部部署的一种卫星无线电定位、导航与报时系统，它由导航星座、地面台站和用户定位设备三部分组成。导航星座包括24颗卫星，其中21颗卫星是工作星，3颗是备用星，它们分布在6条轨道上，轨道高度约两万公里，倾角55°，运行周期为12小时。这种分布方式可以保证世界上任何地点的用户至少能同时接收四颗卫星播发的导航信号，实现三维精确定位。其在旅游规划与开发中的应用主要表现在以下几方面：

1.定点

定点，就是通过野外考察时利用GPS手持机，确定某个旅游景点的精确位置，包括其三维坐标和地理空间坐标，这在旅游规划中能够发挥重要的作用。

2.定线

定线，就是为规划者的旅游线路设计提供支持，也可以为旅游者提供导航服务，如通过无线传输技术，将旅游区的GPS信息发送到区域范围内，装载有相应设备的旅游者通过GPS的引导能进行全程游览活动。

3.定区域

全球定位系统技术能够精确计算出旅游规划区域范围的面积大小。

（四）虚拟现实技术和增强现实技术

1.虚拟现实技术

虚拟现实技术是一门新兴的综合性信息技术，它融合了数字图像处理、计算机图形学、多媒体技术、传感器技术等多个信息技术分支，设计出合理的硬件、软件及交互手段，使参与者能交互式地观察和操纵系统生成的虚拟世界。虚拟现实技术是用计算机模拟的三维环境对现场真实环境进行仿真，用户可以走进这个环境，可以控制浏览方向，并操纵场景中的对象进行人机交互。从概念上讲，任何一个虚拟现实系统都可以用三个“I”来描述其特性，即沉浸（immersion）、交互（interaction）和想象（imagination）。这三个“I”反映了虚拟现实系统的关键特性，就是系统与人的充分交互，它强调人在虚拟现实环境中的主导作用。虚拟现实技术可分为两大类，即虚拟实景技术，如虚拟游览故宫博物院；虚拟虚景技术，如虚拟设计的波音777飞机。在旅游规划与开发经营中，可以通过虚拟虚景向规划委托方展示规划的最终效果，也可以通过虚拟实景为旅游者提供旅游目的地景观的远程欣赏。

2.增强现实技术

增强现实技术是一种将真实世界信息和虚拟世界信息“无缝”集成的新技术，是把原本在现实世界的一定时间和空间范围内很难体验到的实体信息，通过计算机等科学技术，模拟仿真后再叠加，将虚拟的信息应用到真实世界，被人类感官感知，从而达到超越现实的感官体验。真实的环境和虚拟的物体实时地叠加到了同一个画面或空间同时存在。增强现实技术，不仅展现了真实世界的信息，而且将虚拟的信息同时显示出来，两种信息相互补充、叠加。在视觉化的增强现实中，用户利用头盔显示器，把真实世界与计算机图形重合在一起，便可以看到真实的世界围绕着它。增强现实系统具有三个突出的特点：真实世界和虚拟世界的信息集成；具有实时交互性；在三维尺度空间中增添定位虚拟物体。增强现实技术能够应用于旅游规划与开发中的各个方面，如旅游项目策划、历史场景再现、资源环境保护，以及展示旅游规划内容等。增强现实技术可以使旅游者方便地选择旅游目的地、具体旅游项目和旅游产品。

二、乡村旅游规划操作实务

（一）准备工作

1.明确乡村旅游规划的基本范畴

乡村旅游规划的基本范畴包括：乡村旅游所在区域的自然与人文环境特征；国土空间规划控制下的乡村旅游规划空间范围及其内在基本特征；乡村旅游规划的基本意图，如乡村景观遗产抢救性保护方案、解决特定问题、政府的要求、为了获得地方或国际机构的资助、旅游开发与农民脱贫致富等；规划的时间性；规划可以动用的资源，包括财政人力、制度政策、专家学者。

2.明

确乡村旅游规划的价值导向

乡村旅游的独特价值在规划前期必须有明确的判断结论。在乡村旅游价值判断中应该明确价值导向：具有绝对珍稀性特征和巨大文化艺术价值的乡村旅游的绝对保护性导向；在保护性前提下以旅游开发为导向的乡村旅游价值特征；以保护为主导，在严格保护下的适当的旅游开发导向。其价值特征包括：乡村旅游的脉络过程，如形成时代、背景、事件、历史过程等；乡村旅游的文化价值特征，如乡村景观遗产保护级别和珍稀性等；乡村旅游的历史价值特征，如特定的断代史价值、特殊的历史事件、特殊的历史人物等；乡村旅游的艺术价值特征，如传统和民间艺术与地方珍惜性戏剧及口头传说等；特殊的市场吸引力特征，如区位特征、消费群体、文化归属等。

3.明确乡村旅游规划的制定者与执行者

乡村旅游规划是在国土空间规划控制下的一个跨行业的综合专题规划，乡村旅游是地方经济发展的一项举措，以往乡村旅游规划的制定者是政府部门。随着规划管理的改革和投资主体的多元化，规划的制定者和执行者已出现多种形式：完全由政府单方面制定的规划；由政府部门主导、公众一定程度上参与的乡村旅游规划是目前基本现实；还有由委托管理经营的投资商制定的规划等。在规划前期准备工作中应明确乡村旅游规划的制定者与执行者。

4.明确乡村旅游规划的参与者，组织规划工作组

确定规划涉及的利益人，利益人都是规划潜在的参与者。建立由利益人代表和规划制定者代表组成的规划工作组是一个兼顾各方利益协调的组织。工作组必须参与规划制定的全过程。他们首先应在各自领域内独立地工作，发现问题、提出目标、确定行动方案，然后通过定期的圆桌会议进行协商，达成一个利益平衡的结论。工作组应由以下人员和机构组成：专家人员，政府管理人员，社区民众，行业协会，公司企业等。

5.设计公众参与乡村旅游规划的工作框架

公众参与规划有直接参与和间接参与两种方式。前者是指公众参加规划工作组，关键是选择公众代表；后者则需要多数公众知道正在开展的规划及其意义，并通过媒体或独立机构的中介表达意见或建议。

6.建立乡村旅游规划过程的协调保障机制

在乡村旅游规划过程中不同的利益人之间会出现利益冲突，对于政府部门之间的意见分歧、经济发展与环境保护之间的矛盾、政绩与公众现实需求之间的冲突等，需要建立一套机制来协调，以保障规划工作顺利进行。应从以下几个方面建立协调保障机制：将规划任务列入政府主要工作日程和部门考核目标体系，以保证各政府部门积极参与规划工作；定期召开领导小组会议，协调部门之间的利益冲突；在规划启动之初，与所有参与者达成共识，在参与者之间或规划工作组之间出现意见分歧时，要组织广泛的公众讨论或专家研讨，以求达成共识。

（二）乡村旅游资源调查

根据《文化和旅游规划管理办法》和《旅游资源分类、调查与评价》等相关文件的规定，进行旅游资源的调查工作。

1.概查

概查是指对旅游资源的概略性调查或探测性调查。这种调查是为发现问题而进行的一种初步调查，它主要是寻找问题产生的原因以及问题的症结所在，为进一步调查做准备。通常概查以定性为主，一般是对大区域的旅游资源进行调查，以确定旅游资源的类型、分布、规模和开发程度。

2.普查

普查是在概查的基础上进行的，它是对一个旅游资源开发区或远景规划区内的各种旅游资源进行的综合调查。普查以实地考察为主，因而所获取的资料最翔实。但是，普查对于时间、人力、资金的消耗非常大，调查的项目也不可能很细致，对旅游资源的调查缺乏深度。

3.详查

这是在概查和普查的基础上进行的，对旅游资源普查的结果进行筛选，将高质量的旅游资源作为开发的对象，对于这些旅游资源再进行更详尽的实地考察。详查除了对调查对象的景观类型、特征、成因等进行深入调查之外，还要对景观的地形高差、观景场地、最佳观景位置、游览线路等进行勘察和研究分析。详查结果要编制成景观详图或具体材料图件，以及文字材料说明。

4.典型调查

典型调查是指根据旅游资源调查的目的和任务，在被调查对象中有意识地选取一个或若干个具有典型意义的旅游资源进行调查研究。

5.重点调查

重点调查是指在调查对象中选择一部分对全局具有决定性作用的重点旅游资源进行调查，以掌握调查总体情况的调查方式。

6.抽样调查

抽样调查是指按照调查任务确定的对象和范围，从全体调查总体中抽选部分对象作为样本进行调查研究，用所得的结果推断总体结果的调查方式。抽样调查具有较强的时效性、较高的准确性和较大的经济性。在旅游资源调查中，对于一些不可能或不必要进行全面调查的现象，或者在人力、财力资源有限的情况下，最适宜使用抽样调查的方法。

（三）乡村旅游规划中期核心工作

1.乡村旅游的形象与定位

乡村旅游的定位是旅游规划的核心问题所在，是对整个规划地区的资源进行合理配置，发挥其资源优势，使其在同类旅游地区中脱颖而出的关键，关系到整个乡村旅游规划水平的高低。多年的乡村旅游规划和开发证明，大城市周边的乡村旅游产品往往具有很大的相似性，粗放式的发展管理模式、投资水平较低，造成旅游项目的可模仿性增大。当一个成功的旅游地出现的时候，就会引出很多拙劣的模仿者，逐步削弱其品牌形象的价值，最后使整个市场陷入恶性价格竞争的怪圈。加强旅游形象的塑造和不断提升是保证乡村旅游市场规范的重要工作。

2.乡村旅游的功能分区

乡村旅游功能分区是旅游规划的具体实施方案。一般包括：核心原生态保护区，是景区自然风貌和人文传承最好的地段；生态过渡缓冲区，是传统与现代演替的交汇区；景观生态感知体验区，是可供旅游开发的典型传统区域；农耕与旅游服务区，是游客体验区和商贸文化旅游服务聚集区；乡村居民生活区，即演进中的活化的人文生态区等若干功能区。功能区的划分是把乡村旅游、乡村生产、社区生活有机融入、有合有分，使得旅游在不破坏生态环境的前提下，真正和乡村居民生活结合起来，使他们获得直接的经济利益，并且通过旅游设施、公共设施改善来提高乡村生态环境和生活水平，最终实现宜居乡村。

3.乡村旅游的意境营造与景观生态规划设计

乡村旅游规划中应当凸显天人合一的传统文化精髓和实现设计结合自然的现代景观生态理念，保留或营造自然和谐的乡村意境。乡村景观是乡村意境的关键载体，是乡村旅游的核心内容。乡村景观主要由乡村田园景观、乡村聚落景观、乡村建筑景观、乡村农耕文化景观和乡村民俗文化景观构成。

在景观细部的设计处理上，应充分挖掘古宅、幽巷、花墙、农田、林地、沟渠、湿地、河塘、农具、广场等众多乡村事物的造景功能，从不同层面、多个角度共同维护乡村生态的自然天成，适度保留、修复和再现某些传统的耕作方式和技术，保持住人与自然接触过程中形成的田园优美风光，真正为游客打造不同于城市的生活方式和文化氛围。对于传统乡村聚落的人文生态景观塑造，应按地脉肌理与文脉演化进行统一布局，依地势而导，将文化的魅力融合到自然的空间，做到高低起伏、错落有致，与环境融为一体。在乡土建筑风貌的塑造中，在建筑风格上应突出当地乡土的建筑特色，切忌模仿城市建筑风格，遵循小规模、小体量、小影响的生态原则进行分散布局、适度集聚。在建筑材料上应充分体现简明、朴拙、天然、闲适的特色，突出用料的环保化和当地化。

乡村旅游景区的规划设计，一方面要完成宏观层面的意境营造，以全部乡村资源为依托，以区域内传统乡村自然、文化生态景观为平台，建立特色鲜明、风格统一的综合性乡村旅游区；另一方面要在微观层次上，在区域乡村环境中的合适地点具体设计相适应的观赏景区和活动项目，开展休闲赏乐、农事劳作、趣味比赛、蔬果采摘等活动。

4.乡村旅游的产品开发与项目设计

乡村旅游的产品开发与项目设计作为整个规划的内容，是实现规划总体定位的相关要素，又是整个规划的功能分区的功能体现。作为整个规划的支撑体系，它在规划文本中是至关重要的。乡村旅游活动项目的开发要因地制宜，例如在一些具有典型文脉节点特征的乡间开展古村落文化观光游；在乡村田园风光和农耕文化突出的地方开展生态型农业体验游；在乡村民俗文化积淀浓厚的地域设立民俗风情专项游，开展一系列特有民俗文化活动等。

5.乡村旅游的路线设计

旅游线路是以旅游景观为节点，以交通线路为线索，专门为旅游者设计、串联或组合而成的旅游过程的具体走向。旅游线路的设计是否科学合理，不仅关系到旅游者的舒适度和满意度，而且关系到旅游目的地形象的塑造。乡村旅游的线路设计，涉及以下几方面的内容：一是可进入性信息，主要提供客源城市至乡村目的地的路线及交通费用和所需时间；二是中转地旅游信息，即线路沿途经过的区、县、镇、村及其特色旅游内容；三是目的地观赏游玩路线图，包括景区名称、游览方式、概况、特色、传说，途中特色餐饮名吃、特色旅游纪念品及土特产品，需住宿的饭店名称、档次、价格、特色等；四是周边地相关信息，即该产品线路中其他特色鲜明、文化独特、内涵深厚、极具吸引力的区域或线路相关信息；五是景区当地的风土人情、民风民俗等。

6.乡村旅游的保障体系

乡村旅游的保障体系一般包括：旅游管理、人力资源、政策法规、环境保护、旅游教育，这些都是一个区域旅游规划后发展需要的基本条件保障。

（四）乡村旅游规划后期评估与完善

乡村旅游规划的评估要在可持续发展理念的指导下，综合考虑社会效益、经济效益和生态效益三个部分的内容。在确保生态效益的前提下，以积极的社会效益为诉求点，争取获得最大的经济效益，力求实现三大效益的共同提高。

1.社会效益

乡村旅游是振兴乡村的主要措施之一，有助于增进城乡之间的了解，也有助于形成稳定的社会结构。乡村旅游开发对于促进欠发达地区文化与环境的保护和实现可持续发展具有极大的推动作用。通过旅游开发，社会中散落的民俗文化、手工艺技术、特色建筑等都将被重新收集、整理和恢复。乡村旅游资源的开发和旅游业的发展，要求各地区进一步完善公共基础设施和旅游配套服务设施，进而改善当地居民的生活环境，提升区域整体发展水平，实现国土空间规划控制下的城乡一体化和美丽乡村建设。

2.经济效益

通过发展乡村旅游，可以提升农业产业结构，实现第一、第二、第三产业融合发展，合理安排劳动力就地转移，改变农民收入结构。旅游作为一种经济活动，必然会产生收入，并且促使与其相关的国民经济行业收入增加，对于国民经济结构的改善和升级转型具有推动作用。通过乡村旅游建立城乡之间的纽带关系，不仅有利于在农村地区形成造血功能，同时也有利于形成以工补农、以城促乡的长效机制，实现乡村经济的可持续发展。

3.生态效益

新时代乡村旅游的生态效益应该放在首位。这体现在要通过产业结构调整，发展经济型、生态型、观光型农业。随着旅游者的进入，乡村旅游目的地的自然、人文环境会受到不同程度的影响，如果过分追求经济利益，游客人数在超过乡村景区游客容量后将会使该地的环境产生不可逆转的退化。因此，必须加强生态建设，在乡村旅游开发的同时，实现生态的平衡、稳定和可持续发展。

第三节　乡村旅游资源的调查

一、乡村旅游资源调查概述

（一）乡村旅游资源调查的内涵

乡村旅游资源调查是对目标区域内旅游资源的类型、现状、特征、规模和开发潜力等因素进行详细调查的活动，是认识、评价和开发目标区域内旅游资源的必要条件，是制定乡村旅游业发展目标的基础，是乡村旅游资源规划和开发的重要依据。

（二）乡村旅游资源调查的目的

首先，认清乡村旅游资源的禀赋，摸清乡村旅游资源的数量，掌握这些资源的开发状况，弄清其开发利用的价值和潜力。

其次，了解乡村旅游资源的特色、性质、价值和功能，从而为科学规划提供可靠保证。

再次，建立系统的乡村旅游资源档案资料，使对它们的管理保护工作科学化。

最后，通过对乡村旅游资源自身及外部开发条件的深入调查，可以全面掌握乡村旅游资源在开发保护过程中存在的问题，从而为乡村旅游资源的开发导向、开发时序和开发重点提出有针对性的管理建议并提供翔实可靠的资料。

（三）乡村旅游资源调查的原则

1.真实可靠性原则

乡村旅游资源的调查首先要保证真实可靠。确定调查区域后，要利用科学的手段和方法对调查对象进行客观实在的调查和分析，以保证调查结果的可靠性。真实可靠性也是乡村旅游资源调查意义的根本体现。

2.点面结合原则

“点”是指要仔细调查乡村旅游资源价值较高、规模较大、具有代表性的单体旅游资源。“面”是指乡村旅游资源的调查范围要广，尽可能覆盖到全区域内现存和潜在的乡村旅游资源。

3.动态性原则

乡村旅游资源本身是个动态的概念，因所处的自然和人文环境的改变而变化，其内涵和外延都处于动态之中。在调查过程中要注意调查对象的发展过程及趋势，特别是要注意发现潜在的旅游资源，对旅游开发提出有力的依据。因此，调查不能只进行一次，而是要经常调查。这样乡村旅游资源的信息就会不断更新，便于了解乡村旅游资源的变化。

4.理论联系实际的原则

调查者要掌握乡村旅游资源的形成机制和分布规律、旅游业务发展的基本规律、旅游者的消费需求规律等基础理论，进而分析文字资料，将野外调查工作与室内分析研究相结合，用理论规范调查工作，用调查数据得出结果。

5.系统与综合的原则

乡村旅游资源的调查工作涉及诸多学科理论，要对调查区域的自然和人文资源、经济、交通、社会条件、人口状况等各项因素进行全面的调查和分析。

二、乡村旅游资源调查的方法

（一）现场勘测法

这是一种最基本的乡村旅游资源调查方法。现场调查人员主要通过观察、踏勘、测量、拍照、摄像、填绘等方式获取乡村旅游资源的第一手资料。这种方法首先要做到覆盖较广的调查，掌握乡村资源分布和聚集情况，然后对这些面上的点进行系统完善的调查，最后选出最有特色和开发价值的乡村旅游资源类型和景区，并对其产生的各种效应进行评价。乡村旅游资源调查表的填绘、草图的绘制等都要在这个阶段完成。必要时还要提取景点的相关物质（植物、土质、水质）进行检测。

（二）文献分析法

这种方法就是要充分利用各部门的调研结果，包括农业、林业、水利、交通、气象、环境等部门的调查结果和统计数据，以及有关地方风土人情的刊物、汇编、著作的相关信息。对于这些收集到的数据和信息应该用统计分析法进行归类，并对其权威性、准确性、可利用性进行评价。在这个基础上对乡村旅游资源的分布进行整理，拟出实地调查的提纲，编写出下一步具体调查时关于工作部署、人员配备、考察方法的计划书，并为现场勘测做好准备。

（三）访问座谈法

这种方法就是要召集乡村旅游资源所在地的一些老年人、文化管理人员、行政人员以及从事当地地理、文化、环境、水文研究的专家，进行交谈，或者实地走访当地居民，从而获得相关旅游资源信息。这种方式收集到的信息较为详细、准确，并可以弥补因时间、人力、资源不足而导致的无法深入了解乡村旅游资料的缺陷，大大提高了乡村旅游资源调查的质量和效率，是一种较好的乡村旅游资源调查方式。

（四）问卷调查法

这种方式主要是对不同的群体对象进行询问，包括专家问卷调查（主要调查公园管理人员、相关专家和学者、旅游相关人员等）和游客问卷调查（分春、夏、秋、冬四个季节四次的游客调查）。这种方式要求问卷内容设计合理、程序公平、公开，从而保证问卷调查结果合理有效。这种方式最大的好处就是能及时获得动态的旅游信息，可以为乡村旅游资源的规划与开发提供较为可靠的依据。

（五）资源图表法

这种方法就是将调查到的资料描绘在图件中或用一定的方法表示出来。例如描绘乡村旅游资源分布图，可以很清楚地了解到重点旅游资源分布状况或各种类型乡村旅游资源分布情况。

（六）GIS 法

现有的资源调查方式普遍比较落后，野外实地调查和测量的方式是最常用的。但因文稿的形成、图件的制作及资源的评价都是采用人工方式，同时受到气候、地势、交通等条件的影响，所以这种方式也有较大的局限。而且因为收集的数据较多，各个数据之间的关系较复杂，无法对数据做到全面、系统的整理与共享。因此，这些信息的片面重复和不一致为信息应用带来极大的困难，无法提供动态性的信息。所以在日常生活中也采用一些新的资源调查技术。地理信息系统（geographic information system，GIS）作为一种主要分析和处理大量地理数据的新型科技手段，现已成为旅游资源调查中应用较多的一种方式。这种技术具有诸多优势：

第一，这种技术可以在短时间内获取最新的大区域范围内的数据，这样就可以节省大量的时间和人力、物力。

第二，GIS会海量存储信息，这样就会对大量的资源数据和开发条件数据做可行性分析，同时可以对目标数据进行自动查找和自动更新。

第三，通过这种技术编制的专题地图具有科学性、方便性、美观性。但地理信息系统技术在乡村旅游资源调查中的应用才刚起步，所以领域不够广，不够深入，且大多处于基础理论研究阶段。随着GIS技术的日渐成熟，这一技术将会得到更广泛的应用。

（七）遥感调查法

遥感技术是近来在旅游资源调查中使用较多的一种技术，应用于旅游资源地的调查可追溯到20世纪60年代，首见于欧美国家。遥感调查技术适合对较大区域乡村旅游资源进行调查。这种技术可以通过遥感图像的整体性全面掌握调查区现状，判读各景点的空间分布和组合关系，发现一些野外调查不易发现的潜在旅游资源，可获取全面、准确的资料。在人迹罕至、山高林密、坡陡谷深、常规方法无法穿越的地区，采用遥感调查法具有更明显的优点。不过，遥感调查法也有一些局限性，某些人文景观资源的调查还需结合已有历史文献进行调查。

三、乡村资源调查的内容

（一）资源所在区的环境条件

根据乡村旅游资源规划与开发的要求，要对其周围的自然、社会、市场环境等多方面进行调查。自然环境调查主要包括这一地区的地貌、水文、动植物、气象气候等自然条件；社会环境调查包括其行政归属与区划、人口和乡民、位置、经济发展状况、基础设施、医疗环卫、安全卫生等；市场环境调查包括与客源地经济的密切程度、客源地的居民消费水平和出游率，客源地的范围以及对客源地游客的吸引力；此外，还要对影响乡村旅游资源环境的工矿企业、人口、生活服务等造成的污染状况和治理情况进行调查，还要注意会不会出现突发性的自然灾害等。

（二）资源所在区的资源状况

这项调查主要包括乡村旅游资源的类型、数量、结构、规模、级别、成因、乡村旅游资源单体的面积、形态、组合结构、内部空间、重大历史事件、社会风情、名人活动、文艺作品以及有关的资源分布图、照片、录像及其他声像资料，还要寻找乡村旅游中独具特色、适合农业学习和科学考察的旅游资源等。对很重要的乡村旅游资源，更要对其性质特征、出入条件、保护与开发现状进行多方面的详尽调查。

四、乡村旅游资源调查的程序

（一）事前准备阶段

这个阶段的主要任务就是成立调查小组，明确调查任务，安排调查内容。

第一，从地学、乡村旅游、环保、园林景观、历史文化等相关专业中选调出一批经验丰富、年富力强、创造性强、年龄搭配合理的人组成乡村旅游资源调查小组。

第二，根据相关的调查要求，明确调查的总任务和各个组员的分任务，使其能各司其职，顺利完成各自工作。

第三，根据相应的调查任务，予以合适的资金分配和调拨，满足调查资金上的需求，保证调查的正常进行。

第四，在广泛收集该地区资料的基础上，对该地区的乡村旅游资源有个大致的了解，尤其要注意与乡村旅游资源相关的地方志书、乡土教材、旅游区与旅游点介绍、规划与专题报告等相关的各类文字性描述材料，与此相关的专题地图、各种照片和影像资料也是收集的重中之重。

第五，准备定位仪、摄影器材等相关设备，确保能获得技术上强有力的支持。

第六，制定调查表格，包括乡村旅游资源所在区的旅游经营机构数量、经营状况、从业人员以及乡村社会经济情况、旅游设施、景区概况等表格，表格制作要规范、清晰、明了、全面。

（二）事中调查阶段

此阶段调查人员需要深入乡村旅游资源的所在区域，摸清乡村旅游资源所在线路、分布状况和大体位置。在调查过程中一定坚持多种调查方式并用，遵循多看、多问、多想的“三多”原则。在这个过程中，首先要确定调查所在区域内的调查分区和线路。为满足以后乡村旅游资源调查、统计和开发的需要，可将调查区域分为若干调查分区，这种区域既可按行政区划进行，也可按现有的旅游区划分。调查线路则要按照实际需要设置，但一定要通过调查分区和乡村单位旅游资源所在地。其次要认真选择调查对象。要选择具有明显社会、文化和经济价值的单体旅游资源，而对于复合型的旅游资源则要选择那些具有代表性、典型性的旅游资源，不要选择那些价值不大、品位不高、有违国家法律、不具备开发价值的旅游资源。

（三）事后总结阶段

这一阶段是对收集到的资料进行理性的分析和总结。借助相关的技术手段，在进行系统化的分析后，形成文字、数据、图表等资料，最后撰写调查报告。因此，这个阶段的主要任务就是填写《旅游资源调查区实际资料表》、编绘《乡村旅游资源图》、撰写《旅游资源调查报告》。

第四节　乡村旅游资源的评价

一、乡村旅游资源评价研究概述

随着乡村旅游理论研究的深入，越来越多的学者着手于乡村旅游资源开发利用的影响因素研究。通过对文献的梳理不难发现，国外对旅游资源评价的研究呈现出标准化、定量化、模型化等特点。其评价方法和技术的创新主要表现在先进技术，如GIS技术、3S技术、网络技术、虚拟现实技术等开始广泛应用于旅游资源评价中，并且不断地吸收行为科学、经济学、社会学等科学研究成果，多学科融合趋势是国外旅游资源评价不断创新的动力。在研究内容上，随着旅游活动与环境冲突问题日益凸显，环境保护意识增强，在对旅游资源视觉质量研究不断深入的同时，旅游资源的人文价值，特别是旅游资源游憩价值的评估成为近年来研究的热点。

目前国内关于乡村旅游资源评价虽尚未形成统一标准，但学者根据各地资源特征建立了富有地方性的评价模型，奠定了乡村旅游资源评价指标体系的基础。王庆文（2005）基于乡村旅游资源类型和乡村旅游地属性状况，选取外围吸引物、可进入性、乡村资源、设施和乡土性等因素建立乡村旅游资源综合评价模型和指标体系，并进行了实证分析。谭根梅等（2007）从旅游资源价值、资源区域条件、资源区位特点三方面对乡村旅游资源进行评价。吕祯婷等（2008）利用外围吸引物、可进入性、乡村资源、设施及乡土性等指标建立了乡村旅游资源评价模型。毛凤玲（2009）根据大银川旅游区乡村休闲旅游地资源属性状况，采用层次分析法，从资源条件、区位条件、开发条件三方面建立评价模型。

从以上内容看，国内旅游资源评价研究起步较晚，在借鉴国外理论研究成果的基础上，基本形成了较为成熟的评价体系。同时，随着旅游产业的不断发展与科学技术的进步，学者们也在采用其他学科的理论或者运用新型的科学技术，创新乡村旅游资源的评价方法。

二、乡村旅游资源评价的意义

乡村旅游资源的评价直接影响旅游资源开发利用的程度以及旅游地的前途和命运，对旅游业的发展也有重要意义。

（一）为乡村旅游资源的开发和改造提供科学根据

乡村旅游业的发展以及景区的开发建设都是建立在正确认识旅游资源、合理评价旅游资源的基础上的。通过对乡村旅游资源的种类、组合、结构、功能和性质的评价来决定其价值大小、地位高低，从而能够为编制旅游规划提供客观依据，对提高资源开发利用的科学性具有重要作用。

（二）为乡村旅游可持续性发展提供依据

乡村旅游资源大多属于不可再生资源，并不是所有的旅游资源都适合开发。同样，旅游活动会对环境产生破坏，对旅游地的文化产生冲击作用。通过对旅游资源的评价，确定旅游地的性质和类型，既能为国家和地区进行分级规划和管理提供资料和判断标准，也能确定其利用和开发强度，避免盲目开发，以促进乡村旅游业的可持续性发展。

（三）有利于确定乡村旅游地资源的开发次序

对乡村旅游资源的综合评价，可以为合理利用旅游资源，发挥整体宏观效应提供可行性论证，为确定不同旅游地的建设顺序准备条件。

三、乡村旅游资源评价的原则

乡村旅游资源的评价工作涉及面广、情况复杂，目前没有形成特别统一的标准。但为了更好地开展旅游资源评价工作，一般应遵循以下原则。

（一）全面系统原则

在进行旅游资源评价时不仅要注重对乡村旅游资源本身的成因、特色、数量、质量等因素进行乡村评价，还要将乡村旅游资源所在地的区位、环境、客源、交通等开发利用条件纳入评价过程中，全面系统地进行评价，准确地反映乡村旅游资源的整体价值。

（二）动态发展原则

乡村旅游资源的特征以及外部的社会经济条件都是不断变化的，这就要求旅游资源评价工作不能拘泥于现状，而要用动态发展的眼光，对乡村旅游资源的开发与保护做出积极、全面和正确的评价。

（三）科学性原则

要用严谨的科学态度、科学的标准对乡村旅游资源进行评价，不能因其事务繁杂，而降低对乡村旅游资源评价的要求。在进行评价时，一定要注意利用相关的科学理论来评价和确定旅游资源的属性、本质和价值等内容。

（四）效益估算原则

乡村旅游资源调查的目的是旅游资源的开发，而开发的目的之一是获取经济利益。这就要求在进行乡村旅游资源评价时一定要注意考虑其成本因素，也就是看能否收回成本或是否有利润等。

（五）高度概括原则

因为收集到大量的第一手资料，评价的内容较多，所以无论采用什么形式的评价方法，都要注意评价语言的简洁和高度概括。只有这样才能让人们对乡村旅游资源的概况一目了然，尽快做出评价。

（六）定性和定量相结合的原则

在评价时，要尽可能减少主观因素的干扰，综合使用定性和定量两种方法。对乡村旅游资源本身及其存在的条件分析，要选取一些定性指标，用定性描述的方法，给予旅游资源好坏、强弱、优差级别的客观评价标准。同时在此基础上，也要选取一些定量指标，精确地判定乡村旅游资源价值的大小，可以更有效地保证乡村旅游资源评价的水准和质量，提高评价工作的科学性。

四、乡村旅游资源评价的理论依据

（一）价值判断统计学评价

不同个体对同一事物的评价，因为价值观和人口社会学特征不同，会产生不同的结果，但根据实验统计学规律，不同人群或个体对同一事物的评价趋于一个相同的结论，在对多个个体或人群统计的情况下，这一趋同的结论会显现出来。因此，在对乡村旅游资源进行评价时可依据价值判断的统计性规律，选取不同专业背景和足够数量的人员，以提高评价的权威性和可行性。

（二）人类认知学比较规律

人们对事物的认知有较大的差异，这是因为不同人群或个体本身存在差异，但若让不同的人群或个体对不同的乡村旅游资源进行评价或比较，不同的人群或个体的比较呈现出围绕某一个中心值的正态分布，最终应选择最多人数的评价作为评价结果。

（三）审美学评价

审美活动是人类最基本的精神需求之一，旅游活动就是某种意义上的一种审美活动，包含对美的追求和享受。乡村旅游资源美的内容主要应包括乡村旅游资源的形态美、色彩美、动态美、幽静美、古悠美、新特美、愉悦美、文化感悟美等。

五、乡村旅游资源评价的内容

由于乡村旅游资源具有多样性，且涉及范围非常广泛，结构十分复杂，种类及性质又千差万别，很难有一个统一的评价标准，而且不同的评价者有不同的审美观，因此目前尚无统一标准和体系。乡村旅游资源评价的内容主要包括以下三个方面。

（一）乡村旅游资源系统综合性评价

1.乡村旅游资源显性吸引力评价

乡村旅游资源显性吸引力评价主要包括：

（1）旅游容量评价。

（2）旅游丰度、密度和观赏时量评价。

（3）资源知名度和魅力度评价。

（4）资源区畅达度评价。

（5）感知距离评价等。

2.乡村旅游资源隐性吸引力评价

乡村旅游资源隐性吸引力评价主要包括：

（1）旅游者的旅游环境感应。

（2）旅游者的旅游空间偏好等。

（二）乡村旅游资源价值评价

乡村旅游资源价值评价是对旅游资源调查自身品质和丰优度的评价，包括下面七个指标：

1.美学观赏性

美学观赏性主要是指旅游资源使游客在观赏时产生的美感类型以及这种美感的强弱。这是评价乡村自然旅游资源的一个重要标准，它主要包括乡村旅游资源的形态、韵律、动态、色彩等要素的形式美，重点评价景物形象或意境的象征性的意境美。

2.历史文化性

历史文化性主要是指乡村旅游资源的历史永久性、独特性、保存完好性等。它包含两个方面：一是指其本身具有的或体现的某种文化特征；二是指其与重大历史事件、历史人物、艺术作品及神话传说等的相关度。旅游资源产生的年代越久远，越奇特，越具代表性，与名人、名事相关度越高，历史文化价值越大。

3.科学性

科学性主要是指旅游资源是否具有自然或社会科学研究价值、科学知识普及与教育功能能否反映现代科学技术成就，以及其对不同专业学者的研究考察的价值。

4.奇特性

乡村旅游资源的奇特性是乡村旅游资源具有强大吸引力的重要因素。一个地区的乡村旅游资源是否具有强大的生命力，关键看其是否有鲜明的特色。没有特色的旅游资源是不值得开发的。

5.规模与组合状况

这里的规模主要是指乡村旅游资源体量的大小、数目的多少、类型是否丰富等。组合状况则是指乡村旅游资源中不同类型的资源结合与互补的情况，以及密集的程度。一般来说，旅游资源越丰富、密度越大、互补程度越高，它的价值就越大。

6.旅游功能

在对乡村旅游资源进行评价时，应该明确该旅游资源的功能。因为不同性质的旅游资源，其功能是不同的，其开发目的、利用方向也不会一样，因此对这个问题要特别重视。

7.旅游环境容量

旅游环境容量一般是指满足游人最低游览需要时，旅游资源的特质和空间规模所能容纳的游客活动量。游客环境容量包括单位面积容纳的游人数（人/平方米）的容人量和景区游览时需要的容时量。任何旅游资源都有环境容量，一旦超过了这个限度，旅游资源就会遭到破坏。

（三）乡村旅游资源开发条件评价

乡村旅游资源开发是一项涉及经济、环境、社会和文化等多领域的系统工程。乡村旅游资源开发条件的评价，主要是对乡村旅游资源的全部影响和制约因素进行评价。

1.区位条件

区位条件包括乡村旅游资源所处区域的地理位置、进出该区域的交通便利程度及其与周围区域旅游资源之间的关联性等。区位条件的优劣是影响乡村旅游资源的吸引力、开发规模、线路设置和利用方向的关键因素。如果旅游资源与其空间位置、邻近区域的资源组合结构和交通区位状况结合得好，就会产生一种互补关系，形成聚集效应，从而吸引更多的游客，否则会适得其反。

2.客源条件

客源条件是指乡村旅游资源能够吸引的最大客源范围的半径、范围，以及建立在这种基础上的所能吸引到的游客的消费水平、层次和特点。客源条件是决定乡村旅游资源开发规模和程度的重要因素之一。

3.自然环境

乡村旅游资源所在地的地形、地貌、气温、降水、植被、水文和土壤等环境要素，对旅游资源的质量和开发利用有直接影响。气候条件不但影响旅游资源的开发规模和程度，还决定了当地的自然景观概貌和观赏性动植物的类型。因此，要对自然环境及其作用机理、影响范围和影响深度进行分析。

4.经济环境

经济环境包括经济发展水平、人力资源条件和基础设施条件等，代表了旅游资源开发的资金状况、旅游接待能力。资金关系到乡村旅游资源开发的广度、深度、进度和可能性。基础设施的建设关系到乡村旅游资源的可进入性和旅游服务质量。城镇的收入水平则关系到居民的出游水平和频率，进而影响市场规模。

5.社会环境

社会环境主要包括当地的政治局势、社会治安、卫生医疗条件、当地政府及居民对旅游业的态度等，政治局势稳定，社会治安、卫生医疗条件良好，政府及当地居民支持旅游业发展的地区，有利于旅游开发，会促进旅游业的发展。

六、乡村旅游资源评价的方法

在对乡村旅游资源进行认真调查研究的基础上，利用从旅游资源调查中获得的数据，对该地区的旅游资源进行客观准确的评价。旅游资源评价有定性和定量两种评价方法。在实际操作中，这两种方法要结合起来使用，具体就是在定性评价的基础上，运用定量评价方法，尽可能地对评价因子进行客观量化，使得评价结果具有可比性。

（一）定性评价法

定性评价法主要指凭借评价者的知识和经验，根据一定的评价体系，对旅游资源做出主观的结论性描述，无具体数量指标。这种方法的优点是很易掌握乡村旅游资源的优缺点，其缺点是主观性强、科学性不高、个人感情色彩浓厚。

1.卢云亭的“三三六”评价法

卢云亭提出了“三三六”评价法。“三大价值”包括旅游资源的艺术观赏、历史文化和科学考察的价值。“三大效益”是指旅游资源开发后带来的经济、社会和环境的效益。“六个条件”则是指旅游资源所在地的地理位置和交通、景物或景类的地域组合、旅游景区（点）旅游容量、投资、施工条件和旅游客源市场六项条件。

2.黄辉实的“六字七标准”评价法

黄辉实提出从资源本身的美（旅游资源给人的美感）、古（有悠久的历史）、名（具有名声或和名人有关）、特（特有的、稀缺的、有特色的）、奇（具有新奇感）、用（具有实际开发价值）六个方面和资源所处环境的季节性、环境的质量、与其他旅游资源之间的联系性、可进入性、基础结构、社会经济和市场环境七项标准进行评价。

3.“八、六、五”评价法

北京旅游学院科研室提出对八项吸引力、六项开发条件和五项效益进行评价。八项吸引力包括观赏价值、文化价值、科学价值、旅游项目、游览内容丰富程度、环境质量、季节差异、特殊价值和环境容量。六项开发条件包括地区经济条件、可进入性、依托城市、通信条件、地方积极性和已有服务设施情况。五项效益包括目前年平均接待游客量、开发所需投资量、投资来源、客源预测和社会效益。

4.一般体验性评价法

常用方式是旅游者在问卷上回答旅游资源（地）的优劣顺序，或者由各方面专家讨论评价，或者统计旅游资源（地）在旅游书籍、常见报刊上的出现频率，从而确定一个旅游资源（地）的整体质量和知名度。我国评选的“中国十大名胜”就是运用该方法得出的。

5.美感质量评价

这是一种专业性的旅游资源美学价值的评价。通常是在深入分析旅游者或专家体验的基础上，建立规范化的评价模型，评价结果多具有可比性的定性尺度或数量指标。自然旅游资源的视觉美评价技术较成熟，目前公认的主要有专家学派、心理物理学派、认知学派和经验学派。其中，专家学派认为具有形式美的风景就是好风景；心理物理学派则把风景与风景审美的关系理解为刺激/反应的关系，认为风景审美是风景和人之间共同作用的结果；认知学派则把风景作为人的认知空间来评价，强调风景对人的认识及情感反应上的意义，试图用人的进化过程及功能需求去解释人对风景的审美过程；经验学派则把人对风景审美评判看作人的个性及志向与情趣的表现。

（二）定量评价方法

乡村旅游资源定量评价法是利用某种确定的评价模式，通过对相关数据的统计、分析、计算，用数据来揭示乡村旅游资源的质量和等级的方法。这种方式直观、准确、可操作性强。

1.技术性的单因子评价

技术性的单因子评价是指对乡村旅游资源进行评价时，针对旅游资源的旅游功能，集中考虑某些起决定性作用的因子，并对这些因子进行适宜性评价或优劣评判。这种评价的基本特点是运用大量的技术性指标，它一般只用于自然旅游资源评价。

2.综合性的多因子定量评价

该评价方法是在考虑多因子的基础上运用一些数学方法，对旅游资源进行综合评价。从20世纪70年代开始，以美国匹兹堡大学教授塞蒂（ALSaaty）为代表的一批学者，首先建立起一套以定量化为目标的评价模型和指标体系。80年代以来，魏小安、保继刚、楚义芳、俞孔坚、邢道隆等也对此方法的运用进行了尝试与探索。这种定量评价方法主要包括指标数量化和评价模型化。目前这类评价方法也非常多，如层次分析法（A.L.saaty，保继刚）、指数表示法（弗朗哥·佛·费拉里奥，楚义芳）、综合评分法（魏小安，路燕）、模糊数学评价法（杨汉奎）、价值工程法（罗成德）等。

七、乡村旅游资源评价的创新思路

由于在指导思想与方法论上存在偏差，使得在实践中出现各种操作层面的问题，不利于现代乡村旅游业的发展和新时期乡村旅游产品的开发，我们应从指导思想与方法论的高度进行修正，创新乡村旅游资源评价思路。

（一）实用导向

乡村旅游资源调查、评价的目的是通过对旅游资源进行调查、评价，认定旅游资源类型，确定资源特色、优势，评定资源的优劣等级，以评估旅游资源的开发利用价值，编制科学合理的旅游开发规划，建设合理的旅游项目，开发能够满足市场需求的旅游产品，最终实现资源的合理有效配置。因此，旅游资源评价应以实用为导向，其评价结果应突出区域旅游资源开发利用的重点，以打造品牌旅游产品，直接指导开发规划，增强评价结果的实用性。

（二）创新导向

旅游资源分类、评价是一个复杂的系统。因此，任何旅游资源分类、评价标准都不是绝对标准、绝对完美的。编制旅游规划，应允许规划专家不拘泥于国标而是根据实际情况适当创新。

（三）形象导向

旅游地形象是旅游者对某一旅游地的总体认识和评价，是吸引潜在游客的关键，旅游目的地之间的竞争在很大程度上是形象的竞争。因此，在对某地进行旅游资源评价时，应关注当地的旅游地形象，适当提高对旅游地形象产生重要影响的旅游资源的等级，并重点开发建设，形成品牌产品。

（四）市场导向

旅游资源的开发利用根本上是一种投资经营行为，其最终目的是获得效益。因此，在对某个区域进行乡村旅游资源调查评价时，必须以市场需求为目标和导向，开发出能够成为市场“拳头”旅游产品的旅游资源，适当提高其价值和品位等级。

（五）竞争导向

旅游资源是区位相对优势的产物，其优劣势有绝对和相对之分。对于已开发利用的乡村旅游资源应注重对其知名度、开发利用现状等进行评价，而对于未开发利用乡村旅游资源应注重反映其未来开发利用的价值与潜力等，使乡村旅游资源的评价更具实际指导意义。

第四章 乡村旅游规划设计模式

第一节 现有乡村旅游模式分析

一、浙江象山松兰山——三方合作模式

（一）松兰山旅游开发概况

松兰山位于浙江省象山县东南部，与普陀山、桃花岛隔海相望。松兰山是浙江天台山自西向东延伸到大海的余脉，海湾、阳光、沙滩等旅游资源十分丰富，海滩、海山相连的现状使得游客在松兰山既能够上山观景狩猎，也能够下海戏水，理论上说是一个旅游资源十分丰富并具有特色的地区。但是与普陀山等地区相比，松兰山的旅游发展并不是一帆风顺的：松兰山的旅游可以追溯到20世纪末期，当时采取的是与普陀山一样的景区发展方式，但是尽管松兰山旅游资源丰富，却缺少足够的历史底蕴，因此对游客的吸引力并不是很大。之后随着乡村旅游的兴起，当地政府将发展的重心放在乡村旅游上，加大投资以改善交通和住宿条件，将旅游主题定在滨海度假、海上狩猎、海鲜美食上，各大村庄通力合作，取得了巨大的成就。

从2002年开始，松兰山的旅游接待人次和旅游收益迅速提高，上海、杭州、宁波等大城市的居民成为松兰山的主要客源。游客选择松兰山的主要目的不再纯粹是观光，而是体验一种全新的生活方式。由此松兰山成为国内乡村旅游的代表，其他地区在发展乡村旅游时或多或少地借鉴了松兰山乡村旅游模式，例如我国西南部林业资源比较丰富的地区在发展乡村旅游时普遍采取如松兰山一样放生野兔、山鸡等动物的方式发展森林狩猎项目等。

松兰山乡村旅游模式走的是一条高投入、高收益的道路。例如为了提高对游客的吸引力，根据松兰山旅游局公布的数据，从2002年开始松兰山政府先后投入近亿元来完善当地的交通设施和基础设施；为了避免发展乡村旅游对当地生态环境产生破坏，每年都需要花费大量的资金对当地生态系统进行维护，包括野生动物的放生也是维护生态系统的一种措施。因此，松兰山乡村旅游模式如果单纯地被各个乡村模仿是很难取得成功的，而松兰山在发展乡村旅游时采取的是三方合作模式，即由政府、外来投资商、当地村庄共同完成乡村旅游的开发，对方的职责也进行了明确的划分。

1.政府的职责

根据国家海洋法的相关规定，海滨和滩涂资源归国家所有，因此政府对这些资源有管理和使用权。松兰山政府并没有直接大包大揽地承担当地的海滨和滩涂开发任务，而是将这些资源作为招商引资的资本，通过让利来吸引外来投资商进入。在海滨和滩涂资源的开发过程中，政府主要负责对这些旅游资源的开发进行整体规划，例如对公路、绿化、水电等进行规划指导旅游资源的科学开发。

2.企业的职责

在松兰山乡村旅游模式中，企业承担了绝大部分的大型旅游项目的开发工作。在当地政府的宏观指导下，外来投资商在松兰山建设了大量的娱乐设施和服务设施，例如饭店、露天剧场等。在这一过程中，企业付出了资本，但是也获得了相应的收益和政府的政策支持。

3.村庄的职责

一直以来，村庄在乡村旅游中所扮演的角色都是比较尴尬的。一方面，作为乡村旅游资源的主体之一，村庄拥有大部分的乡村旅游资源，另一方面，受资金的限制，村庄的旅游资源很难得到开发。松兰山乡村旅游模式中村庄却不存在这一问题，原因就在于政府作为中间人对村庄和企业进行了协调，村庄让渡部分旅游资源以获得企业的资金支持，同时双方也对自身的经营范围进行了规范。因此，松兰山乡村旅游模式中村庄承担民风民俗等旅游资源的开发工作，与企业的经营投资并不存在冲突。

（二）松兰山乡村旅游模式分析

从上述松兰山乡村旅游模式中企业、政府、村庄在乡村旅游中扮演的角色我们可以看出，松兰山乡村旅游模式从本质上说是一种政府引导、企业推动、村庄参与的模式。这种模式的最大优势在于以资源换取资金，能够有效地解决乡村旅游发展初期资金不足的问题。具体如下：

1.政府引导

（1）推动了松兰山的旅游开发。在松兰山乡村旅游的发展中，政府可以说是一手的推动者。在20世纪末以前，松兰山只是一片荒凉的滩涂，交通条件较差，当地的居民也只能以种地、打鱼为生，虽然得天独厚的旅游资源也能够吸引一些游客，但是却无法改变当地的经济结构。而政府以大魄力改善了当地的基础设施和交通条件，同时不断地对外宣传，从而使松兰山乡村旅游走上快速发展轨道。

（2）对旅游区制定完整的规划，并根据规划进行开发。在上一章中我们已经论述过乡村旅游规划的重要意义，而在松兰山乡村旅游模式中政府是乡村旅游规划的制定者，也正是因为政府扮演了乡村旅游规划者这一角色，因此松兰山各个村庄的旅游资源才能够互补，乡村旅游才能够统一发展。同时，政府作为规划者也能够更好地对乡村旅游进行监督，避免旅游资源和生态环境遭到破坏。

（3）负责松兰山旅游区各种配套基础设施的建设。基础设施的重要性是不言而喻的。松兰山乡村旅游之所以成为国内乡村旅游的代表，一个很重要的原因就是基础设施比较完善。但是大部分投资者是不愿意将资金投在基础设施建设上的，而松兰山政府则弥补了这一不足，承担起基础设施建设的职责。

（4）制定旅游开发的政策，调整旅游开发的各方利益。松兰山旅游区的开发涉及多方面的利益，因此制定相关政策，调动各方的积极性，使得各方利益能够得到相应的满足，才能保证旅游开发顺利进行。作为投入回报，政府（由县旅游局负责落实）对松兰山实施直接的、统一的经营管理，同时政府拥有松兰山旅游区的门票收入（但是松兰山作为海滨度假休闲旅游区，而非观光旅游区，门票的价格并不高）。

2.企业推动

像松兰山这种涉及多个村庄的乡村旅游开发工作是一个长期的过程，涉及大量资金，倘若单独依靠村庄自身和政府则很难保证乡村旅游资源的迅速开发，这种情况下企业的重要性就凸显出来。松兰山乡村旅游之所以能够迅速发展，企业是一个不可或缺的推动力，也正是企业资金的注入才使得松兰山在短短十余年时间成为国内乡村旅游的代表性地区。截至目前，松兰山各个村庄的购物街、饭店、宾馆等都是由企业建造的，这些设施的建设提高了松兰山的接待能力。

当然，不容否认的是，企业资金的注入使得松兰山政府和村庄流失了一定的开发效益，特别是随着企业注资规模的不断扩大，近年来各个村庄的经营项目开始受到冲击，村庄在松兰山乡村旅游中的话语权逐渐被削弱，这也是将企业作为乡村旅游发展主要推动力产生的一个负面影响，如果没有良好的解决措施，那么村庄在乡村旅游中将会逐步被边缘化，无法享受乡村旅游发展带来的种种效益。

3.乡村参与

国内很多地区的乡村旅游发展实践证明了无论是政府还是企业在乡村旅游中处于主导地位，乡村都会被边缘化，只能获得一些补偿，但是却失去了生活保障。而松兰山乡村旅游模式的一个主要特点就是在发展乡村旅游的同时，各个村庄并没有因土地被占用而失去生活保障，而是成为旅游资源开发的一分子，通过开发旅游资源获得了新的经济收入来源。当然由于乡村资金有限，很多村庄的经营重点在一些成本较低的民俗文化旅游项目上。

值得注意的是，随着企业在乡村旅游中的话语权越来越大，松兰山各个村庄也开始改变以往的参与方式。在乡村旅游发展初期，松兰山各个村庄都是以农户为单位参与到乡村旅游中的，但是农户的资金不足导致其参与度十分有限。因此，近年来松兰山开始尝试以集体的方式参与到乡村旅游中，旨在获取更多的话语权，例如部分村庄开始集体经营沙滩、饮食一条街等业务。

二、浙江宁海天河——依托景区模式

（一）宁海天河风景区旅游开发概况

首批国家水利风景区——宁波天河生态风景区，位于《徐霞客游记》开篇地——浙江省宁海县境内，核心景区占地30多平方千米，距宁波114千米，距宁海县城29千米，距沿海大通道甬台温高速公路岔路出口9千米，交通十分便捷。

天河风景区原为宁波市宁海县的由溪水库，位于宁海县白溪干流中游，是以供水、防洪为主，兼顾发电、灌溉等综合效益的国家大型水利枢纽工程，水库集雨面积254平方千米，多年平均径流2.81亿立方米，总库容1.684亿立方米，水电厂总装机1.8万千瓦。水库的水面由国有白溪水库建设发展有限公司管理，周边的山林由宁海县的各个村庄集体所有。

2001年10月，白溪水库被改造成天河风景区，经过3年的建设，目前已是一处集观光、游乐、休闲度假、野营探险和生态教育于一体的综合性旅游度假区。2002年5月19天河风景区正式营业，当年的游客人数达到20万人次。从2002年开始，宁海县的旅游门票收入有80%来自天河风景区。天河风景区有深厚的文化积淀。周灵王太子王乔白河南绿氏山驾鹤东来，成为台岳主神，掌吴越水旱，宁海县因称緱城。东汉末年老子降临授葛玄灵宝经。葛洪隐居松溪洞天炼丹，著《抱朴子》开道学先河；核心景区30余平方千米原属新昌飞地，是李太白《梦游天姥吟留别》中的天姥山。天河风景区位于天台山主峰东麓，是一处以自然山水风光为依托，以道家和台岳文化精粹为内涵，以青山绿水、奇峰怪石、溪流飞瀑、原始森林和现代游乐为特色的生态风景区。它拥有6曲溪、18雄峰、28水涧、72瀑布，以“峰险、谷幽、水绝、石奇、根玄、雾幻”著称。天河风景区分为八大小景区：大松溪峡谷、双峰国家森林公园、飞龙湖、梦里水乡（水文化主题公园）、王家染山乡风情区、叶布现代农业观光园、山洋革命纪念区和望海岗景区。目前已建成开放的有：大松溪峡谷、双峰省级森林公园和飞龙湖三大景区。

（二）旅游开发与乡村利益

宁海天河乡村旅游与天河风景区有十分密切的联系，该地区的乡村旅游可以说是完全依托景区的，景区的游客是乡村旅游的主要客源。天河风景区是以白溪水库为核心开发出来的，由白溪水库建设发展有限公司负责，因此该地区的各个村庄与白溪水库达成了“关于大松溪峡谷生态保护和旅游开发的合作协议”，协议的内容主要包括以下七个方面：

第一，除向溪水库水资源之外，天河风景区内的所有山林资源所有权归属不变，归各个村庄所有。这一协议内容使得各个村庄依托天河风景区发展乡村旅游有了基本的旅游资源保障。

第二，白溪水库建设发展有限公司在对景区内的水资源进行开发和保护时，如果对当地的山林资源产生一定的损害，公司需要一次性给予一定的赔偿。这一协议内容可以说解决了当地发展乡村旅游时的资金问题，很多村民依靠补偿的资金发展乡村旅游事业。

第三，天河风景区内的水源保护与开发建设工作由景区承担。“水”对游客的吸引力是不言而喻的，虽然说天河风景区的白溪水库旅游资源归公司所有，但是这并不影响当地村庄借助水资源发展乡村旅游，同时也不用承担水源保护工作的成本支出。

第四，天河风景区承诺在运营过程中优先使用村庄居民。对于村民而言，发展乡村旅游所面临的一个主要问题就是经验不足，而在天河风景区的工作经历则可以在一定程度上解决这一问题。

第五，各村庄承诺天河风景区做好山林资源的保护工作。这有利于乡村生态保护。

第六，天河风景区每年将给予村庄7%的门票分成，如果门票收入不足100万元，那么按照100万元计算，在每年的12月结算。这也在一定程度上解决了村庄发展乡村旅游资金不足的问题。

第七，相关税费由景区承担。在2002年，天河风景区的门票收入超过390万元，当年景区与周边的村庄进行了第一次分红。

从2002年开始，天河风景区进入快速发展时期，门票收入也逐年增加，村民通过门票得到的收入也逐步增加，同时风景区的发展带来就业岗位的增加，部分村民能够在天河风景区工作。

大量游客的涌入使当地村民受到现代文明观和市场经济意识的影响。景区在运作了一年多以后，当地村民的产业结构发生了一定变化，农民从单纯地从事农业生产，开始围绕风景区开展多种经营，比如建宾馆、做餐饮服务。

由于开创了以市场运作为中心、结合农村社区建设方式进行旅游开发的模式，天河风景区实现了农民主动参与旅游区的管理和保护。现在旅游区附近所有的山林保护和水质保护工作都是由当地农民承担的，比如看山护林、水面清卫、景区保洁、景区保安，甚至一些景区的小型建设项目。一方面当地农村居民通过就业得到了经济利益，另一方面农民的环境保护意识在实践中也不断得到了强化。

（三）宁海模式的优势

浙江宁海天河的乡村旅游模式是一种企业主导、乡村参与模式，即企业在乡村旅游中处于主导地位，而乡村在乡村旅游中只能依托企业有限地参与到乡村旅游资源的开发中。分析该地区的各个村庄与白溪水库达成的“关于大松溪峡谷生态保护和旅游开发的合作协议”，这种模式能有效降低乡村旅游开发风险、解决乡村旅游开发资金不足问题。白溪水库建设发展有限公司是一家企业，但是作为白溪水库的管理部门，该公司已具有一定的行政职能。在开发风景区旅游资源时，白溪水库是以纯粹的企业法人身份参与到旅游市场中的，这也是宁海天河乡村旅游模式由企业主导的根本原因。在与当地的各个村庄沟通时，政府并不会直接介入其中，企业也只与村集体进行沟通，并不会直接与当地农户发生关系，这种沟通方式在某种程度上简化了旅游资源开发的市场运作关系，避免了村民因利益分配不均出现各种矛盾。

作为与旅游区相关的当地农村社区来说，单纯从景区的门票收益中获得分成，对其实际经济利益并不能带来很大的帮助。但因为水库的旅游开发，吸引了大量的旅游者，而旅游者的涌入，为当地社区的居民提供了很多从事后勤服务的机会。景区内的各项服务性经营项目，水库公司则提供了较大的便利，交由当地村民投资并经营，诸如住宿、餐饮等服务性设施。同时，景区内的服务性职位，也优先雇用当地村民，使得当地农村社区居民在旅游区中能够获得一些就业机会。

（四）宁海模式的劣势

宁海乡村旅游企业主导、乡村参与模式固然有其有利的一面，但是其缺陷也是十分明显的，主要是对企业的依赖性过强。

1.天河开发的危机

（1）宁波的白溪水库。白溪水库毫无疑问是天河风景区的核心旅游资源，白溪水库生态环境的好坏与否直接关系到当地的旅游事业能否得到持续发展，而依托于景区的乡村旅游从某种意义上说也与白溪水库息息相关。2003年，宁波遭遇50年一遇的大旱，出现了“守着江河无水喝”的尴尬现象，这种局面一直持续到两场台风之后才略有缓解。而从旅游的角度来说，气候干旱产生的一个直接影响就是白溪水库的水位下降，生态遭受破坏，对于游客的吸引力大幅下降，这种情况下依托于风景区的乡村旅游也面临困境，很多乡村旅游产品无法顺利地销售。

在旱灾过后，部分专家对宁波缺水问题的成因进行了深入的研究，认为宁波缺水主要以资源性缺水和水质性缺水为主，其中资源性缺水表现为水资源因干旱等因素不足，水质性缺水则表现为部分地区虽然水资源卡富，但是能够正常使用的却十分有限。白溪水库目前就面临这一问题。

由于农业污染以及其他因素，白溪水库的水质开始恶化，而随着白溪水库水质恶化而来的是旅游质量开始下降，乡村旅游也因此发展速度放慢。

（2）宁海的天河旅游区。宁波市政府从保护饮用水源出发叫停了在白溪水库的旅游开发，在宁波市的眼中，它是白溪水库。而在宁海人的心目中，白溪水库却是天河风景区，是宁海旅游业的重要支柱。它的旅游收入占全县旅游总收入的80%，也证明了这一点。关闭天河风景区，对宁海旅游业的打击可想而知。景区开建之初，作为资源补偿，天河公司就与库区内的农民签订了“旅游开发与资源保护”的协议。附近6个村的村民可以享受70年、每年7%的门票分成，这相当于这些乡村的居民享受了天河公司25%～30%的股权，同时无须承担股权风险。2002年，库区农民就获得门票分成27万多元，并解决了300多个农民的就业问题。如果风景区关门，水库区域的农村社区居民肯定会受到较大的影响：分红收入没有了，与景区相关的餐饮、住宿等第三产业也不能继续。因此，景区的关闭在很大程度上会使天河风景区周边乡村居民丧失通过旅游开发致富的希望。

宁海的旅游从业人员认为：天河是关不住的，早在1997年的时候，就有大批游客背着帐篷背包来到天河。水库附近柯仙村和杨染村的村民每星期都要接待上百名游客。天河开发后，自助游、野外露营的旅游团队更是络绎不绝。天河美了，这些游客照样要来。这个30多万平方千米的景区有无数个入口处，根本关不住这些自发的旅游者。统一有序的旅游开发被中止之后，由于没有制度化和经济上的奖励，将无人对造成水库水质严重污染和旅游安全问题负责。旅游公司与库区农民签订的保护开发协议中止，农民收入减少，势必重新去伐木烧炭，以增加集体和个人的收入，这将使原先封闭管理的生态环境面临乱砍滥伐和水土流失的厄运。

2.天河旅游区的困境

天河旅游区以及依托天河旅游区的乡村旅游面临的困境主要有两个，一是水资源的产权问题，二是旅游开发导致的负外部性。所谓产权是指财产所有者的权利，典型的产权包括按自己认为合适的方式使用财产（要受到某种限制）的权利和在他认为合适的时候卖给合适的人的权利。负外部性是指一个人的行为对旁观者福利产生的不利影响。

从产权上说，水资源归国家所有，我国是上级授权，因此产权的行使也是自上而下，宁波市作为宁海县的上级政府，当然拥有对口溪水库的产权，而由于旅游开发可能引发的环境污染，将会导致负外部性出现，对宁波市的用水产生不利影响，因此作为上级政府有权停止这种旅游开发行为。但是这并不能用单纯的生存与发展、局部利益服从整体利益的“两难”选择来解释。南昌大学学者胡振鹏博士和傅春博士认为，“由于水资源具有复杂的自然、经济和社会属性，《中华人民共和国水法》规定水资源属国家所有是十分必要的。但在长期计划经济条件下形成的具体的产权关系却十分模糊，责权利不明确；国家所有权受到条块的多元分割，国家作为国有资源所有者代表的地位模糊；各个利益主体之间的经济关系缺乏协调，造成权益纠纷迭起。水资源开发利用将会出现许多问题：例如水资源是一种公有资源，没有明确、具体的产权界定，容易滥用；水资源开发利用的外部效应很大，开发利用方式不同，对社会经济和生态环境的影响也不同，在国家所有的前提下，不进一步仔细分解和配置各项权利，就不能有效管理，既不能发挥政府宏观调控的作用，也无法发挥市场配置资源的基础作用；水体易受污染，污染严重的水体，完全丧失使用功能。水是构成生态环境的基本因子。水资源缺乏明晰的产权界定，最先受损害的是人民健康和自然生态系统。”因此，他们认为，完整的产权是一组权利的集合，而不是一项权利，这是产权的第一个特征。产权的第二个特征是具有可分离性。由于产权是一组权利的集合，因此，可以在一定程度上相对分离。

天河风景区属于宁波市管辖的范围，但具体来说，则属于宁海县管辖。因此，正如胡振鹏博士和傅春博士所说的，水资源的国家所有权受到条块的多元分割，宁波市和宁海县两大利益主体的经济关系没有相关协调。而所谓的局部利益服从全局利益，是我国长期以来的一种简单的行政命令和共产主义式的发扬风格做法。这种做法，其实违背了市场经济的基本原则，使得宁海天河旅游区的居民利益没有得到应有的尊重。

淡水资源的价值包括两部分：

第一，为满足需求，蓄水、输水的劳动，为掌握水资源的数量、质量分布规律，对天然来水进行监测、勘察的劳动，以及保护、管理水资源的劳动。

第二，较好自然条件下水资源的经济租金，反映了社会总劳动的积累和社会生产力对自然生产力的利用程度。

也就是说，水资源的价值主要源于对水资源利用所投入的劳动量，来源于水资源利用中的社会劳动积累。多年来，对天河旅游区进行的开发已有较大的投入。更重要的是，水库的建设将附近乡村居民的生活和生产用地淹没，而农民能够获得的水库收益却很难弥补这个损失。在市场经济条件下，不能简单地强调农村居民做出最大的牺牲，必须在利益平衡的基础上，为水库周边的村民提供生存的手段，在缺乏利益保障平衡的情况下，确实很难要求农民无偿地为维护水库区的环境承担更多的责任。宁海旅游从业者的警告，在某种程度上说很可能成为现实。

总的来说，宁海天河旅游开发区面临的问题，是我国资源的国有，而使用却必须落实到具体的部门，或个人，或企业，或某级政府身上，当这些不同的利益主体无法达成平衡时，我们习惯采取的做法是实行自上而下的行政管制，而不是交由相关利益主体通过市场机制进行协调，这必然会导致某些缺乏行政资源的弱势群体的利益无法得到尊重。

三、江西流坑村——“输入型”模式

随着乡村旅游的迅速发展，以农业生产、自然景观作为主题的乡村旅游项目开始无法满足日益多元化的旅游需求，这种情况下具有传统民风民俗的古村落旅游开始兴起，特别是经济欠发达地区，由于保存了较多的古建筑和古文化，因此成为古村落旅游发展的受益者，部分地方也确实通过古村落旅游带动了地方经济的发展，例如安徽的西递和宏村、浙江的诸葛村、江西的流坑村等，其中江西的流坑村模式在国内诸多古村落旅游中更具有代表性。

（一）流坑村与流坑村的旅游开发

流坑村坐落在江西省抚州市乐安县西南部，距县城38千米，面积3.61平方千米。全村共914户、4600人，为董氏单姓聚居的大村落。流坑村始建于五代南唐升元年间（937～943年），至今已有千余年历史。自宋以来，全村出文、武状元各1名，进士34名，举人78名。流坑村古代建筑颇具特色，全村有明清建筑26幢，其中明代建筑、遗址19幢（处），且村中留下了大量的附属文物，如匾联、雕刻、绘画、书法等，可以说是我国古代文明的缩影，具有重要的历史、艺术价值。流坑村深厚的历史文化、独特的古建民居、珍稀的文献古物受到国内外学者的高度赞誉。1997年秋国家文物局领导考察流坑村后，写下了“千古第一村”。与此同时，流坑村被江西省人民政府列为“省级历史文化保护区”，村中另有21处建筑及遗址公布为省级文物保护单位，2001年10月又被国务院公布为全国重点文物保护单位。在未被发现之前，流坑村只是一个默默无闻的普通村庄。但是自发现之后，大量的古建筑和古文化遗产使得流坑村吸引了诸多的专家学者。而随着这些学者发表的各种研究报告，流坑村的知名度在不断提高，最终从学术界走向社会，成为全国瞩目的古村落，吸引了大量游客。

游客的不断增加刺激了当地经济，使得当地政府意识到主动对流坑村进行旅游开发对于当地经济有极为重要的意义。因此，在20世纪末期，江西省交通厅处置修建了一条从流坑村到县城的公路，极大地方便了游客的旅游活动，同时流坑村也开始对外出售门票，这标志着流坑村正式走上乡村旅游发展之路。

为了更好地对村中的古建筑和古文化旅游资源进行保护，乐安县专门成立了流坑村古文化保护利用工作委员会，负责流坑村古建筑和古文化的保护和修缮工作，同时对流坑村的乡村旅游业务进行指导，指导内容包括为流坑村培养旅游人才、对旅游景点进行规划、做好旅游景点的申报和宣传工作等，而流坑村村委会则主要负责乡村旅游的接待工作，同时开始开发旅游商品，做好门票收入工作。可以说，流坑村乡村旅游从一开始走的就是旅游开发及文物保护齐头并进的道路，这也使得流坑村乡村旅游始终能保持旺盛的生命力。

（二）流坑村旅游开发的特点

严格来说，流坑村正式涉足商业旅游接待始于1997年，但是真正进入快速发展轨道则是在2002年之后。2002年，流坑村争取到1184万元的国债资金，再加上市政府投入1130万元用于流坑村的基础设施建设，流坑村的交通、住宿、卫生等基础设施开始完善，满足了游客的需求，旅游接待进入了迅速发展阶段。从2005年各项基础设施逐步完善开始，流坑村的旅游接待人次逐步上升，旅游收入也大幅提高。

旅游业的初步发展，在一定程度上带动了古老的流坑村的经济发展，但旅游开发的直接经济效益、对流坑村的积极影响十分有限。

流坑村虽然有很丰富的人文旅游资源，但其最具特色的是历史内涵丰富的古老村庄与古建筑，探访者需要专业的知识才会感兴趣，对于普通游客而言，并没有太大吸引力。流坑村发展旅游的区位条件也不佳。交通方面，流坑村距离南昌等大城市约240千米，距离抚州、吉安等地级市约100千米，没有国道经过，虽然近年来外部交通条件有较大的改善，前往南昌和抚州、吉安的时间距离大大缩短，但相对来说、流坑村还是比较偏僻。同时，流坑村地处赣中丘陵地区，周边没有其他著名的风景区可依托，使得流坑村必须单独作为旅游最终目的地，但流坑村的旅游吸引力很难承担作为最终目的地的重任。因此，流坑村不容易与其他旅游点串起来，自身的吸引力也不足，较少被省内外大中型旅行社列为旅游线路，这些因素决定了流坑村是“旅游资源非优区”。搞旅游开发是被动的，依靠的是游客“慕名而来的方式”。尽管各级政府十分重视流坑村的发展，但因为没有适应市场需要的旅游开发，所以政府的投入只能改善流坑村的基础设施，而旅游开发的市场运作成效则不显著。

从流坑村的旅游开发历史来看，流坑村因为具有内涵丰富的学术研究价值而首先被学者发现，并因学者的介绍在全国产生影响，随着这种影响的扩大，外来旅游者自发到来，激发了当地政府进行旅游开发的积极性；政府介入并成为旅游开发的主角，在一定程度上带动了当地经济的发展，但流坑村作为旅游被开发地区，却完全是一个旁观者。

（三）“输入型”乡村旅游模式

将流坑村乡村旅游模式界定为“输入型”乡村旅游模式。所谓的“输入型”乡村旅游模式指的就是旅游地区的乡村旅游资源开发行为完全由外界的力量主导，该地区对于乡村旅游资源的开发意愿并不是很强烈，但是在外界因素的影响下只能被动地接受乡村旅游的开发并承担起乡村旅游发展可能带来的一系列后果。

纵观流坑村乡村旅游的发展历程可以发现，其“输入型”特征是十分明显的。在初期阶段，流坑村走入大众的视野是随着一系列考古科研报告出现的，诸多专家学者对流坑村的宣传成为其发展乡村旅游的契机。在中期阶段，流坑村的乡村旅游则基本上由政府主导，主要体现在政府承担起了村里基础设施的建设工作、乡村旅游规划工作等，而流坑村只能进行门票的销售和一些旅游商品的销售。

从以上叙述可以看出，流村的旅游开发是一种输入型的开发模式，从某种意义上说，流坑村的“输入型”乡村旅游模式是一种政府主导的乡村旅游模式，这种模式的优势在于能够统一地对乡村旅游资源进行开发和利用，但是其劣势也十分明显，即市场效率较低。这一点从流坑村乡村旅游地接待人次和直接收入就可以看出，2006年流坑村的旅游接待人次是9万人次，直接收入为270万元，2007年旅游接待人次是9.7万人次，但是直接收入却不升反降，原因就在于当地一些政府机关事业单位以参观学习的名义进入其中，而以政府为主导的乡村旅游管理机制面对这种行为很难反对，这种参观学习性质的旅游行为事实上是很难产生经济效益的。当然我们也不能否认这种行为能够给旅游地带来一定的收益，即可以得到相关单位的基础设施建设支持，但总的来说，这种行为是弊大于利，很难对当地的财政做出贡献。

分析政府主导模式产生的原因，主要在于以下三个方面：

第一，当前乡村旅游发展的地区大部分是欠发达地区，发达地区的乡村旅游已经成熟。对于欠发达地区而言，乡村旅游的兴起毫无疑问指明了一条新的脱贫致富路径，当地政府重视乡村旅游，对乡村旅游开发大包大揽也在情理之中。

第二，从乡村的角度来看，虽然乡村拥有丰富的旅游资源，但是将这些旅游资源转化为旅游产品毫无疑问是极其困难的，资金的不足限制了乡村旅游的发展，这种情况下政府和企业成为乡村的首要选择，而相比于企业而言，具有国家公信力的政府更能够得到乡村的信任。

第三，从村民的角度来看，发展乡村旅游固然能够提高收入，但是收入的提高程度是与村民的学识成正比的，而村民的文化水平普遍较低，很难进行科学的乡村旅游规划，如此政府也只能承担起这一职责。

可以说，“输入型”乡村旅游模式（政府主导型模式）是欠发达地区为了更好地发展乡村旅游而面对的一个迫不得已的选择，但是其对当地产生的影响也是不容忽视的，这种影响主要是：当地居民在乡村旅游中被边缘化，成为旁观者，但是却承担着乡村旅游开发失败的后果。一方面，很多当地居民由于缺少足够的资金，不得不依赖政府，而作为主要的投资者，政府毫无疑问是乡村旅游发展的最大受益者，当地居民能够获取的经济收益是十分有限的；另一方面，流坑村是以古文物为主题的乡村旅游区，这就意味着当地居民的一些日常生活用品和住宅都可能是古文物，如此将会被作为旅游资源征收利用，但是所获得的赔偿往往十分有限，而且未来的生活失去了保障。因此，“输入型”乡村旅游模式下，农村居民对于乡村旅游的发展往往缺少热情甚至产生抗拒之心，原因就在于这种模式能够给当地居民带来的收益十分有限。

流坑村旅游发展的这种输入型模式，具有一定的普遍意义。它基本上属于一种政府主导型开发模式，而非市场主导型开发模式。在经济欠发达地区，这种旅游开发模式具有较强的代表性。

第二节　乡村旅游模式创新

一、乡村旅游产业融合模式的动力机制

（一）产业内部的驱动力

从经济学的角度来说，利润最大化是投资者的根本目标。无论哪一个行业，只要这个行业显示出远大的发展前景，总能够吸引大量的投资者前赴后继地涌入，随之而来的就是行业内部竞争日趋激烈，在激烈的竞争环境中，投资者的收益将会逐步降低，如此一来，

部分投资者就会主动进行融合，将不同的因素纳入行业中，试图通过差异化来提升竞争力。乡村旅游亦如此，随着乡村旅游的不断发展，越来越多的投资者涌入乡村旅游产业开发中，而激烈的乡村旅游市场竞争促使投资者不断地将乡村旅游产业与其他产业融合在一起进行发展，通过差异化来获取竞争优势。

（二）市场需求的拉动力

根据马斯洛的需求层次理论，人的需求并不是一成不变的，而是在不断升级，人的最初需求是基本的物质需求，例如衣、食、住、行等需求，当人的基本物质需求得到满足时，人的需求就上升到发展需求上，例如教育、医疗等需求，再往后，人的需求开始朝个性化、分散化的方向发展，重视个体的体验满足感。而从乡村旅游的角度来看，在乡村旅游发展的初期阶段，能够满足人的基本物质与服务需求即可，但是当游客的需求呈现出碎片化、小众化、个性化的特点之后，这种模板化的供给方式就很难满足游客的需求，如此乡村旅游必须升级，而产业融合则是能够保证乡村旅游升级之后满足游客不同需求。

（三）技术创新的推动力

产业融合理论认为，技术创新是模糊产业边界、推进产业融合的主要动力。但是在当前乡村旅游发展中，我们可以发现技术创新的推动力在乡村旅游产业融合上的作用体现得并不是很明显，这固然与乡村旅游的特性有密切的关系，但是我国乡村旅游发展时间较短也是一个不容忽视的因素。随着乡村旅游产业化日益显著，技术创新的推动力将会逐步凸显，在乡村旅游产业管理、市场开发、工程基础建设等方面得到表现。

（四）产业环境的影响力

任何行业的发展都不是孤立存在的，而是与其他行业有十分密切的联系，受到宏观经济环境的影响。经过几十年的经济建设，我国的经济发展模式已经基本上实现了工业化模式，正式进入转型期，这一阶段国家倡导发展第三产业服务业，而乡村旅游作为第三产业的重要组成部分，在国家支持的宏观环境中，必将迅速与其他产业融合。

二、乡村旅游产业融合发展的演化路径

客观上讲，旅游产业本身就是融合了不同产业的一个综合性、边界模糊的产业，本书依据旅游要素的内容把旅游融合分为产业内部融合和产业外部融合。

（一）产业内部融合

近年来，产业内部融合是我国旅游业的一个主要发展趋势。所谓产业内部融合，是指投资者不断地拓展旅游产业链的内在要素，采取各种手段来促进旅游产业链各个内在要素的融合。产业内部融合产生的一个直接影响就是催生了大量的综合性旅游集团，例如广州开发的长隆旅游度假区包括长隆欢乐世界、长隆国际大马戏、长隆野生动物世界、长隆水上乐园、长隆酒店等公司，各个公司经营业务重点不一，形成互补，从而增加了企业的整体竞争优势。从这个角度来说，乡村旅游的产业融合也可以走内部融合道路，在能够允许的空间范围内，将各个乡村组织起来，构建大型的乡村旅游区，形成优势互补，提高市场竞争力。

（二）产业外部融合

产业内部融合一方面需要一个统一的领导者，因此当前国内旅游业产业内部融合大多发生在大型旅游集团中，另一方面不同旅游产业之间的差异性是产业内部融合的基础，而在实践中除了有统一规划的公司以外，很多旅游区的旅游产业在业务上是存在一定的冲突的，因此，产业内部融合事实上并不常见，我们见到更多的是产业外部融合。

1.基于资源共享的融合

这种融合模式相对来说比较普遍，主要体现在原来的产业形态以第一、第二产业为主，从旅游的视角进行分析，可以发现工业生产、农业耕作、林业、渔业等都可以作为旅游资源出现。在这样的融合模式下，出现了许多新的旅游业态，与传统意义上的依靠自然景观的观光旅游差异很大。每种旅游形式均具有很强的原生产业的价值表现。这恰恰是其吸引游客的地方。

2.基于市场共建的融合

如果说建立在资源共享基础上的旅游产业融合主要是从旅游资源、旅游吸引物的扩大考虑，那么基于市场共建的融合则是从市场出发，着重分析市场需求的多元化，从而把不同类别的产业及其产品进行叠加，在相同的时间、空间里进行与消费者的对接。比如，地产旅游、旅游综合体、创意文化旅游等产品形式，就是在对市场细分之后，把不同的产业与旅游业进行合作创新，打造新的旅游业态。

3.基于技术推动的融合

技术推动是产业融合的一个主要推动力，信息技术的发展在旅游产业的融合中具有重要的作用。

4.基于功能创新的融合

传统意义上的旅游注重离开居住地多长时间，现在随着消费者理念的改变及闲暇时间的增加，赋予了旅游更多的意义：在我国，养老问临已经越来越社会化，许多区位、环境适宜的乡村开始开发以养老、康体旅游为代表的老年人度假旅游，这就是典型的基于不同产业功能创新的融合模式。这种融合模式需要建立在社会发展大背景之下顺应潮流，开发乡村旅游新的价值与吸引点。

基于旅游产业的外部融合，总体来看，发生在旅游产业与其他产业之间。不管是基于哪种模式的融合发展，客观来看，都是通过一种新的价值创造来形成一种新的旅游形式。

三、我国乡村旅游产业融合的意义

（一）为新型城镇化提供产业依托，促进就业

从古至今，我们一直强调“安居乐业”，从这个词我们也可以看出，“乐业”是建立在“安居”的基础之上的，即人们只有具有了稳定的工作与居住环境才能够追求“乐业”。而从国内的大环境来看，乡村居民的工作与居住环境并不稳定，外出务工是绝大部分乡村居民的选择，原因就在于乡村的就业机会较少，在这种情况下新型城镇化建设就失去了动力，而乡村旅游产业融合能够催生出更多的新型产业，对于新型城镇化建设而言，这些新型产业都能够提供大量的就业岗位，如此一来乡村居民就不需要通过外出务工的方式来获得经济收入，真正实现“安居”。此外，乡村就业岗位的增加带来的是乡村居民经济收入的增加，而经济收入增加则会对市场经济产生刺激，活跃市场，从而加速新型城镇化建设。

（二）促进相关产业的发展，优化产业结构

1994年联合国世界旅游组织将旅游业定义为：为户外活动提供服务的行业。从该定义中我们可以看出，旅游产业的一个主要特点就是边界十分模糊，与其他产业的关联性较强，很多产业在特殊的环境下摇身一变就可能成为旅游业的一部分。因此，旅游业的发展能够有力地促进相关产业的发展，例如与旅游业息息相关的交通运输业、娱乐业、饮食业等。

为促进乡村旅游产业一体化建设，新的城市在产业化时必须以乡村旅游为核心，系统、科学、合理地规划和布局。在旅游业整合的同时，也将伴随着资金和技术的投入，对

新型城镇化建设的区域基础设施建设起到很强的推动作用。在达到想要实现的目标时，伴随着竞争和择优，在压力的驱使下，村民需要提高自身的文化素质，改善文化氛围，加强精神文明建设。

四、我国乡村旅游产业融合模式分析

（一）资源共享融合模式

资源共享融合模式，借助于其他行业的旅游资源，进而促进乡村旅游的发展，其他行业为满足乡村旅游的多元化需求，精心组织规划、开发利用、产品创新，多种类丰富乡村旅游产品类型。乡村旅游资源的延伸，也正是由于不断扩大这些创新产业的融合，丰富乡村旅游资源。例如，乡村旅游是指在农业生产过程中，将乡村景观、农村劳动生活场景作为乡村旅游的主要吸引力，以乡村工业生产、工厂式工作生活场景为主要旅游景点的乡村旅游活动。乡村旅游与乡村工业旅游相结合，使其具有农业、工业和乡村旅游的特点。农业与乡村旅游业的有效融合，既符合旅游市场多样化，亦符合乡村旅游的内涵和发展空间，也拓宽了渠道建设的效益，使传统的农村农业和工业的未来发展有更多的可能性，传统产业焕发出新的活力。此外，还有一些是通过整合资源，以乡村旅游产业的形式来展开的，如农村文化节活动，以乡村林业资源为基础的乡村森林旅游。

（二）技术渗透融合模式

技术渗透融合模式是指在技术创新和管理创新的推动下，原本属于不同行业的价值链逐步渗透到另一个行业，两者相互作用，从而形成一个全新的产业链。在现代社会市场经济环境中，创新是保持竞争优势的根本路径。对于乡村旅游而言，虽然说乡村旅游产品并没有涉及现代化生产技术，但是作为现代市场经济的一部分，乡村旅游业必须遵循时代发展的潮流，不断地进行创新，才能够保持旺盛的生命力。

在日益激烈的市场竞争中，只有满足市场需求，使乡村旅游不断创新和发展，创造出新类型的乡村旅游产品，才能够立足于行业市场。新型旅游业态要求乡村旅游业积极整合其他行业的相关技术，如果一些行业具有突出的技术优势，也可引入乡村旅游产业中促进其发展。例如在发展过程中，旅游业积极与动漫产业、文化创意产业等产业相结合，形成了新型的旅游产品，产生了新的旅游形式。此外，信息化是旅游业最突出的特征之一。现代信息技术广泛应用于乡村旅游，如乡村旅游资源、基础设施建设、项目开发、市场开发、企业管理、咨询服务等领域，旅游信息化使乡村旅游发展战略、经营理念和产业结构变化更加适合现代企业发展的步伐，由此产生的产业体系创新，管理创新和产品、市场创新，使乡村旅游产业发展模式发生转变。乡村旅游产业的科技含量不断提高，为旅游业增添了新的内容，注入了新鲜活力和动力，加快了乡村旅游产业融合和结构优化的进程，提高了乡村旅游产业的整体素质，使其发展提高到了一个新的水平。总之，技术整合，提高乡村旅游的技术含量，使乡村旅游业充满了新的活力。

（三）市场共拓融合模式

在日益激烈的市场竞争背景下，旅游业发展迅速，具有相当规模的乡村旅游目的地、相关产业的经营者为保持和提高自身的核心竞争力，有针对性地在农村旅游市场寻找发展机遇，使市场成为相关产业进入乡村旅游的有效路径。例如历史悠久和具有深厚文化底蕴的古镇，将乡村民俗的发展和文化旅游相结合，不仅完全保留了古村镇的历史风貌，还传承了古村落的文化基因与历史文脉。此外，旅游业和房地产业相结合，如三亚房地产行业与旅游业密切合作，紧跟旅游业的前进步伐。三亚房地产行业迅速崛起，形成崭新的追赶甚至呈超越旅游业的形势。旅游房地产逐渐成为三亚旅游市场的独特行业。房地产行业和旅游业共拓市场、相互渗透和融合，为三亚带来了新的发展机遇和利润空间。

（四）功能附属融合模式

功能附属融合模式指的是每一个行业都具有多种社会功能，部分行业具有的社会功能在某种程度上是一致的，那么就可以将这一功能作为切入点来进行融合。

将功能作为切入点来进行产业融合有利于突出各个行业的社会功能，能够增加行业的功能效益。例如体育的主要社会功能之一就是帮助人们身体健康，放松心情，而旅游行业的主要功能之一也是为了消除人们的疲劳，使得人们放松心态，如此一来两者就有共通之处，可以将这一社会功能作为切入点进行产业融合，从而形成一种新的乡村旅游形式，发展乡村体育旅游等项目。这种旅游形式不仅加强了体育与乡村旅游在促进人们身心健康发展方面的作用，更拓宽了乡村旅游与体育产业的范畴。

上述模式是其他产业与乡村旅游产业融合的结果，但在实践中，乡村旅游的新业态发展，各种融合模式是互动的，甚至有时是多模式共同推动的结果，只是在某些方面占据主导地位的因素显示出更突出的作用。

五、我国乡村旅游产业融合步骤分析

（一）摸清市场

随着经济的发展，在新的乡村旅游产品必须满足市场需求和产业发展的条件下，新的市场需求形成了新的旅游业态。在相关产业与旅游产业的融合中，它们与经济活动的交叉、渗透和需求的互补性，能够降低交易成本，实现互惠互利，在竞争中实现双赢。因此，我国乡村旅游产业的融合不仅要满足市场在乡村旅游和乡村旅游产业发展中的需要，而且必须适应和满足融合产业的各方面的需要。

基于这个问题，企业探索乡村旅游产业融合应该遵循这样一个过程：首先，扩大旅游市场调查，摸清市场形势，掌握需求变化，分析和预测旅游市场的发展趋势。其次，分析市场进入行业的特点，了解行业的优势等，找出准确的两个行业的市场趋势是发展新型的以满足市场需求的农村旅游产品的关键，使产品更具活力。因此，充分摸清市场，是探索乡村旅游产业融合的关键步骤之一。

（二）找准“融点”

只有充分了解市场需求，准确判断乡村旅游产业发展导向，才能减少乡村旅游产业融合的盲目性。从这个推断可以知道，确定“融点”更重要。所谓“融点”是指因为经济、资源、技术、市场的原因，乡村旅游业与其直接、间接相关或非相关产业产生的相互关联点。而找准“融点”需要从乡村旅游业的产业入手并对相关产业展开分析。应侧重于分析乡村旅游业各个方面的组成要素、功能、资源配置、市场需求与发展和管理，以及与其相关产业的联系。例如，能否为乡村旅游资源提供良好的环境，为发展乡村旅游业和企业管理、产品开发提供技术支持、新的市场发展空间，突出和加强乡村旅游业的功能等。找到乡村旅游与相关产业的融点，就找到了乡村旅游产业整合的入口路径。

六、乡村旅游产业融合发展的途径

（一）优化丰富乡村旅游产业形态

当前国内经济发展的热点之一就是供给侧结构性改革。推动乡村旅游产业融合发展首先要做的就是丰富乡村旅游产业形态，否则乡村旅游产业融合只能是空谈。对此可以从以下三个方面进行把握：

第一，将旅游业之外的其他产业通过旅游资源的形式表现出来，从而达到丰富旅游资源外延、扩大旅游产品范畴的目的。例如传统的手工业生产工具与农业生产工具本不属于旅游业，但是可以将这些纳入旅游资源的范畴中，有针对性地开展手工生产体验与农耕体验的乡村旅游项目。

第二，利用现代化信息技术对传统的乡村文化进行创新融合，将不同的乡村文化融合在一起，通过现代化信息技术表现出来，形成新的乡村旅游形态，即演艺旅游。

第三，通过功能的融合丰富乡村旅游产品业态。不同的活动内容，其社会功能往往会有异曲同工之妙，旅游对于游客来说，放松、休闲、猎奇、社会交往等都是目的，同样也可以借助于其他活动来达成。因此，可以借助这种功能融合的路径进行新业态创造，如乡村旅游和游学、养老、康体、教育、医疗等进行结合。

（二）优化乡村旅游需求市场模式

传统的乡村旅游市场营销不外乎迎合游客的需求，进行简单的推销，但是这种营销方式明显的是纯粹站在乡村旅游的角度进行考虑的，并不适合产业融合模式下的乡村旅游，因此，对乡村旅游需求市场模式进行优化势在必行，这就要求乡村旅游地区在对旅游市场需求进行分析和整合时充分地将其他产业融入其中，创造出新的旅游产品。例如将乡村的房地产行业与旅游业结合在一起形成房产旅游，将乡村的手工业与旅游结合在一起形成会展旅游等。

（三）优化乡村旅游产业运营形式

从本质上说，任何对市场进行优化的行为其实解决的都是市场上供需之间的问题。对于乡村旅游产业融合模式的实现而言，优化乡村旅游产业运营模式是必要的，以往的乡村旅游模式是独立发展的，与其他产业的互动性并不是很高，这就制约了乡村旅游产业与其他产业的融合。在产业融合之后，乡村各大产业将会逐步形成一个整体，一个产业的发展将会带动乡村旅游以及其他产业的发展。具体而言，优化乡村旅游产业运营模式对于乡村旅游产业融合模式的实现所带来的好处主要集中在以下两个方面：

第一，不同运营主体之间的优化组合，从单纯的农户单打独斗的模式，发展为农户、公司、合作社、政府、中介组织等相互之间的组合，可以看作不同优势资源的组合。

第二，旅游信息化在乡村旅游发展建设过程中的作用不断强化，资源整合、信息共享、市场推广、现场促销、管理模式等都将发生很大的改变。

第三节 基于产业融合模式的乡村旅游发展思路

一、多元化的政府角色界定

（一）决策规划者

在乡村旅游发展过程中，政府应该扮演好“决策规划者”的角色。政府在主导旅游和旅游产业融合的规划发展方向方面，更多的是战略性质。政府应立足于在乡村旅游和谐可持续发展的宏观层面，用战略眼光来引导和规范本国、本地区的乡村旅游产业融合发展，保护乡村旅游资源，有效防止乡村旅游在产业融合发展过程中出现盲目行为和短视行为，要更加关注乡村旅游发展的和谐以及可持续发展，进而制定科学、长远的发展规划。

乡村旅游规划若从战略布局来看，第一，基于乡村旅游的和谐发展目标的制定，整合资源以实现该目标的整体部署过程。一个好的乡村旅游规划，必须考虑系统性、全局性、整体性，建立一个发展目标体系，分别从经济效益、社会效益、环境效益、文化效益等着眼，致力于综合整体优化，从动态发展的视角处理问题。乡村旅游系统的结构比较复杂，政府需要在观念上、概念上明确乡村旅游及融合如何界定，不能孤立地对待乡村旅游，要清晰地明确其地位、目标和作用等，这样对乡村旅游的发展才可以有宏观的把控。第二，政府应该凸显市场的主体地位，做好政府职能服务，把握市场需求趋势，做好乡村旅游产业融合发展规划，市场运作要放给市场主体，合力去促进乡村旅游产业融合的发展，政府可以合理运用宏观调控手段，尽量避免政府运营管理。第三，不管是战略规划还是具体的战术执行，作为政府，必须将乡村的和谐可持续发展作为出发点。

（二）市场开拓推动者

很多学者在界定乡村旅游的概念时明确指出，乡村旅游是产业融合的产物，最先表现为农业与旅游业的融合，如农家乐、渔家乐、农业观光园、民族村落等。

这个阶段，游客的出游动机相对简单，主要表现为对城市生活的逃避、为了孩子的乡村教育等。游客具备一定的消费能力，并且有消费的欲望。来自城市游客的消费，往往能够对农民的经济、文化生活产生一定的影响。

在发展的初级阶段，往往会存在很多问题：从国家管理层面来讲，相关法律法规制度建设有待完善、政府监管范围与力度不够、基础设施设备匹配不足、严重落后于消费者的需求、配套资金缺乏、融资困难等；从乡村旅游产品开发供给层面分析来看，不同地方的旅游项目建设缺乏创新，往往简单重复，旅游资源的开发比较低端、缺乏精品与特色，旅游开发盲目性较强；从乡村旅游管理运营方面来讲，这个阶段因为多以农户的自发成长为主，所以管理混乱、短期视点比较严重、几乎很少有长远规划，同时企业主体营销手段落后等，这一系列的问题可以总结为缺理念、缺资金、缺专业人才。仅仅依靠市场的力量无法有效解决诸如此类的问题，因此必须由政府行为进行解决。政府应扮演好“市场开拓推动者”的角色。政府在乡村旅游产业融合发展中要重点做好发展规划的编制、相关产业的引导、发展政策的制定、整体环境的优化、全域旅游氛围的营造、良好有序的秩序维护等工作。这些工作多为外部推进性工作，针对一个区域的发展，具有准公共产品的性质，若是全部放到市场，则很难做到资源配置健康发展。诸多工作中，重点把握“大力主推”，即“推动产业、推广经验、推向市场、推行标准”分别来看，首先，通过鼓励政策的引导，推动产业可以提高农民的积极性，大力发展乡村旅游产业融合；其次，通过培育典型、重点示范、以点带面、推广经验，对广大农民而言，既有发展的动力，亦有学习的榜样，提升了广泛参与乡村旅游发展的可行性；再次，市场观念的培育，让农民在经营中学会把目光放在需求分析上，而不再埋头按照自己习惯的方式发展，市场意识和服务意识的建设与普及进一步提升了乡村居民的市场适应能力和服务能力；最后，对于政府来讲，引导规范化建设，推行相关标准，进行规范化管理，如此发展，乡村旅游方能大有作为。

为了更加有效地推动乡村旅游产业融合的发展，政府应该发挥市场的主动性，与市场进行配合。依据客观分析，乡村旅游业若想长足发展以及进行良好的产业融合，要对其根本动力——市场需求有清晰明确的认知。在我国，政府在旅游业管理中一直发挥重要作用，政府的主导在一定程度上可以维持旅游业的稳定发展，但是从长期看，政府的主宰不利于旅游业的长久和谐可持续发展。政府在乡村旅游产业融合发展中，应该起到推动的配合的作用，应该与市场进行良性互动、相互配合。在乡村旅游产业融合发展中，政府与市场不可或缺。一方面，政府应该避免因层级间的障碍造成的上下级之间的沟通不畅，上级部门应及时传达解读相关政策，地方政府则应及时将本地乡村旅游产业融合的实际情况反映到政府中，并采取一些积极合理的措施。另一方面，市场的力量在乡村旅游产业融合发展中还需要大力发展，根据市场机制来推动资源匹配、优化产业结构、促进乡村旅游产业融合的发展。

（三）规范管理实施者

目前，我国针对乡村旅游而制定的相关政策和法律法规还远远不够，甚至在有些乡村旅游景区，经营管理方面存在无法可依、无策可循等混乱现象，对游客的乡村旅游体验影响很大，如“黑社”“黑导”“乱收费”。

应该做好乡村旅游产业融合的规范管理，出台相应的管理条例，对景区经营活动和服务人员进行规范有效的管理。同时加大执法力度，对景区中的“黑社”“黑导”等进行严格管制，树立良好的乡村旅游形象。政府在进行乡村旅游规范管理时，应当更加关注管理的目的与过程。

我国现有的乡村旅游管理中存在一种现象：政府部门往往忽略管理的目的与过程，而比较看重管理的结果，这就会出现乡村旅游发展中治标不治本的问题，从而忽视对于根源问题的治理。我国政府每年都会在全国各地的乡村旅游管理上投入大量的人、物、财，若是用投入产出比进行衡量的话，可以发现效果非常不理想。究其原因，有一些根源性的问题没有达成共识，在乡村旅游管理中还存在很多分歧，甚至很多地方的领导以及政策往往很短视，注重短期业绩，而忽略了乡村旅游的内涵及本质属性。就一些可以预见的问题而言，没有备选方案，没有提上日程，在方案设计上往往唯一提案，因此，在乡村旅游业发展的过程中，问题往往日益积累。目前在我国的一些乡村旅游景区就出现了很多有代表性的问题：当地政府为了政绩，不顾实际发展情况，一些项目盲目上马、过度开发等，破坏了旅游资源的可持续发展，甚至对一些乡村文明造成不可挽回的破坏性开发，抑制了乡村旅游业的和谐发展。

（四）政策支持者

在乡村旅游产业融合发展中，政府应该制定相关的法律政策，使乡村旅游开发建设、管理运营能够有法可依。只有制定了相关的法律法规，人们才会意识到乡村旅游市场的发展需要遵守规则、需要各方维护发展秩序。

与当年欧美发达国家的乡村旅游所经历过的一样，比如，在旅游景点，生态资源破坏严重，环境严重被污染，而当地政府往往只注重对于旅游地的经济发展，衡量指标也是硬性的经济指标，如年接待游客、年旅游收入等直观的经济数据，而忽略了环境的可持续发展问题。随着生态环境的破坏性开发，从整体层面上看，也就是今天我国大力倡导的全域旅游，受到极大的限制，在对很多旅游景点的可持续发展评价上，评级甚至已经列为极度不可持续发展，过早地进入了旅游目的地生命周期中的衰退期。有鉴于此，为了未来的发展，政府应着眼于未来的可持续发展，制定相关的法律法规政策，为乡村旅游发展保驾护航，同时强化法律法规政策的落地：在执行过程中，与地方旅游行政部门密切配合，进一步推动我国旅游业的可持续发展，实现全域旅游的美好愿景。

在乡村旅游的成长阶段，乡村旅游作为一种特殊的旅游形式已经被大众认可和接受，各类投资主体纷纷加入进来，因此乡村旅游的经营主体日益丰富，呈现多元化。随着交通条件、基础建设的日益改善，乡村旅游目的地的有效辐射范围逐渐扩大，从周边城区逐步外延，有的甚至打入国际市场，形成了一定的市场规模。乡村旅游带来的直接和间接收入不断增加，受益人口规模逐渐扩大。在该阶段，因为企业行为增多，带来经济收益增加的同时，对乡村的生态环境以及乡村文化遗产等也产生很多负面影响，而且在以游客为主体的城市文化面前，乡村文明受到很大冲击，原住民心里往往会对城市文明产生趋同感，长此以往，一部分农村传统文化可能会衰减甚至消失。

为推动乡村旅游发展，政府还应该为乡村旅游产业融合出台相应的扶持政策，如各种政策优惠、财政支持等，还要重视产业规模和产业结构的协调发展，提升效率和效益。在政府管理层面，要加强行业管理，制度化、规范化、常规化，形成健康有序的市场秩序。

二、产业政策整合，保障乡村旅游

（一）产业开放政策

引进和借鉴国内外管理方法与经验，提高服务能力和管理水平，改革管理体制和经营组织，可探索多种途径。引进专业管理公司，所有权与经营权分开，特许经营制度，政企分开，等等。

（二）产业优先政策

在区域整体发展背景下，选择优先发展区和重点旅游区进行优先开发，建立并完善旅游产业优先发展保障制度。基于可持续发展的战略目标，建立生态旅游示范区、旅游扶贫试验区和旅游度假区，享受同类开发区政策。

（三）财政倾斜政策

增加财政投入，主要用于旅游形象宣传、宏观管理、规划开发、奖励促进、加强旅游基础设施建设等。

（四）招商引资政策

制定旅游开发招商引资优惠政策，创造最佳的投资环境，鼓励企业、乡镇、个人参与投资，给予税收、土地等方面的优惠政策，对在乡村旅游品牌创建中获得不同级别的荣誉称号的进行奖励；对在组团、促销等方面做出突出贡献的旅行社和企业予以奖励。

（五）其他相关政策

制定优惠政策，积极引进不同层次的旅游专业管理人才；开展专业研究、信息咨询、人员培训等方面的交流合作，学习其他地区的先进技术和经验，为旅游业发展提供保障。

三、调整乡村旅游产品供给

（一）旅游体系内部融合：将乡村旅游融入城市休闲体系

长期以来，城市旅游与乡村旅游从概念界定、市场开发、产品挖掘等方面，一直是不关联的两个概念。如何把城市旅游资源和乡村旅游资源整合起来，形成区域旅游市场的连接，是当下发挥旅游业区域联动的一个重要问题，具有很强的现实意义。我国城乡经济二元化的突破也需要一个带动性强的切入点，而旅游产业的边界模糊性、旅游市场的一体性对于统筹城乡经济发展具有不可替代的重要作用。要消除这种城乡旅游开发的阻隔，必须努力构建连接城市与乡村的旅游产业链条。

（二）利用融合推动乡村全域旅游创意产品开发

要树立乡村全域旅游的开发理念，将整个乡村作为旅游吸引物，促进城市和乡村旅游发展的一体化，对资源和要素进行整合，努力挖掘资源的传播点，打造本地特色旅游产品。突出旅游产业的渗透性，不是简单地做加法，而是需要融合发展，社会资源和生产要素的优化配置紧密围绕旅游业展开，发展成为一个布局合理、形象突出、要素完备、魅力充足的旅游目的地。

（三）推进乡村旅游产品开发的集群化

在乡村，单个景区的吸引资源往往比较单一，吸引并留住游客的能力有限，要用产品组合的观念打造旅游产品的集体概念，突破靠单一景区来发展的既有模式，因此，可以通过合理设计，将一定区域内景区由点状分布形成网式结构，如成都市三圣乡的五朵金花，就是乡村旅游集群化发展的经典个案。通过这种设计，既可以提升旅游区域的产品开发、品牌传播，又可以提升游客的满意度。首先，应该充分体现政府的力量，加强基础建设，加强景区间的交通建设，提高各景区间的交通便利性，降低游客的时间成本和交通成本；其次，在各景区间，建立一个共同的管理平台，加强联系，同时不断创新各自特色，形成“一村一品”，降低旅游产品的同质化；再次，通过联合营销的方式推广一个主题，形成大乡村旅游的概念；最后，针对不同需求的群体，合理设计旅游路线，真正体现当地乡村旅游的特色，着力于延长游客的停留时间，进一步开发增加游客体验的空间与感觉。

依据乡村旅游涉及的不同环节，也可以从田园风光、民俗文化展示、乡村旅游服务企业以及乡村旅游支撑机构几个方面来界定乡村旅游产业集群。

四、管理模式创新，优化乡村旅游产业链

（一）组建成大的旅游企业集团，提高组织化程度

旅游服务涉及面广、产业链长，因此其分工不宜过细过窄，应适宜地培育多要素乃至全要素企业。为了保证乡村旅游的高层次发展，提高组织化程度非常关键。

（二）统筹安排，科学规划，实现优势互补

经营主要还是针对地方政府，尤其是政府主导型的乡村旅游开发，主要包括：制定规划，制定支持发展乡村旅游的地方政策，建立乡村旅游地方标准，多方筹措资金，不同乡村进行“一村一品”开发建设，公共基础设施的建设和维护，乡村旅游业从业人员和培训，乡村旅游产品的供给等，以及城乡之间的联动，都离不开政府的统筹安排、科学规划。

（三）建立利益连接机制，培养联动发展模式

乡村旅游产业化若想健康发展，关键和核心在于建立利益连接机制和联动发展模式。以旅游业为龙头的价值链的形成与完善，需要发挥乡村旅游的乘数效应，大力发挥旅游产业的拉动功能，促进关联产业的发展。联动发展模式的建立主要围绕不同的产业，形成广义上的产业价值链，如旅—农—工—贸，从而促进农村产业结构调整。围绕乡村旅游，就旅游构成要素而言可以包括以下行业与实体：吃、住、行、游、购、娱，可以分别延伸到美食、餐饮、宾馆、民宿、农业、产品深加工、运输、房地产、体育业、创意文化等。因此，围绕乡村旅游结合不同产业开展不同的活动，进而会带动生产要素市场，如信

息、资金、技术等的发展。长远来看，通过利益联动，对农业产业化的进程定能起到加速作用。

五、保障乡村旅游社区利益

（一）建立社区居民参与机制

1.建立农民旅游合作社

由合作社对其境内的资源进行统一管理，对其拥有的果树、农田进行统一规划、综合开发，农民以自家的土地、果树和现金等多种方式加入合作社，设置灵活的股权，在不改变原土地承包关系的前提下实现土地的集约利用。

2.全程参与景区规划与建设

客观上讲，旅游景区（点）真正的主人是社区居民，就旅游规划发展和如何实施旅游发展的决策他们应该有发言权。倘若旅游发展决策缺少社区居民参与，那么很难确保社区居民在旅游开发中受益。

3.对社区居民进行旅游教育与培训

随着农村青壮年劳动力的流动，社区居民中老人和妇女居多，旅游服务的意识比较淡薄，旅游知识与技能相对匮乏。若想让他们从旅游开发中受益，必须引导其参与到旅游开发中，因此，必须对他们进行培训，补充相关知识。

（二）建立规范的利益分配机制

建立利益分配机制：一是兼顾效率、公平。旅游开发商、地方政府、社区居民进行利益分配时，需要按照生产要素的贡献，如资本、土地、技术、资源、管理、劳动等，开发各方的应有收益应该能够保证。二是体现公正、人本。旅游开发所带来的社会成本应该在利益分配时被重视起来，资源耗减和环境损失应该充分考虑，并对之进行生态补偿。

1.明确旅游资源产权，并进行资产评估

旅游资源产权界定是合理分配旅游开发利益的先决条件，必须客观公正地进行。资本和各种旅游资源作为基本要素，建立有偿使用制度：根据规定的评估体系，为显示旅游资源资产价值，则必须由专业的评估机构进行综合评估。

2.形成补偿机制多元化

对资源与环境的影响是旅游开发不可避免的，作为此影响的直接承担者，社区居民有权利获得一定的补偿，作为资源开发者、经营者等直接受益者有义务对此给予补偿。

政府作为主管部门，应该完善征地补偿制度。被征地以后，农民失去了主要的收入来源。因此，在旅游开发后，确保农村居民的基本生活水平是政府部门应该重点考虑的。

环保部门应该对旅游开发进行全方位的监管，建立环境资源补偿机制。旅游承载力是一个旅游地可持续发展的重要考核指标，一旦旅游规模超过其承载力，对旅游资源造成的破坏可能不可挽回，所以对环境资源进行补偿非常必要。

（三）鼓励居民积极参与，转变为旅游从业者

1.社区居民直接参与

针对景区建设和管理，鼓励社区居民全面参与。旅游区的部分建设项目，可以优先承包给社区居民；旅游区建成后的卫生清洁、绿化、民俗表演可以雇用当地社区居民，为旅游区提供物质，如新鲜蔬菜、肉食、水果等，开展旅游餐饮住宿接待。对社区居民个人可以以相对优惠的价格招租，这样可以帮助社区居民从事经营活动，参与到旅游开发中。

2.社区居民个人入股

为了增加旅游开发过程中社区居民的合理收益，以及强化旅游与社区居民战略同盟关系，社区居民可以以多种形式入股参与旅游开发，获得股份收益。

3.建立集体性质的旅游公司

建立集体性质的旅游公司，社区居民入股，从事旅游产业相关的行业，如交通运输、餐饮、接待、商品销售等，也可承担景区的经营项目，实现规模经营、集约经营，发挥集体的力量。立足于产业结构现状与经济发展水平，以旅游产业为核心，积极发展配套产业，以旅带农、以农促旅，优化社区的产业结构，带动社区产业结构升级。

首先，发展旅游产业的后向关联产业，优先发展高产高效农业，促进农业生产生态化、生态环境景观化，提高经济作物比重，实现农业内部结构优化。

其次，以农产品深加工产业为龙头，发展旅游商品加工业。对本地著名的、具有独特风味的土特产品进行加工、包装，以及标准化生产，便于游客购买和携带。

最后，充分发挥旅游区的依托地功能，积极拓展旅游前向关联产业，特别是与景区相配套的服务业，包括餐饮、住宿、导游服务以及交通运输等产业。

（四）健全旅游保障机制

1.理顺管理体制

转变政府职能，地方政府要发挥其管理监督职能以及协调、服务职能，建立社区管理机构。

2.社区参与意识的着力培养

政府主管部门和社区通过专题宣传和教育培训，帮助社区居民提高对旅游发展的认识。从思想上接受相关理念，若想实现旅游可持续发展，那么社区参与旅游开发是必不可少的。因此，要引导、尊重、保证社区居民的参与行为。

3.制定相关政策

地方政府要制定相关政策，并从财政上（如帮忙筹措经营资金、提供低息贷款）予以扶持，保证社区居民从旅游开发中获益。

第五章　乡村旅游规划的设计方法

第一节　乡村旅游规划的创意与格局

一、乡村旅游规划的创意

（一）突出“农”字

乡村旅游规划的精髓在于“乡村性”的营造与展示，它以设计具有地域特色的乡村旅游产品为核心，并用各组成要素给予烘托、强化，以形成鲜明的主题。

1.体现农耕文化

传统的农耕文化是以田园环境与乡村生活氛围展现出来的。

田畦、农舍、篱笆墙、豆秧、明月的清辉、星光等构成的“天人合一”的环境，“日出而作，日落而息”的宁静舒缓的生活节奏，插秧、拾穗、割稻灌园的农耕场面，以及牧童短笛、鸡犬相闻的生活景象，是乡村旅游规划中应体现的农耕文化精髓。

2.展示农业科技成果

农业科技成果包括先进的生产技术和各种各样新型的农作物。此外，人们还可以参观有机菜园、果园以及种苗培养基地，通过展示种苗的品种选育、培养过程、生产过程进一步加深对现代农业科技的感受，认识到现代农业生产与以往的不同之处。

3.强化乡村氛围

（1）种“色彩田”。色彩田种植就是指在种植农作物时以颜色为主要考量要素的一种种植方式。一些美学素养较高或色彩感较强烈的种植者会选择这种种植方式。例如，在春天种植代表万物复苏的绿色的麦苗，在秋天种植代表硕果累累的金色的向日葵，等等。

农作物有着大自然赋予的自然色，将这些农作物按照颜色进行种植就好像在农田中完成一幅美丽的画卷，可以为游客展示色彩斑斓的田园风光。在国外，这种充满艺术性的农田“画作”受到广大游客的喜爱，其中最著名的作品是凡·高的名画《向日葵》创作的“庄稼画”——向日葵。

（2）吃“农家饭”。除提供地方饮食外，花卉农园可推出各类花卉食品，如葵花冰激凌，以及各种口味的花茶饮品。再如，以香草为主题的餐厅推出了用香草调味品制作的薰衣草鸡丁饭、香茅烤鲈鱼和香草冰激凌、香草沙拉、薰衣草饼干及香草茶等主副食品。果园更是开展品尝活动的主要场所，如葡萄公园常开展葡萄酒、葡萄果汁、葡萄冰激凌的品尝活动。

（3）游大农园。游大农园是乡村旅游中最具有农家色彩的一项活动，游客们不仅可以尽情地观赏各种果园、菜园、养殖园，还能亲自参与采摘活动以体验采摘的乐趣。另外，农园还可开放各种体验项目基地，让游客在劳动的同时也能体验到其他乐趣。例如：在园艺作坊中，游客可以学习园艺劳作、插花；在手工艺作坊中，游客可以制作陶艺等手工艺品；在建造农活体验园中，游客可以进行各种劳作体验，如捉泥鳅、挤牛奶、挖地瓜等。

（二）营造生态环境

1.仿生态

仿生态即学习、模仿乡村自然环境、自然物。例如，相关人员可以将乡村停车场设计成“麦秸垛”，使停车场呈现“麦场文化”；也可将其设计成拱顶绿坡，使乡野大地呈现起伏之美；还可使其可荫蔽于豆棚瓜架之下。

在乡村自然景区中，人们常用中国传统的造园方法，体现人与自然的和谐。而在休闲农场或主题农园中，人们则模仿乡村自然物，突出主题。例如，在台湾的头城农场，规划师运用不同的空间设计手法，创造出石岸、浅池、半岛、小岛、斜坡等不同游憩空间，将原本是一个L型的用水泥打造的养鱼池构造成变形虫造型的多功能水池；石门梨园客栈，原为一方形高台，规划师运用仿生概念，将其设计成了蜂巢型眺望平台；在“张妈妈”有机竹笋园中，规划师以包被的笋片造型为椅背，设计出了高低不同、六座一组的竹笋造型座椅；在崩山湖阳桃休闲园区中，规划师以多个阳桃的造型形成高柱，并模仿其由绿渐转黄的层次变化，设计出阳桃状入口处标示牌。

2.创生态

创生态即创造生态，往往利用植物和高科技创造出乡村的生态环境，如深圳光明农场生态旅馆的设计和北京平谷太阳能新居。

光明农场生态旅馆设计是为了达到健康舒适、环保的目标，运用生态学理论对生态旅馆整体环境进行森林保健旅游区的人工模拟。规划师将树木、花草、山石、水景等自然要素引入生态旅馆的内外空间中，将其布置在建筑物周围大厅、阳台走廊等各个地方。高大葱郁、郁闭度高的湿地松，含有大量对人体有益的挥发物；木兰、华南忍冬、桃金娘、美人蕉等许多植物分泌出酒精、有机酸和烯类等挥发性物质，可杀死细菌、真菌；紫薇挥发出的芳香类物质能有效地杀死白喉杆菌和痢疾杆菌；夜丁香、九里香的香味可以驱蚊；海桐树可以吸收空气中的氟化物；石榴花能降低空气中的含铅量；柳树、夹竹桃、女贞可以吸收二氧化硫；菊花可以治感冒；花木的香气也可以缓解高血压、动脉硬化、气喘和神经衰弱等病症。规划人员通过选择这些具有不同生态功能的植物，以形成立体绿化和设置水体等生态手段，建成具有岭南特色，适合人居环境，兼具景观效果和生态效果的森林生态型庭院。

平谷是全国著名的“大桃之乡”和果品生产大区，有“京东绿谷，世外桃源”的美誉，同时平谷还是北京市新农村建设的重点城区，一些较先进的新能源技术从这里开始推广，其中太阳能新居项目就是重要规划项目之一。在太阳能新居规划的过程中，平谷首先确立了四个试点村，分别是将军关、玻璃台、挂甲峪和南宅。平谷将这四个试点村的近340户住宅全部改用太阳能供热系统，并在基础设施的配置上尽量满足功能齐全的现代化生活要求，打造出了一个以旅游接待为主的服务型农村。

北京平谷的40多栋新民居造型具有浓郁的民族风格，坡屋顶上太阳能集热器与屋顶完美结合，不仅在视觉上美观大方，在实用性方面更加节能省电。那里的村民一般将热水系统中的太阳能主板放置在屋顶上方，用来接收太阳能，将不锈钢水罐放置地下，用来储存热水，其余各连接管路遍布屋内墙体各处，形成了一个闭合的环路。这样，无论是白天还是晚上，村民都有充足的热水。除此之外，这套热水系统还考虑到北京的冬季和阴雨天等情况，提供了电辅助和薪柴保障两套供能系统，利用村民炒菜和做饭时发出的能量为太阳能系统供能，以保障热水的供应。

3.形成生态链

我国许多地方都开发了基于生态链的休闲农业，如被联合国环境署命名为“全球生态500佳”的北京蟹岛度假村、辽宁盘锦西安生态养殖场、北京大兴区留民营生态农场等。其中，北京蟹岛度假村是最典型的、农业与旅游结合最紧密的农业园。

北京蟹岛度假村占地220公顷，集种植、养殖、旅游、度假、休闲、生态农业观光于一体，其规划与经营的核心理念是销售绿色，发展旅游业的指导思想是循环经济观，利用地热、太阳能和沼气，使物质能量大循环，基本实现了污染物零排放，具体如下。

（1）水循环利用。北京蟹岛度假村的地下温泉出水温度为65℃，先为冬季采暖所用，降温后再供应客房；当水温降到20℃时，就引入鱼塘、蟹池，最后灌溉蔬菜瓜果以及稻田，直至进入水处理系统。度假村还建设了一个日处理量2000立方米的污水处理厂，对园区内生活污水进行无害化处理并实现了资源化循环利用。处理后的水质大部分指标能达到一级标准。经过污水处理厂处理后的中水被排放到约11.33公顷的氧化塘中，利用水生植物和微生物的作用，进一步进行生物净化；从氧化塘出来的水经灌溉明渠被引入长80米、宽50米的沙床再次进行过滤；过滤后的水被引到农业区，用于灌溉农田菜地、养殖鱼塘和饲养家畜家禽。度假村还在有限的土地上开辟了一片湿地，起到丰富生态多样性的作用。

（2）物质利用的再循环。度假村用杂粮酿酒，酒糟用来饲养猪、牛、羊等家畜；再将人和畜类粪便与化粪池连接起来，经过高温发酵、杀菌产生沼气，供做饭、炒菜和照明；最后沼气废液和残渣引入农田作基肥。

（3）种养的循环圈。度假村在每亩稻田中投放了600只螃蟹来驱除害虫、清除杂草、疏松土壤，代替人工作业，而稻田又为螃蟹提供了良好的生存环境；收割完水稻后，将稻草制成蔬菜大棚保温防冻的草帘，将稻谷加工成优质生态大米，将稻壳、稻糠酿制成醇酒；用酒糟喂猪，猪肉供游客食用，再将猪粪运到沼气池，采气后成为无毒无菌的有机肥。

度假村按照“以（农业）园养（旅游）店、以（旅游）店促（农业）园”的经营思想，在布局上采取“前店后园”的方式，“园”有种植园区、养殖园区、科技园区之分；“店”有综合性大型康乐宫、特色农家小院客房和仿古农庄等之分。在娱乐活动方面，度假村有“宠物乐园”、海景水上乐园、农家民俗表演、农业观光等各项活动，游客在这里也可以吃“蟹岛菜园”菜、住老北京风情的“蟹岛农庄”。度假村还设有采摘、垂钓、捕蟹，温泉浴，温泉冲浪，各种球类娱乐项目，游客可以逛动物园，坐牛拉车、马拉车、狗拉车，骑骆驼等节目，还可以购买自己采摘与垂钓的农产品等。

（三）体现乡土文化

乡村文化具有种类繁多、内涵丰富、地域性强等特点。同一类乡村旅游地在不同的地区，其文化形式表现迥异。

我国重庆四面环山，乡村民俗旅游开发以西南民族民俗旅游活动为主要内容，从他们的婚丧节庆、农耕、劳动、情爱、生产、山歌、民谣、故事、戏曲、游戏等挖掘、提炼、展示文化精髓，基本上是从春季的“踏青节”（以踏青、赏花、观瀑、荡舟、野炊为主要内容，民俗活动有情歌对唱、栽秧歌表演等传统娱乐，祈婚求子祭拜仪式等）、夏季的“欢乐节”（以游泳、戏水、瀑降、溪降、龙舟、洗礼为主要内容，民俗活动有薅草锣鼓、唱诙谐歌竞赛等）、秋季的“丰收节”（以登高、赏月、赏桂、采果、尝新、赏秋为主要内容，民俗活动有唱打谷歌、丰收歌，祭庙还愿）、冬季的“闹春节”（民俗活动有贴春联、挂灯笼、杀年猪、赶场、守岁、压岁、拜年、祭祖、闹元宵、耍龙灯、玩狮子、猜灯谜、祭灶、祈福、敬财神等）来打造四季乡村民俗旅游产品的。

二、乡村旅游规划的格局

（一）总体布局

乡村旅游的总体布局，是指在一定的区域范围内，从强化乡村旅游主题出发，对已确定的项目进行合理安排，最终形成科学合理的空间结构，促使乡村旅游活动在空间上循序扩展和乡村旅游经济、社会、环境、文化相协调。

乡村旅游规划中的总体布局分三个层次：宏观布局、中观布局和微观布局。宏观布局是指乡村旅游发展在空间上的总体轮廓和部署，它取决于关键性外部条件、资源、市场、特殊优势等。中观布局主要确定各乡村旅游区在地域空间内部的配置与部署关系，通过集聚与均布、联结与疏离、优先与兼顾等关系的战略抉择，形成内部结构布局。微观布局是指在具体分析各点的潜力和制约因素的基础上，研究点与点、点与中观或整体的相关性，通过比较与调整，使全区各点形成性质分类、功能分区、成组布局、整体最优的多维网络结构。

1.宏观布局案例分析

（1）江苏省乡村旅游总体布局。江苏省有三大类旅游主体，一类是以国际游客以及在长三角地区工作的外籍人士、高级商务人员和白领等为主客源群体，另一类是以长三角地区城市居民等为主的客源群体，还有一类是以学生和青少年等为主的客源群体。面对这三大旅游主体，江苏省应重点打好“生态牌”“乡土牌”“农教牌”。沿江农业旅游的区域布局为以长江为主线，建设沿江“一圈两区”农业旅游带。

“一圈”，即南京都市农业旅游圈。它以南京为中心，包括南京郊县句容、仪征等周边市县，依托富有特色的乡土农业资源，结合当地充满乡土气息的民俗文化节日，对周边农村产品和文化进行推销和推广，开发各种民俗产品，吸引市民回归自然；开展沙洲农家乐、森林度假避暑疗养等活动，形成“春观梅花、夏摘葡萄、秋品螃蟹、冬尝芦蒿”的旅游品牌。

“两区”，即镇扬泰农业旅游区和江海农业旅游区。前者以长江大桥为纽带，跨长江两岸，涵盖镇江、扬州、泰州三市，地理位置十分有利，开发并开放了各种观光旅游区，如果园、菜园、茶园、渔区等，并在旅游区内提供多种休闲活动服务，让游客能够种植采摘、品尝购物，还可进行一定的科普教育。镇扬泰农业旅游区在长江南岸重点发展以南山、宝华山、高资美人谷为主的森林生态旅游和以世业洲、江心洲、新民洲、雷公岛为主的长江风情游；在长江北岸，加快开发三江营中华水景园、生态农业园、泰高线现代农业示范带、引江河观光农业带、高港花卉园艺中心等一批重点项目，形成集古代文化、自然生态和农艺休闲于一体的休闲农业观光产业带。江海农业旅游区涵盖太仓、常熟、张家港、启东、海门、通州、如皋、江阴、武进等市县。在开发上，江海农业旅游区充分发挥毗邻上海、旅游景区集中、农村城镇化水平较高等优势，利用充分的旅游资源，认真规划，努力建造一批富有鲜明特色、品位高端、科技含量高的乡村旅游观光景点，沿长江水域规划开发以岛屿沙洲度假、森林生态观光休闲、江海渔村民俗游等为主题的休闲度假活动，建成海内外游客及上海、苏州等地市民的休闲度假基地。

（2）湖南省乡村旅游总体布局。湖南省依据本省乡村旅游资源的属性、市场发育程度、交通条件和依托城市分布状况，将本省乡村旅游总体布局分为四大片区：湘西民族文化区，湘北农、渔业区，湘东城市群区，湘南山地区。

①湘西民族文化区。湘西是指湖南的张家界、湘西自治州和怀化地区，湖南省主要的少数民族，即苗族、土家族和侗族在这里繁衍生息，而且有驰名全国的奇山异水。湘西地区乡村旅游发展以国内游客为主，积极发展国际游客，主要包括两部分游客：一部分是参观武陵源的游客，顺便领略湘西的村落文化景观；另一部分是对湘西的少数民族村落文化景观感兴趣的游客。在产品类型上，湘西民族文化区以乡村意象为最高层次，可以开发湘西的独特饮食，如米豆腐；也可以开发湘西少数民族的工艺品，展示制作过程，并可以请游客参与制作；还可以展示少数民族礼仪习俗，或放歌，或跳舞，让游人领略丰富多彩的民族文化。

②湘北农、渔业区。湘北是指湖南的常德、益阳和岳阳地区，这一地区地形以平原为主，是湖南省重要的农业耕作区，同时这一地区靠近洞庭湖，河流众多、湖泊密布，也是重要的渔业养殖区。它靠近湘东城市群，交通也比较便利，是开展农业旅游的主要场所。在益阳，农业旅游项目蓬勃发展，桃江县、沅江市的“农家乐”成为旅游热点项目，相继开发了“竹乡农家乐”“湖乡农家乐”“花乡农家乐”“渔乡农家乐”等一系列“农家乐”旅游产品。在桃江竹乡农家，游客吃的是竹宴，用的是竹家具，观的是竹海，享受着江南竹乡原汁原味的农家风味。在沅江湖乡农家，游客赏的是湖景，吃的是鱼宴，玩的是荡舟撒网垂钓，住的是湖边小楼，游人可尽享江南水乡农家风味。

③湘东城市群区。湘东是指湖南的长沙、湘潭、株洲和衡阳地区，由于该区是湖南省重要的工业基地和商贸中心，人口稠密、城市密布，为本区的乡村旅游提供了大量的客源

市场。该地区适合采取城市依托型乡村旅游模式，“农家乐”的产品形式比较受欢迎。“农家乐”旅游项目分布在开福区、浏阳市、宁乡市、长沙县等地。

④湘南山地区。湘南山地区是指邵阳、永州、郴州及娄底地区，该区在地形上属于南岭山地，拥有较丰富的乡村旅游资源，如郴州五盖山狩猎场、东江湖风景区等。但该地区由于资源分散、交通可进入性差和本地客源不足，在旅游产品规划开发和客源市场发育上都较为落后。当前乡村旅游应该吸收科技农业示范区这种旅游产品，使乡村旅游不仅是令人追忆逝去岁月的方式，也是向广大城乡人民群众介绍新兴农业生产方式和推广农业新成果的舞台。

2.中观布局案例分析

以山东省滨州市乡村旅游布局为例。

滨州市一直是山东省的粮棉大市，全市已形成粮油、棉花、畜牧、林果（如冬枣、金丝小枣、鸭梨、苹果、蜜桃、水杏、桑等）、水产、蔬菜、食用菌、桑蚕八大主导产业。滨州市传统文化形式丰富多彩，民俗民风风格独特。博兴县为山东著名地方剧种吕剧的发祥地，惠民县的胡集灯节书会和滨州剪纸艺术闻名全国。另外，惠民县的大鼓子秧歌、东路梆子、河南张泥塑，无棣县的四季拳、渔鼓戏，邹平县的邹平芯子、杨堤焰火、黄山药会等，亦都是远近闻名的文化艺术形式。以上均对各方游客有一定的吸引力，发展观光农业旅游的前景非常广阔。

滨州市依据本市内不同区域的资源优势和产业特色，围绕发展观光旅游农业，按照点、线、园、区相结合，功能配套齐全的基本思路，发展观光旅游农业。以一个中心，总揽一山一水一河一滩三长廊，带动总体发展，构筑起全市观光旅游农业布局框架。

一个中心，就是指强化滨州农业大市这个中心的整体功能，发挥其辐射带动作用。市区内突出了碧水、绿地、蓝天的城市特色，在绿化、美化、净化上下功夫；在城郊接合部开挖环城人工河，在人工河两岸植树种草，形成环城绿化风光带；发挥近郊农业的优势，加大科技投入，把近郊农业逐渐发展成为集休闲、观光、体验、娱乐于一体的城市农业。

一山，即邹平鹤伴山国家级森林公园。滨州市以山为媒，以鹤伴山公园景区、景点建设为基础，带动这一区域观光旅游农业的发展。

一水，即博兴麻大湖。滨州市以湖兴业，以开发自然风光为主题，辅以古朴豪放的人文景观，重点突出湖心公园、董永公园和观赏民间风土人情三项内容，带动县域观光旅游农业的发展。

一河，即黄河。滨州市以河兴滨，在黄河两岸及引黄灌渠植树种草，逐步形成可供观赏的绿色风景带及生态长廊；在引黄灌区利用水利条件较好的优势开发建设可供观赏的优质、高产、高效农业区，高科技示范园，以及蔬菜园、林果园和水产养殖场，把引黄灌区建成特色农业基地。

一滩，即滨州沿海滩涂。滨州市以滩引游，以沾化温泉度假村为核心，开发建设现代休闲娱乐区，以无棣沿海滩涂及岛屿为基础开发建设海洋生态农业、观光旅游基地。

三长廊，即205国道、220国道和庆淄路。205国道、220国道和庆淄路是滨州市国民经济的主动脉，是连接市区内外的纽带，也是观光旅游农业的主干线。滨州市通过大力发展特色农业及高产高效等观光农业，把主干线建设成为特色农业通道、绿色农业通道和生态观光农业长廊。

3.微观布局案例分析

（1）深圳光明农场农科大观园。深圳光明农场农科大观园位于深圳市西北部，总面积55.8平方千米，拥有31平方千米的森林，上万亩果园和大面积的牧草、蔬菜园地，距离广深高速公路3千米，到福永码头12千米。园内有现代化奶牛示范场占地27000平方米，游客可在园内参观了解现代化奶牛生产的全过程，建有生态酒店、滑草场及滑车场、钓鱼场等各种休闲度假设施。

园内活动内容的规划突出“人无我有，人有我特，人特我精”的原则，主要体现“示范推广、市场供应、科普教育、生态休闲”四大功能，形成了观、玩、吃、购、住的一条龙服务体系。为此，园区主要规划了农耕文化园、精制农业园、无公害蔬菜园、有机蔬菜实验园、水栽培种植园、现代化温室蔬果生产园、农产品开发克隆中心、昆虫世界馆、特种珍禽养殖场、蚕桑基地、宝岛精品果园、万果采摘园、名优水果展览园、华南珍稀植物园、亚热带市花市树园、樱桃观光园、绿海甜园水果廊、市民农庄等。

为合理布局上述项目，该园区分为七个功能区：动物养殖区、果树种植观赏区、居住休闲区、花卉桑蚕区、高科技农业展示区、户外运动区和购物区；构建了四个旅游区：种植区，包括太空茄子种植区、各种瓜果区等以观光为主的景区；养殖区，包括大宝鸽场、园区内的鱼塘、花果场、高科技胚胎工程展示区、各城市的市花、奇异的珍稀动物展示厅；博物馆农具展示区，主要展示不同时期的农具、农产品、耕作模式；度假区，以生态酒店为主，还包括附近的被保护植物区及休闲娱乐设施。

通过规划建设，数万亩人工草地让游人有身临绿海的感觉；分布在数十个饲养点的上万头奶牛，全封闭的厂房、全自动的生产线，让游人大开眼界；万亩荔枝园，春天让游人沐浴花香，夏天让游人品尝鲜果。

（2）世界名梨大观园、葡萄大观园。世界名梨大观园和葡萄大观园是北京果品业发展的重点农业观光项目，在观光果园的规划整体中，秉承经济性、文化性、参与性以及生态化的规划原则，对园区进行功能定位。首先，世界名梨大观园和葡萄大观园分别以

“梨”和“葡萄”为传统文化线索，具有京味文化内涵；其次，世界名梨大观园和葡萄大观园将中国古典园林的造园手法与现代设计手法相结合，创造出兼具视觉性和功能性的园林景观，成为带动郊区农业产业结构调整，开展产业化经营的示范园区；最后，世界名梨大观园和葡萄大观园在科研技术方面非常重视高新技术、新优品种的研发、示范和推广，因此，也承担着科技示范推广的功能。综上所述，世界名梨大观园和葡萄大观园既是集观光、休闲、科普、教育于一身的旅游农业基地，又是果品贮藏、销售、信息服务的中心。

世界名梨大观园主要以园内现有的苗圃办公楼地区和5个种植区为基础，全园规划布局可以被归纳为“一轴九区”的结构。“一轴”：沿东西向长800米的贯穿几个种植区的一条景观大道。“九区”：综合服务区、梨文化展示区、沙梨品种展示区、西洋梨品种展示区、白梨品种展示区、新品种引种试验示范区、秋子梨品种展示区、休闲游憩区和果品储藏区。其中，梨文化展示区是洋、沙、秋、白梨四大系统品种以及种间杂交梨系统和野生种介绍的展示区域。每个分区用各种果树做分隔，栽植大量奇特、名贵珍稀的树种，突出景观效果，并设计有梨祖台广场、梨果作坊。沙梨品种展示区主要以展示棚架和平面网架栽培、重力滴灌和渗灌的栽培方式为主，收集展示沙梨系统品种，介绍沙梨的特征、品种、起源、分布、生长、食用方式、营养成分、医疗价值等科学文化知识。

葡萄大观园是展示葡萄品种、葡萄栽植、葡萄文化为主体的园林式旅游观光园。全园共分入口区、服务接待区、科普展示区、特色品种展示区、精品展示区、种植体验区、休闲娱乐区、种植采摘区和引种区。其中，入口区的青藤居是出售一些与葡萄有关的字画及其他旅游产品的场所。服务接待区的葛荫居以展示盆栽葡萄为主，而秋爽斋则是一年一度的中秋葡萄节的场所。科普展示区主要为儿童及青少年服务，具有科普教育、电话宣教、住宿等功能。特色品种展示区是葡萄架式的大观园，园内的丽晶苑是露天茶座休息地及葡萄品尝地。精品展示区，又名“琳琅珠玉苑”，就是将自然状态下的花岗岩石精心雕刻成葡萄的样子，寓意将葡萄的玲珑剔透完美地呈现出来。种植体验区，顾名思义就是专门种植果品的地方，并且此处并不只种植了葡萄这种水果，其他水果和蔬菜也都有种植，游客在这个地方不仅可以亲身体验到种植采摘水果和蔬菜的乐趣，还能拥有更多农耕生活的经验。休闲娱乐区包含多处景点，有葡萄酒坊、锦鲤池、迷宫、漪翠亭等，游客在这里不仅可以体验现场制作葡萄酒与葡萄汁的工艺流程，还能享受京味文化的特有氛围，感受不一样的葡萄乐园。种植采摘区是果园的基本用地，人们可以通过观察葡萄颗粒的色泽和成熟状况对葡萄进行不同品质的划分。引种区是对优良品种进行引进和驯化的区域，一般优良的葡萄品种通过引进、选育和繁殖环节后得以生产推广。

（二）环城游憩带

1.贵阳市环城游憩带

按照《贵州全省乡村旅游总体规划》的战略部署，根据贵阳市乡村旅游资源的地域组合情况、类型以及开发利用的方向，并结合贵阳市的交通状况，以贵阳市为中心的乡村旅游区的旅游资源在空间上呈现4个组团分布的态势，各个组团以贵阳市为中心较均衡分布，形成“O”字形的环城乡村休闲游憩带。这4个组团的具体情况如下。

（1）东部组团。

①范围。东部组团包括乌当区、开阳县。本区以香纸沟为依托，利用其造纸文化、农耕文化和民间工艺美术（如簸箕画、木贴画等）等资源，开发民族村寨旅游产品；以东风镇和阿栗村为主要区域，利用其花卉业和成熟果园，发展高科技农业观光旅游。

②旅游资源特点。香纸沟为省级风景名胜区，距离贵阳市区仅42千米，是一个由竹林、溶洞、奇峰、异石、溪流瀑布、田园风光、民族风情、画乡、传统竹纸作坊等组成的“桃花源”似的乡村旅游地，又似一幅水墨山水画般美不胜收。在那里，游客可以感受到香纸沟美丽的风景，良好的生态，宁静清秀的环境，清新的空气，清澈的溪水，青翠的群山，淳朴浓厚的生活风味，浓荫掩映的农舍，独特的民族风情以及保存久远的生活方式；欣赏到目前国内最大的、最集中的古法蔡伦造纸作坊系统，往复滚动的水车和悬空而架的水渠。

东风镇是国家级高新技术产业开发区所在地，是全国乡镇企业科技示范区，拥有约13.33公顷的花卉种植基地、20公顷的荷花池以及约33.33公顷的优质棉地，是全省比较成熟的花卉基地；阿栗村空气清新，田园风光优美，森林覆盖率高，拥有约233.33公顷科技杨梅地、约66.67公顷野生杨梅地以及大粒枇杷等水果基地，果园基地建设成熟，为开展高科技农业观光旅游提供了条件。

清龙河流域是贵阳市历史文化和生态文化的瑰宝，这里诞生过贵州四大土司之一的贵州宣慰司。那段可歌可泣的历史，留下了许多传说和遗迹，如宋万化墓、土司衙门遗址等。清龙河流域目前仍保留着完整的马头寨、凤凰寨等古寨。这些古寨虽历经沧桑，却宛如一颗颗璀璨的明珠镶嵌在水光山色之中。同时，该地还是布依族和苗族自治乡，民族民居建筑高低错落，竹篱瓦舍被掩映在青溪密林中，民风民俗多姿多彩。

清龙河流域也以美学价值极高的自然风光著称，不仅毗邻集石山、峡谷、峭壁、溶洞、瀑布、跌水、钙华、天生桥及喀斯特森林于一峡的佳境，而且南江、香火岩等省级风景名胜区汇奇、险、雄、秀、幽、野等特点于一体，境内清流蜿蜒，古树成林，翠竹青青，自然风光十分秀美。

清龙河流域又是贵阳市著名的生态农业区，这里有古朴的民居建筑、淳厚的民俗民风、良田千亩，使中国传统的“天人合一”思想得到了充分展现，已经形成了以喀斯特生态聚落文化为依托，以田园风光和农民生活方式为特色，集农业观光旅游、生态旅游、民俗旅游、休闲度假于一体的乡村旅游区。

③开发定位。东部组团的定位是全贵州省乃至全国的高科技农业旅游观光基地，贵阳市东北黄金旅游线（乌当森林温泉—贵开公路沿线众多的乡村旅游点—开阳喀斯特生态博物馆等）的一个重要景区，贵阳市乡村旅游中的一个精品，市域范围内的休闲度假及文化体验旅游地。例如，香纸沟以如诗如画的乡村风景见长，游客既可以在村寨中感受乡村生活和传统造纸法，又可以游览周边景致，是一个综合性的乡村旅游地。

④产品开发的重点。利用现有成熟的花卉以及果园基地建设，把东风镇和阿栗村打造为国家级的高科技农业基地；开发香纸沟为古老蔡伦造纸历史文化生态博物馆以及环城民族文化体验地；形成新添寨—香纸沟—开阳不同层次的乡村温泉度假带。

⑤产品设计思路。在东风镇开展园艺活动和花卉基地建设，培植优雅的高科技园艺花卉观光环境；在阿栗村开展高科技果园观光活动，以休闲度假为主题的乡村旅游活动；结合香纸沟优美的自然环境及其保存完好的古造纸法，开展以民族文化体验为主的乡村旅游活动；以贵阳近郊为基地向外延伸，主要打造开阳县禾丰乡的水东文化体验和富硒食品，从而带动其他乡村旅游活动的开展；以乌当—开阳一线的温泉资源为依托，打造乡村温泉度假带。在清龙河流域乡村旅游区开展“清龙河漂游”“马头寨、凤凰寨寻古探幽”“六月六布依歌会”等旅游项目，使该景区成为民族文化与生态文化有机结合的乡村旅游胜地。

（2）西部组团。

①范围。西部组团主要包括以贵阳市红枫湖和百花湖为依托的周边村寨和村寨群落。从清镇到平坝营造高原湖泊休闲区，以红枫湖和百花湖为主要依托，带动周围村寨乡村旅游活动的开展。

②资源特点。红枫湖为国家级风景名胜区，百花湖为省级风景名胜区，湖光山色美丽，周边村寨有一定的区位优势和环境优势。

③开发定位。西部组团以市域休闲、度假为重点。

④旅游的开展。西部组团重点以水域型度假山庄为主体，开展垂钓、滑水、驾船、水上娱乐等水上旅游活动；在周边村寨安排一定的能吸引游客的个性化农事活动，建设生态村寨。

⑤产品开发思路。清镇市主要依托红枫湖国家级风景名胜区，加强环湖度假设施建设，建立1～2个规模化和品牌化的度假山庄，开展新颖、有特色、个性化的水上旅游活

动；在环境保护方面，旅游设施建设应以不污染环境为前提，例如，建设完善的排污系统，船只等的使用应考虑用油种类、对油的利用率及其功能等因素。在红枫湖周边村寨安排相应的农事活动，满足不同类型和层次游客的需要，如耕作、挑水、推豆花等体验型乡村旅游活动；从人类与环境协调共存的原则出发，加强生态村寨建设。

（3）南部组团。

①范围。南部组团以青岩古镇为主，同时整合花溪区的花溪十里河滩、高坡苗族乡等。

②资源特点。青岩古镇在贵州历史上具有极其重要的政治、经济和军事地位，其历史悠久、文化深厚、文物古迹丰富、商贾云集、人文荟萃，明清古建筑群保存完好，融中西方文化于一体，汇集传统文化、宗教文化、军事文化、革命文化于一地，是一个具有很高的历史价值、文化价值和旅游价值的历史名镇。另外，古镇饮食、各种小吃都独具特色。花溪河也是市区游客周末游玩的好去处。

③开发定位。南部组团以市域周末休闲度假游和民族文化体验为主。

④产品开发的重点。打造青岩古镇为全省古镇旅游地。

⑤产品开发思路。南部组团在提炼青岩古城历史风貌特色的基础上，通过加强对古城的整体历史文化环境、重点文化景区和历史文物的保护，建设一个兼具传统与时代相结合、历史与文化相结合的贵阳旅游第一人文景观，使之达到全国历史文化名镇的要求。在开发中，南部组团应坚持四项“取胜”。首先，以特色取胜。贵阳青岩镇要形成自己独特的旅游特色，利用当地优美的古镇景观迅速占领大众旅游市场。其次，以文化取胜。古镇旅游项目最吸引游客的原因之一就是它具有深厚的文化历史，根据这一特点可以相应地推出文化旅游产品，将产品与文化结合起来，更能增添旅游的意境氛围。再次，以精品取胜。相关部门应极力修复好古镇整体景观风貌，做好城门、城墙修复及建设，道路及停车场建设，青岩书院、寺院、教堂等古建筑及民居修复等；同时应提高环境绿化水平，加强古镇环境保护设施和环卫设施建设。相关部门应将青岩油杉保护林等作为最大的精品，建设游客服务中心和旅游商品市场，建设古镇博物馆，逐步推出城堡城墙、军事攻防等文化旅游产品。最后，相关部门应准备专项宣传营销资金，进行积极、快捷、鲜明、频繁的宣传活动，使古镇旅游势头保持长盛不衰。另外，还应把镇山村建设为生态博物馆的精品，把高坡云顶、康寨村和大地村建设成为民族文化体验旅游的贵阳乡村旅游目的地。

（4）北部区域。

①范围。北部区域包括修文县、息烽县。

②资源特点。修文县是阳明文化的发源地，文化底蕴丰厚。息烽县红色文化氛围浓郁（以息烽集中营旧址为代表）。乌江渡景区是红军长征中实施南渡乌江、佯攻贵阳战略思

想的最集中体现地之一。另外，息烽温泉也是一大重要资源，其温泉质量较好，周边环境良好，并依托于森林公园。

③开发定位。北部区域以贵阳市为中心节点，开发阳明文化、红色文化与乡村旅游相结合的复合型旅游产品。

④产品开发的重点。北部区域以息烽集中营旧址这一红色旅游地为主线，利用阳明文化的影响力，带动起其相关村寨乡村旅游活动的开展。其中，息烽以集中营旧址为主要依托，还可以开展乡村饮食文化特色旅游活动。

⑤产品设计思路。息烽红岩村以展示葡萄的栽培技术、管理方法及其产品深加工过程为主，开展观果、摘果、品果等农事活动，举办相关水果节日等，如葡萄节等；温泉天台村主要依托森林公园，开展森林滑草、徒步以及森林浴与乡村度假相结合的旅游活动；集中营旧址的周边村寨主要以红色文化为依托，开展乡村饮食文化体验，如阳明鸡等特色饮食；修文折溪村除了开展相关的观果、摘果、品果等乡村农事活动外，还可举办观花节，如梨花节等。

乌江渡景区可把“红色旅游”与“生态旅游”“乡村旅游”“历史文化旅游”结合在一起，科学规划，合理开发，打造成红色旅游产品精品和贵州品牌，建设成以革命传统教育、民族文化探秘、自然风光游览为主线的省级或国家级旅游区。该景区主要建设了五个功能区，即乌江遐度区、瓮桶百瀑峡探险区、乌江自然风光区、撼世英雄区和雨淋生态休闲区。其建设项目包括度假村、办公楼、员工宿舍、绿化景观、码头桥、水电设施、大门、水坝、英烈祠、红军战士及将领浮雕、雕塑等。

息烽县西望山资源丰富，自然景观壮丽，山势挺拔，异峰突起，高耸入云，森林植被保护完好，历史文化底蕴丰厚，人文景观上乘，素有“南来第一山”之誉，是贵州省佛教的第一个传播地。西望山重点建设了入口区、佛教艺术博览园、文化古迹保护区、民俗休闲园、生态保护区、原生态探险区六个功能区，近期建设项目有绿化景观、水电及通信设施、码头、水坝、塔林、园区道路、广场、办公楼、员工宿舍、游览电瓶车、游船、酒店和各类建筑物雕塑等。

息烽温泉是国内著名的优质天然医疗点和饮用矿泉水源之一，具有极高的开发价值。息烽温泉的周边地区还分布着众多自然旅游资源和人文旅游资源，是贵州北部旅游环线中的重要接待点。息烽温泉可被建设成为以温泉康疗、温泉游乐为主体旅游项目的省级乡村休闲度假区，主要建设六个功能区，即旅游接待区、温泉游乐区、温泉度假区、温泉康疗区和运动休闲区的接待和基础设施。

2.北京市环城游憩圈

北京郊区游憩地中田园公园和观光农业园主要有七种类型：农园观光型、农园采摘型、森林公园型、渔场垂钓型、畜牧观赏狩猎型、乡村民俗文化型和综合观光型。根据北京市郊区资源、环境、区位及农业生产特点，全市游憩地的区域配置可以划分为三个圈层、八个地带（区）。

（1）三个圈层。

①近郊区，包括朝阳、海淀、丰台、石景山四个区。这里交通方便，最接近城市消费群体，农业以园艺农业和高档果菜种植为主，观光农业以观赏游览、体验农作为主，可以重点发展农业公园、花卉观赏园、垂钓场及市民租赁农园等观光、体验农耕项目。

②中郊平原区，包括大兴、通州、顺义、昌平四个区。这里是首都粮、菜及畜禽水产品生产基地，主要河流穿行其间，农业资源丰富，景观特征明显，观光农业以观光休闲、农耕体验、农业教育为主。

③远郊山区，包括房山、门头沟、延庆、怀柔、密云、平谷六个区。这里自然景观优美，森林资源丰富，观光农业以休闲疗养、农村文化体验、自然风景观光等为主。

（2）八个地带。

①潮白河沿岸观光农业带。位于北京市东北部，包括通州、顺义、怀柔、密云四个区。这里是全市的粮食、蔬菜、畜牧生产基地，农业发达，水面宽广，有发展观光农业的潜力，可以逐步发展成为瓜果采摘、农业观摩、民俗采风、农家生活体验、自然风景游览等功能多样的大型观光农业基地。

②永定河下游观光农业带。位于北京市南部，包括大兴、房山两个区。这里的平原广阔，沿河沙地面积大，是全市的粮食、蔬菜、瓜果重要产地。西瓜种植、生态农业发展具有明显优势。这里可以逐步发展成为具有瓜果观赏采摘、乡村旅游、野生动物观赏及农家生活体验等多种功能的综合性观光基地。

③小汤山观光农业区。位于昌平区中部。这里由于地热资源的独特优势，特种菜种植及特种水产养殖规模较大，水平较高，而且温泉疗养及垂钓对城市居民颇具吸引力，观光农业的发展已初具规模，可以逐步发展成为多种观光农业项目密集区。

④八达岭、十三陵观光农业区。位于昌平区北部和延庆区南部交界地区。这里紧靠八达岭长城和十三陵旅游区，游客流量大，森林、草场、果树资源丰富，在发展乡村旅游和果品采摘观光上具有得天独厚的优势，民俗旅游也具有一定的基础。这里可以发展成为以旅游为主，旅游业与农业相结合的观光农业区。

⑤慕田峪、云蒙山区。位于怀柔区中部。该地区森林资源和果树资源丰富，干果种植和虹鳟鱼养殖规模大，重点发展乡村旅游、果品采摘、民俗旅游、虹鳟鱼垂钓等项目，可以逐步发展为具有民俗观光、森林浴、健身、避暑、度假和垂钓、品尝等多种功能的综合观光农业区。

⑥金海湖观光农业区。位于平谷区东部。这里湖水面大，森林资源丰富，生态环境良好，大桃生产独具特色，可以逐步发展成为水上旅游、观光桃园、桃果采摘、桃花欣赏等观光农业区。

⑦十渡观光农业区。位于房山区西部。它包括有“北方桂林”之称的十渡风景区和被誉为“北京小西藏”的蒲洼山区。这里山水资源丰富，自然景观优美，流水养殖有一定规模，可以逐步发展成为流水养鱼垂钓、乡土民俗旅游、果品采摘、山区狩猎、野生动物观赏等观光农业区。

⑧灵山、百花山、妙峰山观光农业区。位于门头沟区。这里的灵山有全市独一无二的草甸景观，百花山花木种类繁多，妙峰山玫瑰花种植历史久、规模大，可以逐步发展成为灵山牧场旅游、百花山观花旅游、妙峰山玫瑰观光、采摘旅游等观光农业区。

第二节　乡村旅游规划的项目设计

一、村寨旅游规划项目设计

村寨是乡村旅游的重要载体，而拥有独特的自然环境，与自然和谐的生产生活方式、原生民族文化的自然村落更是乡村旅游的首选地。由于这类村落长期以来远离现代文明的影响，原生态文化得以传承至今，是人类发展中宝贵的文化遗产，也是较脆弱的弱势文化，易受到外来文化的冲击而弱化或消失，从而失去吸引力。保护、传承、展示与发展成为这类乡村旅游地规划与开发的核心词。

旅游村寨开发与规划范围可以是一个独立的村寨，而有的涵盖了整个自然村，构成了村寨群落，其规划项目设计内容包括民居建筑、历史遗存、生产方式、生活习俗、文化艺术、宗教信仰与村落景观点、旅游线路设计等。开发规划的优势在于村寨特有的自然生态环境和与环境相适生的原生态文化，而规划的难点在于如何保持自然生态环境原貌、传承传统民族文化与旅游发展，把握“适度开发”的准则；如何协调政府、旅游开发商与村民之间的利益关系，使社区整体特别是弱势群体受益；如何使自然生态与民族文化的保护与开发成为村民的自觉行动而保持民族文化村的持久吸引力；如何策划对游客产生强大吸引力的特色旅游产品等。对以上这些难点，接下来笔者将通过案例进行说明。

（一）贵州省贵阳市高坡乡的旅游规划项目设计

高坡乡位于贵州省贵阳市东南隅，距花溪区和贵阳市政府所在地分别为31千米和50千米，南连惠水县，东北接龙里县民主乡，西邻花溪区黔陶乡。

1.旅游资源

高坡乡以喀斯特高原台地草原、喀斯特峡谷自然风光与民族风情作为旅游资源与旅游业的总体形象。乡内有溶洞、天坑、漏斗、竖井、峡谷等多种喀斯特地貌类型，气候特点是雾多、风大，夏季凉爽；灾害性天气有倒春寒、秋风和凝冻等。南端甲定村一带气候温暖，有高坡“小江南”之称；高坡云顶和龙里草场是夏季避暑和城郊休闲旅游胜地。

高坡乡居住着汉、苗、布依等民族，部分苗族服饰以白色为主，旧称“白苗”，“射背牌”习俗为高坡苗族的一大特色。高坡乡是民族风情浓郁、田园风光秀丽的旅游之乡，田园风光、万亩草场、民族节日是旅游产品的核心吸引物。

高坡乡主要的旅游资源包括高坡红岩大峡谷、石林、笔架山、蛤蟆洞、摆弓岩瀑布、云顶草场；高坡红军标语、灵应寺、天主教堂；甲定苗族洞葬、苗族服饰及其节庆活动；等等。

总之，高坡乡旅游资源的搭配较好，具有生物多样性、民族风情的整合优势；民风淳朴，具有良好的社会文化氛围；而且地处贵阳市大客源市场的边缘地带，具有良好的近程客源市场优势。

2.市场定位

高坡乡的游客主要以旅游市场中成熟的游客和有特殊兴趣的游客为主，客源市场主要是海外市场的港、澳、台及东南亚和欧美市场。其中，国内的市场以北京为中心的环渤海区、以上海为中心的长江三角洲区、以广州为中心的珠江三角洲等东部及东南部沿海的发达地区市场，以贵阳市、遵义市红花岗区、都匀市、凯里市为中心的省内核心市场，以重庆、四川、云南为主的近距离市场为主。高坡乡旅游形象可以定位为“云顶苗寨，高原歌乡”。

3.项目建设

围绕该旅游区的产品定位，在体现“高原风”“民族情”这两个主题的前提下，其乡村旅游项目的建设应从以下几个方面来考虑。

（1）建设观光型与引水实用型的风车，在条件允许的情况下，建立风车博物馆；成立滑翔伞协会，定期举办滑翔伞比赛；建立高原台地小型气象站，开展与此有关的青少年科普教育；建立不同规格的高原高尔夫球练习场等。

（2）从民族文化出发，对高坡苗族风情文化进行深度的挖掘和传播，不仅要大力开展风俗文化的各项活动，还要重视苗族和服饰文化、饮食文化以及建筑文化等。

（3）在人类学专家的指导下，有计划地对农户住房进行内部改造，建成家庭旅馆，为游客度假提供相应的设备。

（4）云顶草场也应围绕“喀斯特高原台地草原娱乐休闲园”的主题，进一步开发草原娱乐与休闲项目，如滑草、骑射等。

4.项目设计

（1）民族村寨。民族村寨建设主要包括外部环境建设和内部环境建设。在村寨外部环境方面，村寨建筑设施和其他设施应与周边环境相协调，体现人与环境协调发展的景观；在内部环境方面，主要应注重村寨的卫生建设，例如，对民族村寨进行有计划的厕所改造，建立排污系统，加强村寨的绿化建设，人畜分居，并且组织村民定期打扫村寨卫生等。

（2）乡村旅舍。可以选择有特色的农屋并将其改造为乡村旅舍，房屋外部可以保持原状，但其内部必须按卫生标准和游客需要进行适当的改造，改造的前提条件是与整个民族村寨的大环境相适应。

（3）基地建设。结合高坡乡的各种优势，可以建立与乡村旅游密切相关的基地，如奶牛观光基地、良种猪生态养殖观光基地、反季节蔬菜种植观光基地、特优果树种植观光基地等。

5.功能分区

功能分区应突出“草原风光，民族风情”的特点。高坡乡以独特的生产方式（高海拔水田稻作农业）、民族节日、云顶万亩草场为特色。

可将高坡乡分为以下几个功能分区。

（1）休闲度假村区。以云顶村、摆龙村、平寨村为主要开发基地，推广“高原风”系列旅游，大力改造村户农房的各种家庭设施，配备现代化装备，建成独具特色的家庭旅馆和旅游度假村。

（2）极限探险区。充分利用“红岩冲”峡谷等自然资源，开发专项喀斯特地区的极限探险项目。

（3）民俗文化区。高坡乡有“洞葬”的传统民俗，可以以此为旅游主题进行洞葬文化的观光旅游。

（二）贵州省贵阳市康寨村

康寨村位于贵州省贵阳市花溪区麦坪乡东部，距花溪17千米，距清镇市红枫湖风景区25千米，距天河潭风景区4千米。

1.旅游资源

康寨村生态环境相当优美。环村郁郁葱葱的森林是贵阳市的生命之源——阿哈水库的重要水源涵养林；每逢春夏之际，满山遍地都是野蔷薇、油菜花等各种各样的野花，丛林中还有杜鹃鸟在歌唱。在人文景观中，带有布依族特色的过街楼等民居依然保存完整，有的当地人甚至就地取材，采用石板建造民居房宅，美观大方，独具特色。

康寨村于明代建寨，至今已有600多年历史，居住在这里的布依先民们，传承了古夜郎文化和元、明、清三朝土司文化，几种文化相互融合，最终形成了如今的布摩文化。从生活方式到劳动方式，从社交方式到娱乐方式，从祭祀方式到民俗民风，布摩文化影响了一代又一代的布依族人民，展示着其悠久的文化神韵。

布摩文化是布依族祭司布摩宗教经典中的文化，它包括神话史诗、历史歌、传说歌、故事歌、登仙歌、嘱咐歌等，在神秘的宗教氛围中折射出了布依族古代文学和古代文化的百科全书。

2.市场定位

康寨村的市场定位为贵阳市区及周边城镇、贵阳市过境旅游市场、省内其他地区和贵州省周边省区。康寨村有“贵州布依族布摩文化第一村”的美名。

在总体结构上，康寨村以圈层式和组团式相结合的空间结构组织周边地区，以公路和主干道构架多层次的道路网络，形成以森林为背景，以乡村田园为主体，建成以景点或交通干道组团式布置的总体空间布局。创造土地利用高效、和谐，自然生态景观与乡村景观相融合的景观结构；形成交通便捷、设施先进的新乡村旅游地和休闲、度假、观光的胜地，成为全省知名的旅游品牌。

3.项目设计

以康寨村现有自然条件、区位优势及民俗文化为依托，采取“公司+基地+农户”的模式，大力发展生态观光农业，促进本村农业产业结构调整和生态环境保护；将康寨村建为一个休闲、度假、观光的胜地。相关人员可进行如下项目的设计与开发。

（1）开展做农事、吃农家饭、采摘农产品、住布依石头房、画簸箕画、参与布摩表演、户外体育健身等活动。

（2）举办布依武术节、布依民族工艺品节、山地自行车比赛等活动。

4.功能分区

康寨村设主入口区、布依风情度假区、布依族布摩文化观光游览区、生态养殖业示范区、生态果园游览区、森林保育区及贵州户外活动中心、十里花海（十里花山和观音湖）七个功能区。

（1）主入口区。主入口大门以高5米、宽3米、长8米的布依布摩文化图案为特色，以石雕柱为造型，大门建在浪风关草坪之上，面向蜿蜒的公路，周边种植红、黄、绿三色灌木；游客服务中心占地150平方米，具有布依民居风格，二层全木结构，层高8米，内装饰采用现代防火板材。

（2）布依风情度假区。度假区设置直径20米的半圆形赛歌台，赛歌台前是月牙形风情广场；8根8米高的布依族文化雕塑圆柱（图腾柱），围绕月牙广场，一条小溪环绕赛歌台和小广场；设计了200平方米具有民族风格的全竹接待用房，200平方米中型会议厅，400平方米餐厅，250平方米多功能大厅；有20幢单体生态小别墅，每幢为45平方米；还有一座3米宽、8米长的休闲长廊。

（3）布依族布摩文化观光游览区。在保护好古老民居的基础上，以石基、木柱、木板墙、青瓦的民房、过街楼，形成布依老村寨格调。在服饰穿着方面，布依族人喜好青、蓝和白色，男人大多身穿对襟或大襟短衣长裤，头包青布帕或戴小帽，女人身穿大襟短衣长裤，喜欢戴手镯、围腰链、插头簪等。在饮食文化方面，多以当地的土红米、苞谷饭和花糯米为主。布依族人嗜辣，每逢佳节之际，他们都要摆杀猪，准备丰盛的腊肠、香肠、豆腐干、血豆腐等。在民俗节日方面，布依族在很大程度上与汉族民间节日相同，但也保留有自己的若干民族节日，每年的正月初六就是布依族特有的“百果王”歌节。

（4）生态养殖业示范区。生态养殖业示范区以沼气生态农业技术为核心，建立养猪和养鸡示范基地，其基本要素是“一口沼气池（8立方米），一年出栏两头猪，种植一亩果树”。该示范区建立了50万只以上规模的家禽养殖场；修筑具有布依族风格的“九子连环塘”。

（5）生态果园游览区。康寨村生态果园分梨旅游区和布朗李旅游区，旅游区果园分蟠桃园区、水蜜桃园区、梨园区、樱桃园区、布朗李园区、新品种试验区及温室大棚区，面积达到了133.33公顷，园内设置建设观光步道、休闲楼、观光长廊、观光亭等。

（6）森林保育区及贵州户外活动中心。森林保育区及贵州户外活动中心结合贵阳市第二环城林带造林工程，在康寨村周围荒山进行“近自然森林”示范建设，开展山地自行车运动和其他户外体育健身活动。

（7）十里花海（十里花山和观音湖）区。十里花海（十里花山和观音湖）区在山坡上的大量油茶树上嫁接了优良品种茶花，种植多品种杜鹃花，保留金樱子、刺藜、野蔷薇等野花，使之成为十里花海景区，并在区内修建旅游步道、观景亭、座椅。

（三）云南省丽江市三元村

1.旅游资源

从区位看，三元村距丽江古镇12千米，处于昆明至丽江的必经之路上。从资源特色看，全村都是纳西族居住民，世代以农耕为业，保留着传统古风古俗，是“纳西族东巴文化传承的经典之地”，也是古人类发祥地之一。

三元村至今依然保持着浓郁的原创性东巴文化传统，民居建筑全是古朴的纳西族式结构，村中有祭天场、祭暑场等祭祀场所，还有东巴大师。村民们的生产生活依然遵循着古老的纳西族传统。这里的东巴文化可以上溯至元代至正二年（1342年），村中每个氏族均有自己的祭天制度和祭祀活动，且实行轮值制。1954年和1963年，考古学家在三元村西漾西木家先后发现了古人类股骨化石和头骨化石。据专家鉴定，这些人骨为旧石器智人时代晚期的人骨，有5万～10万年的历史。

2.开发原则

三元村旅游开发的原则：坚持保护至上，保持优秀的民族文化传统，使有形资源与无形资源一体化，保持“形”与“神”兼备而不分离；坚持优势互辅，分流丽江客流的方针；坚持观光与体验相结合之旅，使游客多重受益；坚持民族性和原创性，使游客体验旅游产品的真实性。

3.产品设计

（1）原创乡村文化之旅。三元村依山傍水，为典型的纳西族村寨，农村建筑古朴，恰似一幅山水画卷。

村寨距公路不足一千米，设计人员可以让游客步入村寨，使其感受自然山水之美和纳西族村民劳作的场景。

（2）氏族祭祀仪式观赏游。纳西族全民信奉东巴教，人人遵守东巴教的教义教规。全年的祭祀活动数以十计，尤其是一些大型祭祀活动规模大，礼仪多，祭祀隆重（如祭天大典等），可以让游客观赏并感受纳西族的自然崇拜和祖先崇拜的神秘性。

（3）纳西文化与象形文字研习游。纳西文化有其独特的神韵，其音乐、舞蹈、美术、绘画、礼仪别具一格，足以引发游客的浓厚兴趣，尤其是东巴象形文字别具神韵，有很高的观赏性和收藏性。设计人员应把研习东巴象形文字，作为新的高端旅游项目。通过研习之旅，帮助每个游客将其简历、游程、观感用几百个东巴象形文字，以自己的笔触记述并加盖世界文化遗产地纪念印记，然后加以精裱，这无疑既弘扬了纳西文化，又使游客得到了一份珍贵的旅游纪念品。

（4）纳西“农家乐”旅游。相关部门可选择若干家纳西村民之家，对其进行一定的培训，开展纳西族式的“吃农家饭、住农家屋、干农家活、摘农家果、享受农家乐”的乡村旅游，以恬静、优美的田园风光为基础，吸引游客和纳西族村民同吃、同住、同劳动、同娱乐，体验纳西族人民的生活生产劳动，使游客感受淳朴的原创民族文化。

（5）使游客参与乡村民族歌舞唱跳。纳西族是一个能歌善舞的民族。纳西歌舞的特点是边唱边舞，以唱促舞，以舞助唱，人数、地点和场合不受限制，易形成欢歌笑语的场景。

（四）新疆布尔津县禾木村

禾木村是新疆维吾尔自治区布尔津县下辖的一座自然村庄，是图瓦人的集中生活居住地，也是仅存的图瓦人村落中最完整、最原始和最大的村落。禾木村最瞩目的景观是散落有致的小木屋、成群结队的牧群和美丽的雪峰森林，蓝天绿地，甚至有人称禾木村是“中国的第一村”。

1.资源优势

禾木村的图瓦文化具有历史起源的神秘性，人口稀少、民族同化的濒危性，宗教信仰的原始性和生活习俗的独特性。

图瓦是一个被人们渐渐遗忘的民族。目前，有关图瓦人的历史记载和研究还很缺乏，关于图瓦人的历史渊源至今仍是个谜。

新疆喀纳斯是图瓦人在我国唯一的聚集地，人口约2000人。由于人口稀少，生活相对封闭，图瓦人存在近亲结婚以及与外族通婚现象；在生活习俗等方面与蒙古族、哈萨克族有很大相似性。

图瓦人的宗教信仰不仅保留了自然崇拜、图腾崇拜等原始宗教的早期崇拜形式，还信奉原始宗教晚期的萨满教，同时信奉喇嘛教。他们每年都要开展祭山、祭水、祭天、祭树、祭鱼、祭火、祭敖包、祈佛诵经等宗教活动。

图瓦人使用图瓦语，属于阿尔泰语系突厥语族。在节庆习俗方面，图瓦人除欢度敖包节外，还会过当地的邹鲁节、汉族人的春节与元宵节。图瓦人世代以放牧和狩猎为生，久居山林地带，故又被称为“云间部落”“林中百姓”。为适应山区多雨多雪的环境，他们住在原木堆砌而成的“人”字形尖顶木楞屋中，用动物毛皮自制的滑雪板滑雪或乘马拉爬犁。图瓦人视羊为上天之赐，使用名为“苏尔”的口笛乐器。

2.规划理念

以喀纳斯旅游景区为依托，以原始村落保护为前提，遵循世界遗产准则及“完整性与真实性”的指导思想，以“保景富民，共同富裕”为开发宗旨，展示“原风原貌图瓦村，原汁原味图瓦人”，将禾木村建成“中国生态文化博物馆”。

3.保护与开发重点

保护重点即保护禾木村原生自然环境和村落的原始性和完整性，保持图瓦人古朴民俗文化。开发重点如下。

（1）村落除了必要的基础设施建设外，基本不做人造景观，只在部分区域进行少量修复性建设；改造原有外侵式的建筑外形，使之与原始村落建筑风格一致，对愿意拆除不和谐建筑的村民予以补偿；在村口外修建停车场，机动车辆禁止入村，游客通过步行、骑马或坐勒勒车进村；在村落以外不影响村落视觉景观的适当区域建旅游接待服务区，将游客住宿生活区从现在的居民家中迁出，从根本上保证村落的完整性。

（2）全面挖掘、提升和充分展现图瓦历史文化内涵。选取一些典型民居，建立图瓦民俗博物馆，全面展示图瓦历史文化；整理、布置和适度再现图瓦民俗生活场景，例如，将少数民族日常生产生活中的狩猎、放牧、捕鱼、采摘、手工制作等活动进行详细展示；重温几近消失或消失已久的民俗活动，如组织游客开展射箭、赛马、祭祀活动等。

（3）形成一套具有图瓦民俗特色的接待服务体系。将图瓦民族特有的传统习俗与接待服务相结合，将图瓦特色进行适当的包装，例如，传播图瓦民族的饮食文化，推出图瓦民族特色大餐，让游客感受到图瓦文化的与众不同，从而增加对图瓦的好感度；开发图瓦人用于狩猎、捕鱼、农耕的生产劳动工具，如鞍具、弓箭、弹石器、刀、斧、锤等模型及摆设品，图瓦餐具，苏尔笛，马头琴等为旅游商品。

（4）注重村民从旅游中的获益。大力开发禾木村的旅游项目建设最根本的目的就是通过旅游行业的繁荣，促进和带动禾木村的经济发展，提高村民的生活质量。因此，只有让村民真正看到了旅游行业带来的利益，才能使他们更加积极地为旅游项目开发而努力，从而形成一个良性循环发展圈。

（五）北京市怀柔区官地村

在乡村旅游的发展中，原有的及陈旧村寨设施与环境明显地制约了乡村旅游的发展，谭伟在《旧村改造与乡村民俗旅游的契合——北京市怀柔区官地村改造述略》中，针对官地村的实际，提出了以发展乡村民俗旅游为目的的旧村改造措施。官地村地处北京市怀柔区雁栖镇，坐落在明长城脚下，有非常美丽的自然风光，其中比较著名的景点有雁栖湖、神堂峪、慕田峪、红螺寺等，被誉为“京郊民俗旅游第一村”。

官地村虽然以美景闻名遐迩，但还存在很多严重的问题。例如村内保留了大量的原生态传统民居，这些民居设施条件普遍落后，需要及时进行修缮。此外，村落内基础设施、公共卫生设施条件较差，其聚落形式和建筑形式不断受到城市的侵袭，严重损害村落发展的历史脉络，阻碍了村落的发展。

1.旅游开发目标

保存和开发古村特色，改善村落落后的基础设施，弥补古建筑的维修空缺，发掘村落文化的内在潜力价值，将官地村建设成以乡土生态环境为主的体验型旅游度假村。

2.旧村改造的原则

（1）整体开发原则。

（2）开发与保护相结合的原则。

（3）独特性原则。

（4）经济效应、社会效应、环境效应相统一的原则。

（5）市场导向原则。

3.旧村改造措施

（1）总体规划改造。改造的内容包括节点（人们感觉和识别古村空间的重要参照物）、轴线（主要道路及古村的聚落边界）、区域部分（地段或街区）以及它们相互间的有机关系共同构成的古村整体景观特色。

在保留原有道路的基础上，朝沿河方向扩出1.5米作为人行道，这样，既做到了人车分流，又使会车有足够的空间；在机动车道上增加减速带及人行横道，保证行人的安全，材料采用石材、灰砖等，突出地方性。沿河方向设置一些悬挑的茶肆、酒肆等，丰富道路景观，同时提供游人休息、观赏的空间。

内部交通为步行空间。保持其原有的丰富性，做到收放有致。铺地建议采用石材、灰砖、卵石等地方材料。

停车采用分散式，不设大型的停车场，而设置多个小型停车点，做到化整为零，使停车点自然地融入村落格局中。

（2）民居改造。民居改造应突出原有的乡土气息，其尺度、规模、地基形式应吸取原有村落的基本模态，利用地方材料，对于老房子采取保护、修缮的措施；对于传统格局的新房子采取立面整治，运用地方特色的材料和色彩；对于体量偏大的新房子应进行立面改造，通过材质及色彩变化削减体量。新建民居可采取三合院或四合院的形式，屋顶平坡结合，材料尽量使用灰砖、毛石、灰瓦等。

（3）基础设施改造。在村口水口处打一口深井作为给水水源；逐步建立集中的排水和污水处理设施，污水经地埋式污水处理一体化设备处理达标后，作为灌溉用水排入农田，实现雨、污分流；增设一个安箱式变电站，设置室内交配电室，建议拆除现有电线杆，改为地下电缆埋设方式，将临街路灯设在墙角；采用工程管线全部地下铺设方式，穿河道时从河底经过；采用部分管线综合管沟与地下直埋相结合的铺设方式。保护和利用村落原有的自然环境资源，综合利用多种绿化手段，结合古村原有的景观特色，突出历史风貌和地方特色，完善原有的绿化系统。

二、农家乐项目规划设计

在大中城市周围，风景名胜区附近，甚至在风光独特的偏僻山村，处处都可寻觅“农家乐”的身影。“农家乐”是一种新兴的旅游休闲形式，一般都以农户民居为主要的经营场地，农户业主对当地农产品进行加工。在“农家乐”周围一般都是美丽的乡村风光，游客在这里不仅能体验到真正的农村生活，还能放松身心，舒缓压力。“农家乐”起源于四川成都周边乡村，从郫都区友爱乡的农科村、成都龙泉镇书房村到三圣乡的幸福梅林可以看出“农家乐”的发展之路，并总结出规划设计的核心内容。

（一）特色种植

农科村位于成都西郊，受都江堰水利工程惠泽，土地肥沃，气候温和，属亚热带湿润气候区，光照充足，四季分明，冬暖、春早、夏长、无霜期长。村民充分利用了传统花卉苗木栽种技术，不断探索和创新，逐步从一般粮食生产向种植花卉苗木、桩头盆景等高效农业转移，创造出了第一、第三产业有效嫁接、互为促进的发展模式，同时承接规模较大的绿化工程，已成为成都市花卉供应基地，产品远销国内各地和东南亚地区。农科村在发展花卉苗木的基础上，成功地发展了休闲农业，全村从事花卉苗木种植的农户约占全村总户数的98%，从事旅游接待的农户约占总户数的95%。

龙泉镇书房村在20世纪80年代初就开始逐渐扩大桃树种植面积，目前村内90%的土地皆为果园，以桃树、葡萄为主，一到春天，全村花团锦簇，红云笼罩，是著名的桃花观赏点。

三圣乡位于四川成都锦江区，以生产鲜花闻名遐迩，素有“中国花卉之乡”的美誉，全乡约90%的农户从事花卉种植栽培，花卉产业实现年产值9000余万元。在旅游开发中，三圣乡形成了幸福梅林、江家菜地、东篱菊园、荷塘月色、花乡农居五大景区，成为全国首个4A级乡村旅游风景区。其中，成都幸福梅林是成都打造的一个享誉全国的集生态、旅游、休闲、文化于一体的农家乐项目，拥有200余公顷种植面积、220余个梅花品种的全国梅花种植基地。这里以“梅”为主题，修建了精品梅园等4座主题公园，建起了梅花博物馆、咏梅诗廊，使得整个幸福梅林充满了“暗香浮动”的文化韵味，成为全国最大的梅花观赏、批发、销售基地。

（二）农家园林的营造

农科村以农家院落为依托，竭力打造出我国传统农耕社会外有田园、内有书香、衣食富足、天人和谐的理想境界，展现出了川西坝子殷实农家特有的风貌。农科村几乎家家都有精通盆景者，每家的案头廊上都放置着自家精心培育制作的盆景。每个庭院都有幽静小径相通，且命名各有特点，如临水轩、紫藤屋、养身园、溢香苑等。庭院的营造讲究“叠石理水”“师法自然”，讲究植物造景，花、草、树、木、石、水被巧妙地设计、配植后，呈现出不同的品位和格调，可谓“一家一个花园，一户一道风景”。例如造型奇丽夺天的中华盆景园、春满庭院歌满园的庭院春、翰墨留香绕农家的临水轩等，每个院落的大门也都别具匠心，表现出了不同的建筑风格。

三圣乡农民房屋改造很有特色，被花卉企业占地的农户在新的地方集中修建了房屋以节约土地，新居在修建时被统一成川西民居风格，三圣乡对于旧的农民房实行就地改造，如重新装修房屋外立面等，使破旧的民居焕然一新，这样做一方面美化了环境，另一方面为农户开展农家乐活动创造了条件。其中，位于龙泉驿区的“农家乐”山庄具有很强的典型性。

“农家乐”山庄是在原农房基础上改造、完善、装修而成的。房屋为一楼一底，面积250平方米，内设10间客房，20个床位，另设餐室、棋牌室、卡拉OK厅、办公室、厨房和卫生间等，室外还建有亭、径、棚、塘、园、篱房。

亭作为主楼的重要补充，“醉然亭”的建筑材料为当地的原木和稻草，造型与周围环境相协调，亭柱上书楹联“一缕村烟绕松柏”“满山花果簇骚客”，村民用毛石筑成片石小道，与石径配套的还有石栏、石梯、石堡坎，石栏能分隔空间。

在色彩处理上，“农家乐”山庄追求“素而不淡，花而不乱”的境界，不仅让人感到清洁卫生，还使人享受到了农家的风韵。例如，在农户窗户上装饰了一些代表吉祥喜庆的剪纸，使剪纸上丰富的图案和鲜艳的颜色与单调的窗户形成对比，为客房营造热闹的氛围，给人一种热情洋溢的感觉；在农户的墙壁上悬挂一些具有民间特色的装饰物，如代表猎户的猎枪木雕和代表猎物成果的虎皮布，二者一硬一软、一素一花，形成了鲜明的对比，给房屋增添了特别的感觉。

在摆件陈设上，“农家乐”山庄选用了一些树枝、树干、树根等作为摆件的原材料。例如：把形态奇特的树枝当成立雕嵌在白墙之上，其味无穷；把树干作为墙壁的背景，其天然的纹路、结节浑然天成；把树根当作造型各异的花瓶托、台灯架等。

在“农家乐”村庄中，各种极具特色的设计、色彩、装饰品都表现出了农村淳朴的特质，营造出农家温暖的氛围。

（三）鲜明的节事活动

为推动“农家乐”的发展，节事活动的策划也成为规划、经营的主要内容。农科村前后推出了迎新春乡村美食游、川派盆景展、根雕展、民间精品收藏展，举行了川派盆景艺术节、兰花艺术节。龙泉驿区从1986年召开了第一届“桃花会”后，每年3月的“桃花会”、5～12月的赏果活动都深受游客的喜受。2005年冬，“中国·成都首届梅花节”在幸福梅林开幕，推出了邀你踏雪寻梅、锦江年宵花展、赏梅博物展、精品梅花展销、梅林自行车公路赛、梅花展销、特色农家快餐活动、梅林赞梅诗画笔会、梅花节主题灯会、梅花插花艺术展、梅林欢歌文艺展、咏梅诗碑展、第21届全国摄影艺术展览共13大主题活动。

三、休闲农场旅游项目规划设计

传统的农场是以从事一定农业生产或畜牧养殖为主的生产单位，由农田、林地、园地等部分构成，人们可以根据其生产的农作物划分种类，例如以畜牧业为主的内蒙古草原牧场新疆山地牧场；以种植业为主的东北大豆区、平原水稻田；以养殖业为主的山东芦花鸡养殖基地、南方水产养殖场等。随着新型农村的不断发展，乡村景观的大热，尤其是休闲农场的兴起为农村生产经营带来了新的商机，农场自然景观、田园生活、农业生产等一些以乡村生产生活为主题的旅游项目被大力开发出来，深受游客欢迎。

在对休闲农场进行项目规划时，通常要考虑两个要素，即硬质景观要素和软质景观要素。其中，硬质景观要素主要是指硬件设施的建立，如住宿环境、服务中心、停车场、植被造景、健身基地、凉亭等；软质景观要素指的是各种软措施，如管理模式、营销策略、推广宣传、形象标志等。

下面列举贵阳市金山生态农业观光园和台湾休闲农场两个例子来具体分析休闲农场旅游项目的规划设计。

（一）贵阳市金山生态农业观光园

金山生态农业观光园位于贵阳市小河区西南面，距小河区中心8千米，距贵阳市中心15千米。

金山生态农业观光园所在地金山村总面积5.5平方千米，有12个村民组，总人口2225人，其中布依族占90%左右。总耕地面积约56.7公顷，人均耕地约0.106公顷。主要农作物为水稻、玉米和蔬菜，经济作物有果树和油菜等。金山生态农业观光园先后引进了日本、韩国、美国、意大利、新西兰和加纳地区等的优质果树桃、梨、杏、杨梅、葡萄等70余种，果树品种培育及栽培技术在全省处于领先地位。游客在该园可俯瞰阿哈湖水库，远望自然曲折的湖岸线和亮丽的水面、水库周围连绵起伏的群山及郁郁葱葱的水源涵养林，再衬以眼前成片的优质果林，恰似一幅优美的山水画卷。

1.市场定位

金山生态农业观光园的客源市场以贵阳市区和周边城镇以及贵阳市过境旅游市场为主。金山生态农业观光园被定位成贵州省生态农业观光示范园，可开发采摘、吃农家饭、品果等活动产品。

2.功能分区

金山生态农业观光园设主入口区、果园区、休闲区、游客服务中心和生态保护林区5个功能区。

（1）主入口区。金山生态农业观光园在公路西侧池岸处竖立一个园区生态柱标志，以绿色为基调背景，突出生态农业是朝阳产业，以红色为字体颜色，代表吉祥，寓意生态园的发展如火如荼；设观赏鱼类放养场，沿岸植柳，南岸加固水坝设闸，池岸设栏杆，沿池铺装3米宽冰纹石，形成独有观鱼景观，利用园边凹地，新建观赏鱼繁育基地。

（2）果园区。果园区总面积约为41.87公顷，分为杏园区、梨园区、桃园区、葡萄园区、温室大棚区和新品种试验及良种繁殖区6个区。整个园区建成后将成为具有浓郁田园风光的特色景观。果园区以果树为主的农业生产为依托，把农业生产、农业科技、产品加工、农事活动融为一体，充分提高游客的参与性，展现生态旅游、观光农业的经济效益、社会效益和环境效益。规划人员在果园区主要规划设计以下几种旅游产品。第一，命名果园。游客付一定租金，可在某块果园或某棵果树上挂牌署名，常来浇水施肥、除草灭虫，邀亲友赏花品果，体会生态农业的乐趣。第二，果脯加工。可设果脯加工设备，游客自助加工果品。第三，高科技农作物种子、种苗培育及无土栽培等农业技术推广。

（3）休闲区。休闲区的总占地面积约为11.13公顷，包括园区南部的松涛园小区及园区东部的湖景园小区，分别占地约4.67公顷和约5.33公顷，其中水域面积约2.33公顷。松涛园小区以布依风情为特色，设有布依风情广场、布依饮食文化服务区、多功能服务会所及多处布依休闲竹屋。在松涛园小区中，防火及安全是重点，因此，建筑限高7米，建筑间距不小于25米，消防栓间距不小于120米。湖景园小区以运动为主题，由网球场、游泳池、垂钓场及出租生态小屋组成，是景区较现代和时尚的功能小区。

（4）游客服务中心。游客服务中心包括餐饮部、小卖部和信息中心等，位于园区西南角，东连松涛园区，占地面积1332平方米。

（5）生态保护林区。生态保护林区占地面积391760平方米。相关部门结合贵阳市二环林带造林工程，进行“近自然森林”示范建设，即应用模拟自然的手法，营造在种类组成和群落结构上与贵阳地区顶级植物群落相接近的人工森林，使之成为群落结构稳定、生物量高、物种多样性丰富的林带。这样做，不仅能够涵养本区水源和防止水土流失，也可为喀斯特荒山的改造奠定基础。

3.开发模式

园区集生态保护、观光、休闲、娱乐和增长知识等功能于一体，高度体现了生态农业、自然与人的融合，具有鲜明特点和独特优势。由于高档水果开发需要高技术和种植技能支撑，因此园区采用公司开发经营的模式。

（二）台湾休闲农场

休闲农业可以分为农产品直接利用型、农业生产过程利用型及农业环境利用型。欧美国家的休闲农业以环境利用型为主，着力于提供住宿及农村生活的机会。我国台湾的休闲农业，初始比较侧重于产品直接利用型，以采摘果实的观光果园为主，近年来已经向较大规模的休闲农场发展，其农作物的种类，从果园、花园、菜园、茶园扩展到粮食作物，其观赏体验的内容也向生产、休闲、教育等多方面延伸。比如，近年来在主要的农业区域，台湾以从事水稻大规模经营的农场为对象，开始规划设计水稻教育休闲农园。这类农园有以下三种功能。

第一，教育功能。这类农园可作为邻近都市中、小学自然课的标本园，配合教科书内容，可被用作户外教育或实习场所。

第二，提供水稻文化的功能。农场主人或农会推广人员讲解“米的故事”，详细介绍米的种类、由来、营养以及购买、食用的方法。

第三，休闲功能。农园提供富有特色的活动，如观赏田园美景、采摘新鲜果实、品尝特殊口味的食物、体验乡土生活等。

在台湾休闲农场中，东河农场、走马濑农场都是较成功的休闲农场。

1.东河农场

东河农场是台东县第一个休闲农场，主要旅游项目有以下几个。

（1）农庄休闲旅游。休闲农庄有三合院式的家庭式套房或团体房，还有林间小木屋。

（2）果园观光旅游。观光果园中有柑橘、梅、李、白柚、板栗、水蜜桃、杨桃、枇杷、百香果等四季应时水果。

（3）观光乐园旅游。观光乐园中有土肉桂、杜仲、黄槐、淮山药，并增种多类的草本木本药用植物充实内涵，村民还制作了健康饮料供旅客饮用。

（4）采桑养蚕。可以让游客带回村民多年饲育的蚕宝宝并进行饲养，教游客制作蚕织丝扇、灯笼等，寓教于乐。

（5）烤肉。在溪流边开辟烤肉区，由村民提供烧烤用具与材料。

（6）滑草。开辟一处滑草场，为游客提供健身活动场地。

（7）赏鸟。区内除一般鸟类外，尚有鹰鹫、松鼠等林间动物可供游客观赏。

（8）森林浴。利用已成林的樟树林及桉树林，在林中修筑步道，供游客散步、赏景。

（9）知性之旅。将本地特有的地形、地貌、岩石、动植物、自然生态，予以标识解说，使游客加深对自然的认识。

（10）攀岩活动。将峭崖辟为攀岩活动区，满足喜好攀岩活动的游客的需求。

（11）捉虾活动。溪流清澈，野生鱼虾丰富，让游客尽兴享乐。

（12）修建服务中心。展售当地土产及提供咨询与餐饮等服务。

2.走马濑农场

走马濑农场位于曾文溪上游的一块河谷台地，三面环山，流水冲积成走马濑台地，虽然山隔水阻，自然景观却得天独厚。每年有数十万游客愿意进入一个以农牧为主题的休闲农园，许多人更是一游再游，这种重游正是走马濑农场与众不同的特色所在。其主要建设项目有以下几种。

（1）农牧特色。走马濑农场规划设置了果树、放牧场苗圃、生态园林及观光果园，非常适合21世纪享受物质文明的市民前来体验田园之乐。

（2）乡土文化。为纪念并保存人文资源，走马濑农场已着手兴建农业馆、田园艺廊、动物园、乡村剧场，期望园区能在浓厚的农业气息中呈现文化与民俗的风貌。

（3）游乐世界。走马濑农场走生产、生活、生态的“三生一体”道路，游乐为生活与休闲中的重要一环。走马濑农场规划了20余项游戏及娱乐项目，农业性的牛车、骑马、滑草，人力车、越野车、体能场，水上游乐的脚踏船、三轮船，以及大型滑道的戏水世界，可以满足各年龄层游客的游乐需求。

（4）度假小木屋。现有住宿设施采用多样化设计，有闽南式三合院、草原小木屋、农村小筑以及欧式造型的度假旅馆。

（5）新潮会议厅。为了满足度假会议的需求，场内设有两大两小四个会议场所，备有现代化会议设施，是良好的开会、讲习、训练地点。

四、主题农园旅游项目规划设计

主题农园是有关人员依托田园风光，以一种或几种农业要素构建而成的主题鲜明的乡村旅游地，它通过生产性与观赏性的有机结合，突出绿色休闲，强调公园的生态性和乡村文化特点。

（一）广东省主题农园

广东省的基塘生态农业园是以滨海基塘生态农业为特色，以基塘的文化展示、观光、休闲为主，营造大型生态旅游的田园公园，承担着生态旅游和基塘的生产示范等功能，推进了区域特色性的农业教育、环境保护、观光农业和乡村旅游业发展。

基塘生态农业园规划有基塘区、生态走廊2个景观区和8个功能区，分别是基塘生态农业综合示范区、果基鱼塘区、花基鱼塘区、草（菜）基鱼塘区、桑基鱼塘区、农业科技园、芦荡迷宫和沿河生态走廊。

三水区荷花世界位于三水区西南镇，集建筑、雕塑、荷花文化于一体，是贯通荷花观赏、荷花生态的主题园，占地约110公顷，其中水域面积40公顷，荷花品种300多个，规划设计了荷花文化广场、品种观赏区、王莲区、睡莲区、生产科研育种区等8个功能区。

三水区荷花世界主题明确，荷花文化展示充分，景观控制较合理，规划人员充分利用了田园公园景观资源与环境相协调，处理了荷花世界中的水景、物景、林地景观，使荷花世界环绕在三环水体之间，以人行步道和水路为廊道空间，创造出田园公园最大的亲水空间，拉近了荷花的品性与主题之间的距离。

（二）武汉市走马岭乡土风情园

武汉市走马岭乡土风情园位于东西湖区走马岭镇，是在原东西湖园艺公司苗圃基地上发展起来的。该园的规划强调充分利用现有资源，将生产的内容锁定为苗木花卉，重构传统农业场景，再现异域农舍风情，构建农业景观特色。

该园的规划布局立足于苗木生产示范、经营贸易、科研，按照高新技术农业和观光农业产业的生产和运作要求，将全园划分成四大功能区：贸易服务区、科技园区、风情园区、苗木生产与示范园区；在布局上以融会世界各地农舍风情的风情园区为中心，通过道路、林地和水体网络将各区有机地联系在一起。

贸易服务区规划面积8.9公顷，以苗木花卉交易大厅为中心，设园区主入口、贸易服务大楼、接待中心和贸易广场。

科技园区规划面积8.0公顷，设全自动控制温室、连栋大棚、种子处理中心、组织培养繁殖中心、绿源广场。

风情园区规划面积68.8公顷，汇集了不同国度和民族特色的乡土建筑及环境特色，并根据景观特征确定不同功能。风情园区中的盆景园建筑造型取江南民居风格，展示了不同风格流派的盆景；在泰国园中，泰国清迈风格的干栏式竹楼里展示、出售各种竹制工艺品；日本园由茶庭、茶舍、茶园围绕素心湖构成；在中国园中，在农家乐休闲别墅、徽派民居的服务中心周围，点缀作坊、染坊、磨坊等湘鄂土家民居景观建筑，供游人认知、参与传统农耕生活；在荷兰园中，风格各异的风车和满园的各色花卉，勾画出荷兰农庄风光；英国园的建筑采用英国半木构形式，主要有迷你高尔夫球场和俱乐部、草地网球、草地保龄球等自然运动场地；在喀麦隆园中，以圆为主题的非洲喀麦隆村落式的图腾广场，建于拢秀湖畔半岛上，是表演、聚会和狂欢的场所；在俄罗斯园中，建有山地栈道和俄罗斯木屋别墅；印第安纳园园区有室内外烧烤、野营和跑马等活动场地和设施，主体建筑为印第安纳式木结构，造型粗犷，入口处设木雕图腾柱；法国园以规则式布局为主，主体建筑位于主轴线上，参考法国传统民居造型，室内以葡萄酒的展示和销售为主题，在收获季节，园区大片葡萄园可供游人入内采摘，参与欢快的葡萄酒文化活动。

苗木生产与示范园区规划面积22.3公顷，区内种植各种苗木植被，大部分都是成片覆盖的，以绿色的色块背景为主，是乡土风情园中独具特色的生态屏障和景观背景。全园形成“两轴、十三景”的景观结构。两轴由主入口开始，由呈放射状的道路格局围合构成主轴线。次轴线从次入口法国园区到达英国园区。主、次轴线控制全园，将各个景区、各种风格的园区连接起来。十三景点分别为，贸易广场（贸易服务区）、绿源广场（科技园区）、桃花岛（中国园区）、浓山缩水（盆景园区）、清迈绿意（泰国园区）、东瀛芳菲（日本园区）、风车郁香（荷兰园区）、水际云中（英国园区）、葡萄庄园（法国园区）、森林木屋（俄罗斯园区）、欢乐广场（喀麦隆园区）、山林野趣（印第安纳园区）、桃李芬芳（苗木生产基地）。

规划人员将生态理念贯穿于整个园林规划设计中，例如，在规划前期进行了一个生态适宜性评价，确定园林中资源开发的适宜性和限制性，然后在规划中，按照尊重自然、恢复自然的方式理水堆山，形成以素心湖、镜湖和拢秀湖为主体的若干个人工湖泊及人工湿地，大片水域可有效调节区内小气候，提高了集镇和农业防洪抗旱能力。园区内除了苗木生产区有大片苗圃外，大部分土地被用作生态林地，起到了改善生态环境的作用。

五、农业生产基地旅游项目规划设计

农业生产基地包括规模化、现代化的农业生产基地和特色农业基地。农业生产基地的规划主要是通过现有的生产项目大力发展旅游业，以实现提高生产效益的目标。另外，相关人员还要确保规划中安排的旅游路线、旅游景点不能影响正常的生产活动，如果需要部分生产点作为辅助景点进行配合，则应事先对旅游和生产之间的关系进行协调，避免二者发生冲突。

将农业生产基地作为旅游项目之一，目的就是通过对游客进行企业产品的宣传和推广来刺激企业的生产，从而获得生产效益。下面笔者通过几个案例进行说明。

（一）龙海生态旅游农业观光园

龙海生态旅游农业观光园占地面积67公顷，位于福建龙海市角美镇，原为龙海市苍坂农场，是为改革传统农业，发展节水、生态、精品、创汇和特色农业，以高起点、高投入、高科技、高新优品种、高效益为目标，建设起来的既富有现代风貌和闽台特色，又能体现休闲生态农业田园风光，汇集生态旅游、休闲度假、文化科普、健身娱乐等各种功能于一体的现代生态旅游农业观光园。其主要的规划建设项目如下。

1.生态农业区

生态农业区不仅包含从国外引进的优良果农作物，如美国脐橙、印度枣等，还包括各种畜禽鱼类。此外，生态农业区以种植优质龙眼为主，因此，龙眼是当地重点的生产和推销产品。

2.文化景观区

文化景观区主要有龙翔沧海纪念碑、孔子堂、妈祖庙、大佛宫等“石文化”建筑景点。

3.休闲度假区

休闲度假区提供一条龙式服务，包括各种娱乐、饮食、洗浴等休闲场所，所在区域位于生态果林之中，环境优美，建筑别致。

4.娱乐健身区

这个区域包含针对不同年龄、不同身份的游客设置的娱乐设施，有为儿童准备的儿童乐园，也有为情人准备的情人吊桥，还有专门为健身人士打造的各项健身运动馆。

5.水上乐园区

该区有标准游泳池、儿童游泳池和嬉水区，划船、垂钓、观鱼、音乐茶座可使游客悠闲自得，心旷神怡。

6.野生动物园

该区占地200平方米，包括猛兽区、猕猴洞区、鸟类区等八个部分，构建了多种生态系统，改善了生态环境，为野生动物提供了生态条件，为中小学提供了自然生态的教育场所。

（二）珠海生态农业科技园区

珠海生态农业科技园区是一个集技术引进、生产开发、加工出口、旅游观光于一体的生态农业科技园区，地处珠海市斗门区，占地312.73平方公里，是珠江三角洲地区面积最大的生态农业科技园区。2017年，园区共投入发展建设资金42亿元，引进了一批“精、尖、高”的投资项目，年终经济效应累计产值达283亿元，是国家科技部批准的第五批国家农业科技园区，也是全国首个和唯一的国家级河口渔业示范区。

在设计理念上，珠海生态科技园区策划者认为，只有“差异”才是最好的旅游资源。这里的“差异”指的是在农业科技中，一个原生态的品种可以通过运用现代科技将之培育成新型的农业产品，如果再对其进行艺术化加工，它便可以成为一种旅游产品。因此，“差异”的出现代表一个全新市场的出现，具有可持续发展的特征。如果园区采用这样的发展模式，不仅可以让园区和景点做到同时开放，还能建造一条完整的产业链，集生产、环保、休闲、观光、销售等环节于一体。

六、古村落和古镇旅游项目规划设计

（一）古村落

中国传统的家族体制、悠久的文化理念、人们对美好生活的向往、奇异的民族风情、独特的建筑风格，都被保存在古老的村落之中。因此，古老的村落是中国传统文化中的瑰宝，在开展乡村旅游规划时，应本着保护第一，突出特色，经济、社会和环境效益相统一的原则，要考虑到旅游开发对古村落环境和社会的冲击，并尽量避免对当地村民的正常生活产生负面影响。

在国家文物保护单位马头古寨的旅游规划中，发展策略为保护古寨环境与深厚的历史文化氛围，使之成为贵阳市的历史文化名片；恢复古寨的历史原貌，增设生态文化设施，丰富其景观环境的内涵；在保护的前提下开展乡村旅游，构建具有冲击力的旅游意境。该规划提出了整体性、可持续发展、可操作性、突出特色、统一规划、分步实施等几项原则，以“保护为主、抢救第一”的文物工作方针为指导，在保护土司历史文化遗存及民族文化资源的基础上，使丰富而珍贵的马头寨文化遗产得到有效保护和合理利用，打造“黔中文化之源”的旅游文化与旅游特色，促进和推动区域经济可持续发展；提出了功能分区、基础设施、景观环境等系统；丰富了旅游功能和旅游活动内容；完善了旅游配套设施；增加了旅游景点；使马头古寨与南江、香火岩、紫江地缝及清龙河等景区连片成为贵阳市的热门旅游目的地，使游客可以在这里感受传承久远的土司历史文化、丰富多彩的民族民间文化和山环水绕、古木森森的喀斯特生态聚落文化。该规划还在马头古寨的发展中强调全面保护其整体建筑风貌、历史文化遗迹、民族文化传承和自然生态环境；在保护的基础上推进以乡村旅游为主的可持续发展，使马头古寨空间结构完整，使森林、水系、村寨、农田四位一体，使古民居建筑群、土司衙门、寨门寨墙等传统文化成为标志性景物，向游客集中展示古寨土司文化和当地布依族少数民族风情，使马头古寨成为以山水空间格局为基础，以水东土司文化为特色，集观光、休闲、寻古探幽、民俗体验等功能于一体的省内一流、国内知名的综合乡村旅游区。

（二）古镇

中国古镇承载着中国几千年的文化理念，铸就了中国人血脉中关于家园的记忆。古镇传统的民居建筑、古朴的生活气息、动人的民族风情和宜人的空间，与周围村寨的农田风光、山色水影、鸟语花香组合成一幅幅传统乡土画卷。乡村旅游应依托具有悠久历史的古镇和古村落，即具有深厚的文化底蕴和多姿多彩游览空间的古镇和古村落。

贵阳市青岩古镇在贵州历史上具有重要的政治、经济和军事地位。如今的青岩古镇不仅拥有保存完好的明清古建筑群，还将传统文化与西方文化结合起来，形成了汇集传统文化、宗教文化、军事文化等多种文化于一体的历史名镇。如果将贵阳市青岩古镇进行良好的开发，其深厚悠久的历史文化、优美独特的古镇建筑，一定可以吸引更多人的眼球。此外，古镇中的特色小吃也是市区游客休闲度假以及民族文化体验的绝佳去处。贵阳市青岩古镇的产品开发思路为在提炼青岩古城历史风貌特色的基础上，通过加强对古城的整体历史文化环境、重点文化景区和历史文物的保护，建设传统与时代相结合、历史与文化相结合的贵阳市旅游第一人文景观，使之达到全国历史文化名镇要求。

第六章　乡村旅游景观资源规划与开发方法

第一节　乡村旅游景观资源开发

一、景观资源评述

（一）自然资源分类

不同的地域环境具有不同的环境特征，而确立资源的保护利用和指导规则，其核心在于对资源进行分门别类，然后在具体的项目中确立其类型和特征，进而指导规划设计。乡村地域在漫长的历史中，形成了自身独特的资源环境。为了能够充分地利用好、保护好当地地域资源，就应将其分门别类进行研究，提出指导规则，形成多个层面规划保护方法。由于乡村旅游项目各有特点，如果要进行深入研究，那么分门别类就显得非常重要。学者大多从宏观方面来划分乡村景观的类型，本节则主要从宏观角度着手逐级过渡到微观角度。以自然景观的地形地貌作为依凭，按景观的不同特点分为多种类型。同时，在分类时也将各种地表覆盖物、人类对景观的影响作为分类的参考点，因为这些会影响景观的内在功能性。

1.大地景观区

从宏观的角度，将景观区域看成组成地球环境的一部分，根据其所处地理区位的差异，可以分为农业区景观、林业区景观、河海湖泊区景观、草原牧区景观、沼泽区景观、干旱沙漠区景观。

2.景观交错区

在大地景观分区的基础上，由于不同景观必然存在交错和过渡区域，由于该区域具有多种景观分区的特性，因此，另设一类，如农牧交错景观、农林复合景观、城郊区景观林草复合景观等。

3.功能利用景观类

根据景观区的内在差异，从土地利用的角度出发，对大地景观区进一步细分，如农区景观中的居住区景观、耕作区景观、养殖区景观等。

4.景观组成单元

组成单元的划分依据是功能利用景观类组成的差异（主要是地形地貌、植被、土壤等差异），如耕作区景观中的水田景观、旱田景观、梯田景观、缓坡旱地景观等。

5.景观元素

主要是根据景观单元内部各要素不同形体，功能特征，即斑块、廊道、基质的形态分类。例如农田景观中的廊道有农田道路、防护林带、水渠、溪流等，斑块中的水体、休闲地、荒草地、种植田等，基质是水田。

（二）人文资源

任何成功的景观规划项目，都是在深刻研究当地历史文化的基础上，进行了恰如其分的创造，可以说文化本身就是创造的根源所在。现代规划学的重要观点之一便是继承和保护传统文化，延续文脉，通过这种方法来减免因建设对当地的环境文化造成的冲突和破坏，保护人们的自我认知和身份认同，乡村旅游景观的规划设计也是如此。乡村的文化特殊性决定了其文化特征大部分以非物质的形式表现出来，如各种手工艺、舞蹈、传统礼仪等，随着现代乡村旅游热的发展，这些东西都得到了极大的重视和开发。但是因为政策法规不健全，规划人员保护意识淡薄，大量乡村古建筑群未能有效地保护下来，各类民俗表演、民间工艺品、节目祭祀、生产生活方式表面上得到了开发利用，也得到了巨大的经济效益，然而，其问题也日益突出，如舞台化、商品化、庸俗化，曲解了民族传统文化中的文化品位和文化内涵。

乡村景观的遗产是指分布于乡村区域的景观资源，是能够体现特定历史阶段发展的景观表象资源，就其价值而言是具有相当重要的自然教育意义和区域历史传统文化的存在。与之相伴随的是非物质文化遗产的保护利用问题在旅游开发中得到了极大的关注，主要表现在学者们对我国传统的民居形式、聚落组成、古老的村镇、特别的民族文化传统等的保护开发利用，关注的角度则是政策导向、资源利用和保护。但是，中国社会快速的发展引起了对旅游遗产开发的诸多问题，商业化和城市化极其严重，对乡土文化的持续保护产生了十分不利的影响。

当然，任何问题都有其根源，这些问题也不例外。其因有二：一是城市化的发展对乡村的冲击，同样对乡村非物质文化遗产产生了冲击，当地居民对其文化遗产的漠视使得文化保护的状况变得更加错综复杂；二是因为旅游者总是想要切实地感受到原汁原味的文化特质，而文化遗产的保护主要集中在核心区域，因为要迎合市场的导向，加大了对文化遗产核心区的开发力度，保护范围变得越来越小。

这种逐渐内缩的状况，就成为旅游开发和文化保护的矛盾焦点。由于以上原因，本论文从景观规划设计研究的角度来探讨对乡村非物质文化遗产的保护和开发，力求能够在景观规划的过程中，为文化保护和乡村旅游景观规划的互惠互利提供具有可行性的指导原则。

1.增强整体保护规划意识

当前，我国的城市化进程不断提速，成为经济、社会、文化发展的核心动力，在发展过程中不断与世界接轨，吸纳西方的科技文化知识，在发展的同时，都市的影响力对乡村的文化保护产生了冲击。因此，每当我们提到乡村非物质文化遗产和中国传统文化的保护时总是感到沉重不已，但同时又感到这充满了吸引力。

文化的保护最为重要的就是文化的传承，城市的快速发展令人目眩，吸引了一批又一批的乡村人口，使得乡村的青年产生了断档，因此传统的乡土文化得不到传承，现代人又热衷于外来的文化形式，进而丢失了文化的自信心。所以，针对这种情况，我们在进行乡村景观规划时必须加大和增强整体的保护规划意识，不能丢掉自己的文化基因。

2.避免经济效益主导，过度开发

乡村旅游在全国各地迅速升温，过急的开发和利用不仅没有使非物质文化遗产合理地保护利用其经济方面的价值，反而对乡村非物质文化遗产产生了巨大的负面作用，多个规划项目商业痕迹、人工粉饰雕琢扎眼，对乡村印象构成的环境风貌产生了重大影响，进而对生存在其土壤上的建筑形式、民俗风情等特有乡村风格产生了巨大的不良影响。同时，各种乡村旅游缺乏整体规划和规模效益，形成各自恶性竞争。对于特定项目的规划，应充分考虑当地社会和经济发展规划，对已有的乡村旅游项目做到心中有数，从整体的大环境通盘考虑，找出自身优点，形成合力，最终使经济、社会、环境效益达到最大化。

3.保护和创新平衡

我国现阶段提出了新农村建设的政策，本意是要改变落后、脏乱的农村社区环境，但是部分地方政府和投资商打着这样的旗号，罔顾对农村非物质文化遗产的保护，大兴土木，使农村不像农村，城市不像城市，乡村的历史风情风貌日趋衰败。更为恶劣的是，采用移花接木的手段盲目崇洋，以为欧式就是吸引力的保证，进而模仿各种欧式建筑，极其丑陋。部分景观设计者在这个过程中，不能坚守原则，成为帮凶。保护的目的其实是更合理地利用，更好地利用同样能够对有效保护起到积极的促进作用，这两者是一者二、二者一的辩证关系，切不可混淆概念，孤立看待。

4.调动群众参与的积极性

现阶段，地方政府为了发展当地经济，陆续出现了乡村“旅游热”的浪潮，开始大幅度的发掘和利用当地非物质文化遗产。但是因为缺乏宣传教育，百姓对其表现出极大的不关心。作为乡村旅游景观开发的主力军，这种态度会严重影响乡村旅游景观的成败。而乡村非物质文化和当地百姓的关系就像鱼和水的关系，它必须在良好的环境中才能鲜活地传承下去，而政府仅靠一己之力必然无法收到保护和发扬乡村文化的应有效果。

二、乡村旅游区景观设计的相关基础理论

（一）环境艺术学

1.环境美学

环境美学将环境作为审美对象，注重在精神层次上对人与自然和谐相处的体会。人对环境的感受，不仅是在视觉上，还涉及嗅觉、触觉、听觉、味觉、精神等身体的全部感觉。人既是纯粹意识的存在，也是物质的感性的肉体存在，它不能独立于自然环境之外存在，而是自然的一部分。不仅如此，环境美学还具有创造性的建设功能，通过环境美学可以让我们更深入地认识、把握和领会我们的身体，体会到人与自然环境之间密不可分的内在联系。它会帮助我们体认到自然和人类社会之间的统一性，超越现代社会中各种形式的二元对立。

2.环境行为理论

环境行为学是对人类自身的行为（经验、行动）与相应的环境（物质、社会和文化）之间相互作用、互为影响的关系进行研究的学科，被广泛用来进行心理分析，又可称为环境心理学。它将人类对环境的要求归纳为五个方面的需要，予以最大、最低或最佳限度地满足：第一，最大限度地接触，与自然、社会、人为设施、信息等有最大限度的接触，即与外部世界有最大限度的接触（活动的自由度）；第二，以最省力（包括能源）、最省时间、最省花费的方式，满足自己的需要；第三，任何时刻、任何地点，都要有一个能受到保护的空间；第四，人与其生活体系中各要素之间有最佳的联系，包括大自然与道路、基础设施与通信网络；第五，根据具体的时间、地点以及物质的、社会的、文化的、经济的、政治的种种条件，取得四个方面的最佳综合与平衡。

3.人体工程学理论

在人体工程学中强调“以人为本”的理念，使环境与人类复杂的生理构造和心理特征、行为习性相适应，以人的安全、舒适、高效为目标，为一切设计、创造活动服务。

（二）景观设计学

1.场地规划理论

场地是景观环境规划的重要基础内容，它包含基地内的所有内容，包括建筑物、构筑物、交通设施、室外活动设施、绿化景观设施以及工程系统等，场地规划可使之与周围环境相互协调。由于景观环境具有多样性和复杂性，所以场地景观规划在原则上要有先进性、功能性、景观化、协调性以及对景观遗产的有效保护性，这是规划设计的基础。

2.园林造景理论

园林造景是指通过人工手段，利用环境条件和构成园林的各种要素建设所需要的景观。其造景手法主要包括主景和次（配）景、抑景与扬景、夹景与框景、前景与背景、俯景与仰景、实景与虚景、内景与外景、季相造景等。人工园林是人创造景观、改善生存环境的重要途径，园林造景理论是旅游景观规划设计的重要基础性理论。

3.景观生态学

景观生态学是研究景观单元的类型组成、空间格局及其与生态学过程相互作用的综合性学科。景观生态学研究的关键是强调空间格局、生态学过程与尺度之间的相互作用。运用生态系统原理和方法研究景观结构和功能、景观动态变化以及相互作用机理，从而更加有效地美化格局、优化结构，使景观资源得到合理利用和保护。

（三）旅游学

1.旅游地理学

旅游地理学是研究旅游活动与地理环境关系的学科，其研究内容包括：第一，旅游的起因及其地理背景；第二，旅游者的地域分布和移动规律；第三，旅游资源的分类、评价、保护和开发利用论证；第四，旅游区（点）布局和建设规划；第五，旅游区划和旅游线路设计；第六，旅游业发展对地域经济综合体形成的影响；第七，旅游业对区内环境的影响等。

2.旅游经济学

旅游经济学是研究旅游活动及其发展规律的一门新兴的综合性经济科学，其研究内容主要包括：第一，旅游经济活动在国民经济中的地位、作用以及其与国民经济各部门的相互关系；第二，旅游供求规律；第三，旅游资源和服务设施的开发、建设、利用、保护、改造的经济原则以及贯彻这些原则的具体措施；第四，旅游业的经营管理原则和措施；第五，旅游服务、旅游市场、旅游商品的特点、方式与发展途径及旅游经济在国内国际的前途和方向预测。

3.旅游规划学

旅游规划，是一个地域综合体内旅游系统的发展目标和实现方式的整体部署过程。它要求从系统全局和整体出发，着眼于旅游规划对象的综合整体优化，正确处理旅游系统的复杂结构，从发展和立体的视角来考虑和处理问题。旅游规划通过确定发展目标，提高吸引力，综合平衡游历体系、支持体系和保障体系的关系，拓展旅游内容的广度与深度，优化旅游产品的结构，保护旅游赖以发展的生态环境，保证旅游地获得良好的效益并促进地方社会经济的发展。

三、景观项目规划的具体原则

（一）功能定位方面

乡村的文化体系在长时间的历史演变中，形成了相对独立和完整的地方性文化，是乡村文化的宝贵遗产。乡村文化是否能够很好地继承和发扬是其能够得以保存的根本。它代表了特定的社会历史阶段的乡土风情风貌，是现代社会对当地历史发展和形成的衡量判断标准。在乡村景观规划设计中，能否更好地挖掘和提炼极具当地特色的风情、风俗并恰到好处地表现在乡村景观中，是项目规划设计的关键。在乡村景观规划中，绝不可人为地割裂乡村文化发展脉络，必须加以保护和发扬，重视当地人对其的认同感。功能作为规划项目的基础面，直接决定了项目的实用性。对于乡村旅游景观规划的项目，从旅游人群、当地群众的需要出发决定了它基本上可以具备以下几个方面的功能：

1.生态廊道

着眼于乡村原生态的自然环境、以保护当地生态系统为目的。在区域开发的同时，建设好生态廊道，便于动物自由迁徙。同时，人们也可以通过生态廊道体验当地的自然风貌，回归大自然的怀抱。

2.观光休闲

游人在前往旅游地时是抱着休闲观光的目的，乡村旅游基于自身特点，其观光休闲区应该具备以下两种功能：

第一，项目建设本身应该服务于当地人民，考虑到当地居民的需要，应该具有一定的聚集场地作为村民庆典和聚散的用地；

第二，对游客来讲，放松身心应该是其旅游的目的，所以应该有宁静的环境给人以休闲、疗养的功效，可以以此为基础建立休闲会所、健身俱乐部等。

3.乡土民俗风情体验

许多具有特色的乡村，都是在长时间的历史条件下，在地理环境的影响下形成了自己独有的特征。而旅游规划理论中的空间异化之说，表明了我们应该在规划设计时充分保护当地地域文化特点并将其开发利用、吸引大量游人前来欣赏、体验活动和功能场地。例如，祭祀、民歌、社火等。

4.其他功能分区

随着乡村旅游热的不断发展，内容开始涉及多个方面，多种新的内容不断涌现。所以，在进行乡村旅游的景观规划设计时需要有所表达。比如，在人群构成上，从过去的个人和小团体开始向人数众多的大组织发展变化，各种公司的接待服务也经常被置于乡村旅游的日常服务项目中。因此，在进行规划设计时必须予以考虑，如设置各种集接待、餐饮、休闲、娱乐于一体的企业休闲区。

（二）场地精神方面

景观规划项目由于客观环境和主观环境有差异，导致每个项目都与众不同，这就是它自身的特质。一个成功的景观设计应该充分挖掘其本身蕴含的精神特质，无论是文化的挖掘还是自然环境的营造，都是想向人们传递一种项目能够表达的内在精神，而这也是吸引人们的项目亮点之一。

对于大的景观规划设计也是同样的，绵延的青山绿水、无尽的金黄稻田、辛勤劳作的人们、自由平和的笑容、欢声笑语的打谷场是给予人们的深刻印象，同样成就乡村景观的特殊性。而这使得它传递给人们一种不一样的信息，闲适自然、自由安详、阳光温馨等都成为乡土景观的精神内涵。

（三）氛围营造方面

游人对于客观世界的感受，来自于多种外界的信息接收，而将客观世界和主观世界联系起来的途径就是基于人们的五种感官感受（视觉、听觉、嗅觉、味觉、触觉）。而景观设计氛围营造也就是从这五感出发，来营造乡土风味浓郁的景观环境。其基本特点是：田园风格，可以通过色彩搭配，空间开放度的变化，建筑和雕塑的形态特征，人们的民俗习惯、服饰衣帽、节日庆典的规范礼仪等多个方面进行营造，使人感受浓郁的当地风土人情风味。

（四）行为心理方面

现代旅游规划理论的核心是基于对大众行为心理的研究而提出来的规划策划原则，大众行为心理的研究就是探索怎么样的环境会引起人们怎么样的心理变化，进而指导设置不同的功能性环境来影响人们的感觉情绪。对此，我们在乡村景观的规划设计中，应考虑其功能性和游人游玩的预期目的，设置相应的具有乡村特殊功能性的场所，例如茶室、制陶、木雕、采摘等。在时空观上将人们在游玩时存在先后顺序的不同的心理预期组成最终的整体印象，所以基于游玩时的时间轴，可以设置各种场所和空间环境的先后出现顺序，达到引导人们心态不断变化的目的，最终实现对人们心态变化的良性引导和循环。

四、乡村旅游景观的类型

（一）乡村自然山水景观

自然景观是指没有受过人类影响或只受过轻微影响，而原有自然面貌未发生明显改变的景观，如高山、草甸、荒漠、沼泽、雨林以及某些自然保护区等。

中国幅员辽阔、地势西高东低。在这片跨越多个经纬度带的地域上，有数不尽的名山大川，数不尽的江河湖泊，数不尽的地势地貌，数不尽的动物植物，这使得在中国大地上形成了类型齐全、数量丰富、北雄南秀特色鲜明的自然景观。中国丰富多样的自然景观为乡村景观的塑造提供了良好的物质平台，也为乡村旅游业的可持续发展奠定了雄厚的基础。如此丰富的自然景观资源，多数分布在我国广袤的农村地区，这些自然山水景观成为我国乡村景观中不可多得的资源，为我国乡村旅游景观的建设打下了坚实的基础。

（二）乡村历史人文景观

历史人文景观是由人类创造的一种人工性质的景观，其经过多年的积淀和风雨的洗礼，保留至今，成为历史信息的携带者，传统文化的继承者。其主要包括历史文物古迹、民俗民风以及文化艺术等，总体来说有两大类：有形的和无形的，它们都具有非常强的历史性和时代性、民族特色和地方特色。

在几千年的时间里，我国劳动人民用智慧和勤劳的双手创造出了无数绚烂的历史人文景观。它在一定的人文环境中，以自己的语言与符号，表现一定的文化背景、历史内涵和思想情感。因此，这些历史人文景观都是独一无二的资源，为乡村旅游景观的建设提供了雄厚的物质基础。

（三）乡村农业生产景观

农业生产是农民最重要的经济活动，也是乡村景观的重要组成部分，我们可以将其分为静态的农业景观和动态的劳动生产场景。中国幅员辽阔，流传下来的农业技术和耕作方法具有地区差异性，其结果就是出现了南北各异、东西不同的农业景观。随着农业体验游、农业休闲游等旅游业态的兴起，农业生产景观已经成为一种名副其实的乡村景观，具有强大的吸引力和潜力。

很多农业景观本身就非常美，如元阳梯田成功地融合了生产性、生态性和审美性，每年都能吸引大量的国内外游客。许多劳动过程和劳动工具也具有非常高的文化价值和审美价值，如爱斯基摩人捕鱼、农民在田间劳作、大丰收的场景等。

（四）乡村生活民风景观

乡村生活文化景观是指在特定的地域文化背景下，经过一个很长的时期形成并保存至今的一种生活景观。其最显著的特点就是保存了大量的物质形态历史景观和非物质形态传统习俗。物质形态景观主要包括乡村聚落景观和乡村建筑景观；非物质形态景观是指村落居民在长期的历史过程中形成的共同生活行为活动和习惯以及与之相关的历史文化，主要体现在精神文化生活层面，如语言、文字、艺术、宗教信仰、民风民俗、民间技艺等。

这些乡村生活民风景观，是区别于城市生活文化的独特景观，能够让外来者更好、更直接地体会生活、热爱生活。因此，在建设乡村旅游景观的过程中，一定要合理利用这些景观，因为它们也是重要的旅游吸引物。

五、乡村环境保护和利用

（一）水体保护

自然水体有自身的生态系统，各种浮游植物、鱼类共同组成一个稳定的环境。同时，水体与陆地之间的过渡带形成了特定的湿地环境，湿地环境作为过渡性的空间有多样的动植物种类，其对过滤水体起积极作用。而对水体的保护也就明确为对水体自然生态系统的保护和对湿地环境的保护，在遵守相应的政策法规的基础上，可将其划分为以下几点：

第一，生活污水和工业污水不能直接排放到自然水体中，必须经过人工湿地和自然湿地的物理、化学和生物的协同作用对污水进行二次净化。

第二，如果在规划中需要引入周边河水，应设置多种过滤系统，如曝气池、沉淀池、人工湿地等系统，以形成有效的自我净化工程，使得水体再次进入河道中，实现循环。

第三，对滨海区域进行开发时，不应大兴土木，而要以使用部分生态材料为原则，如木栈板、木栈道、自然护坡等，避免打断水体对周围土壤的渗透。

（二）植被保护

植物具有为动物提供栖息地、改良土壤、防沙固土、净化空气的作用，对环境生态系统的作用不言而喻。多年来国内外学者对其研究非常深入，在这里仅从乡村旅游景观规划的角度予以论述。

第一，乡土树种的保护，不同的植物都有其赖以生存的环境，生态系统中的各个要素彼此相互支持和制约。在进行规划时，要避免滥伐滥砍的现象，不能为一时的经济效益而牺牲环境效益。

第二，规划所选用的物种应以当地的乡土植物为主，这不仅是因为当地植物能够更好地存活和营造当地环境氛围，更可以避免盲目引进外地植物引发的物种入侵问题。

第三，如果涉及大规模的植物栽植，应从乔、灌、草三个方面出发，建立稳定的植物环境，使其形成相互支撑的稳定生存环境。

（三）空气环境保护

第一，严格执行国家大气环境质量标准，空气质量达到《环境空气质量标准》规定的二类环境空气质量以上标准要求，远期达到一类环境空气质量标准。

第二，推广使用清洁能源，如沼气、电力、风能、太阳能等，减少排污。

第三，旅游区内各类家电产品，应以环保型电器为主。

（四）景观环境保护规划

1.水资源保护与循环利用

第一，水系保护措施：应加强对污水排放的检查和清理，严禁未经处理的污水、废水直接排入沟渠水系，村庄必须建设污水处理设施、沟域内排放要做出统一规划，以保证地表水、地下水的清洁。

第二，非再生水利用：对于饮用水源为地下水的地区，过度开采地下水会使地下水位下降，地表干旱层加厚。为此，应规划加强非传统水源利用，即对雨水、再生水和中水等的利用。居民点排水要施行雨污分流，在雨水管路系统末端设置雨水收集池，污水经过污水处理设施处理后作为农田灌溉和景区绿化用水等。

2.废弃物处理

推广垃圾分类，减少不可回收资源的总量。对于可再利用的废弃物，应逐步实现农村废弃物资源化，采取建沼气站，收集处理人畜粪便、农作物秸秆等措施。近期设立垃圾收集站，远期建立垃圾零排放系统。居民点、景点服务设施的垃圾要实现袋装、专人上门收运，加强环卫设施建设，积极建设环保设施和生态工程，使沟域范围内废弃物处理达到无害化、减量化、资源化。

3.资源保护

动、植物是生态环境的主要组成部分，它们是生态环境，尤其是自然环境的中心部分，也是发展生态旅游的主要资源，必须加强对这些重要动植物资源的保护，禁止乱砍乱伐，破坏生态植被以及对动物的乱捕乱猎行为，注重保护生物的多样性。

第二节　乡村休闲旅游资源开发

一、休闲旅游的概念要素

（一）休闲旅游的概念

休闲旅游，是指以旅游资源为依托，以休闲为主要目的，以旅游设施为条件，以特定的文化景观和服务项目为内容，为离开定居地而到异地逗留一定时期的游览、娱乐、观光和休息。

（二）休闲旅游的特点

1.修身养性

让身心放松是度假旅游的基本要求。休闲就是要在一种“无所事事”的境界中得到积极的休息。因此，在紧张工作后到心仪的度假地度假，或游泳、或阅读、或徜徉于海滨、或徜徉于森林草原、或置身于温煦的光下，使身心完全放松。这种放松，完全有别于日常的工作节奏，是一个身心的调整过程。

2.目的地重复

度假旅游具有一个显著的特点，就是游客对其认同的度假地具有持久的兴趣和稳定的忠诚度，甚至对一家自己喜欢的度假酒店也有非常稳定的忠诚度。有的游客一生中的度假地可能只有一个或少数几个地方，一个度假地一生中可能去很多次，因为度假客对度假目的地带来的熟悉感、亲切感非常在意，非常关注外出度假感觉和在家里生活感觉的内在联系。因此，度假目的地就会拥有一批稳定的回头客群体，这一群体越庞大，度假地服务的针对性就越强，针对该群体提供服务的人性化程度就越高。重复地到达同一目的地这一特点意味着度假目的地在经营方面须培育和保护游客的忠诚度，努力争取每一个“头回客”，使其变为“回头客”，促进游客对该度假区品牌忠诚度的提高，促使其成为该度假区的终生客人。

3.消费能级高

从世界旅游发展规律来看，当人们在拥有满足生存需要的收入和足够的闲暇时间后，就会考虑旅游消费，观光旅游便应运而生。随着收入水平提高、闲暇时间增多、文化品位提升，休闲度假旅游在一些发达地区的一些高收入人群中逐渐兴起，这种情形决定了休闲度假旅游者的消费能级的增高，且相对于观光旅游而言，在目的地停留的时间比较长，而且会产生重复消费，是很值得开发的市场。

4.一地停留时间长

度假旅游与观光旅游的重要区别，在于度假旅游对目的地的指向性比较集中。与观光旅游追求的“多走多看”的价值心态不同，休闲度假者则往往在一个地方停留较长的时间，而且消费的目的性非常明确。目前国内虽然仍以观光旅游为市场主体，但观光向休闲度假过渡的现象已经出现，休闲游的市场开始逐步形成。例如，以前游客到海南岛，主要是观赏椰风、海韵景观，现在逐步转变为投身于椰风、海韵的情境中，并获得放松身心的享受。

5.要求交通便捷

与观光游更加关注经济成本相对比，休闲度假游更加关心时间成本，也就是追求从客源地到目的地交通上的低时间成本和快捷性。因为度假旅游并不主要关心旅游交通过程中的观赏效应，而更关心尽快进入休闲状态，提高度假的质量。因此，度假目的地与客源地的距离不应太遥远，一般追求“点对点”的直接交通方式。例如，西班牙之所以成为游客去欧洲首选的度假地，除了阳光、沙滩营销出色以外，优越的地理位置和便捷的交通也是十分重要的因素。

6.自助、半自助方式

和观光旅游的组团出行不同，休闲度假游更加偏好于自助式旅游或半自助式旅游（仅通过旅行社安排机票、酒店）。在出游单位上，家庭朋友出游的比例明显增高。散客与家庭式的旅游在国际上是从20世纪70年代末80年代初开始兴起的，目前在中国也逐步成为一种重要方式，这就对现有旅游企业的经营提出了更高的要求。

7.层次丰富

度假游客群体的产生是在观光客群体中逐渐成熟并转变而来的，度假游客旅游消费的进一步成熟会产生更高的文化需求，这是因为游客的体验已经不仅是到森林度假区呼吸新鲜空气，或者去温泉度假区洗温泉浴，而是更加追求度假地的文化氛围和内涵。因此，如果度假地经营能够在文化层次上满足游客的多方面要求，度假地的度假文化就会逐步成熟，从而成为巩固度假客对目的地忠诚度的驱动力。

（三）休闲旅游的现状与特征

1.发展势头迅猛

据世界旅游组织预测，到2020年中国将成为全球旅游第一大国。中国人通过消费享受休闲的时代正在到来，也正在成为一种趋势。尽管中国目前还属于发展中国家，在旅游消费构成上，休闲度假占整个旅游的比重仅为20%左右，远低于旅游发达国家50%左右的比重，尚未进入真正的“休闲时代”，但休闲经济已具备了相当规模，且呈现出蓬勃发展的势头。尤其是在建设资源节约型、环境友好型的和谐社会背景下，休闲度假旅游的发展会呈现出更快的趋势。

2.休闲旅游发展面临瓶颈制约

不可否认，我国现在发展休闲旅游还存在很多制约因素。例如，集中性的节假制度，对旅游能级的提高具有严重阻碍作用。由于旅游产品生产与消费的同步性以及由此派生的旅游产品的不可储存性，决定了缓解旅游供给与旅游需求时间矛盾冲突的弹性非常有限。旅游消费需求具有非常大的弹性和多变性，但节假时间过度集中，使旅游消费需求在同一时间集中释放，导致旅游客流过分集中，交通运输、旅游接待设施、旅游景区景点承载过量，服务质量下降，游客满意程度也随之下降，旅游消费需求转移，削弱了旅游消费能级的提升。因此，目前的休假制度只适应浅层次的观光旅游，却制约和阻碍了高层次休闲度假旅游的进一步发展。

此外，经济发展总体水平和文化认同也是制约我国休闲旅游发展的一个因素。目前大众旅游市场的消费指向基本还是“多景点+低团费”模式的产品，这是因为一方面我国多数居民尚处于富裕与非富裕之间，另一方面对“无所事事”境界的休闲度假方式还不能完全认同。

3.市场尚需培育

休闲度假市场还需要多方共同培育。从宏观管理角度而言，要促进休闲产业的发展，就要在全社会倡导选择健康、积极的休闲消费和生活方式，制定适合休闲产业发展的产业政策和制度法规；从游客受教育程度讲，休闲方式的选择与受教育程度密切相关。因此，通过提高全民受教育水平来倡导健康的休闲文化和休闲消费，同样是促进发展休闲产业的重要途径。当然，企业的积极参与更是休闲产业发展的最大动力之一。

二、乡村休闲旅游的概念要素

（一）乡村休闲旅游的概念

随着我国经济社会的快速发展，人们的物质文化生活得到了极大的改善，人们追求精神层次的发展日益增多。一方面，城市环境质量不断下降，城市活动空间渐趋狭小，人们工作压力大，亟须寻求一个环境优美、清净和宽阔的空间来释放自己的压力，放松自己的心情；另一方面，我国乡村交通网络日渐发达，加之节假日不断增多，越来越多的人喜欢到乡村休闲度假，这也为乡村经济、文化和社会的发展带来了契机。

对于乡村休闲旅游的概念，国内外学者尚没有形成一个统一的定论。鉴于此，笔者对与乡村休闲旅游概念相关的资料进行分析、归纳与总结，得出了自己认为可以使读者较容易理解而又不致浅薄的观点。笔者认为，乡村休闲旅游是以休闲为目的，以乡村地区为活动场所，充分利用乡村独特的自然环境、田园风光、乡村民俗文化、农舍村落以及农林牧渔生产经营活动作为吸引物，为以城镇居民为主的游客提供观光、健身、体验、购物、娱乐以及度假的一种新型旅游业态。乡村休闲旅游者通过观赏乡村田园风光、体味乡村民俗文化、品尝乡村特色美味食品、体验乡村生产生活等形式，能够达到愉悦身心、增长知识、放松心情、恢复体力和精气神的目的。这一新型的旅游业态已经成为人们精神文化生活的一部分，是社会文明的重要标志，是现代人追求精神生活的一种方式。

（二）乡村休闲旅游的特征

1.旅游资源的丰富性

乡村地域广阔，旅游资源非常丰富，既有自然景观，又有人文景观；既有农林牧副渔资源，又有各种文化资源。乡村休闲旅游资源形态各异，丰富多彩。

2.旅游时间带有一定季节性

很多地方开展的乡村休闲旅游带有一定的季节性，这大都是因为乡村农业生产活动有春、夏、秋、冬之分，夏、秋时节农业生产活动比较多，旅游相对火爆；冬、春季节农事清闲，旅游相对冷淡。此外，以北方地区为例，秋冬季节较冷时，人们参与乡村休闲旅游的活动较春秋季节时少。

3.旅客行为的参与性

乡村休闲旅游活动并不仅仅是单一的观光旅游活动，游客还可以参加生产劳作、品尝农家美味、江边垂钓、湖中划船、采摘蔬菜瓜果等活动。乡村休闲旅游相对于城市休闲旅游来说，带有非常强的参与性。

4.人与自然的和谐性

乡村景观是人类长期以来适应和改造自然而创造的和谐的自然和文化景观，既保持了原来的自然风貌，又有浓厚的乡土风情。乡村这种“古、始、真、土”的乡土特点，使乡村休闲旅游具有贴近自然、返璞归真以及人与自然彼此和谐的特点，这正迎合了我国传统的休闲思想和人类返璞归真的人性本能。

5.旅游分布的地域性

众所周知，每个国家几乎都有地域上的差异，从而在不同地区的乡村形成了各具特色的村居环境。例如，我国乡村既有南北方乡村的差别，又有山地、平原、乡村之分。另外，有些地区各民族之间的村居环境也大相径庭，由此导致乡村休闲旅游具有明显的地域性。

6.客源市场呈现出大众化和多元化趋势

随着现代经济社会的发展，人们有了越来越多的可支配收入和闲暇时间，乡村休闲旅游已经不仅仅是富裕阶层或者城市居民的专利，而是逐渐发展成为大众旅游的一种新方式。城市里的高薪、富裕阶层以及工薪阶层与乡村中的一部分人群组成了乡村休闲旅游的消费客户群，这其中既有年轻人，也有老年人。

7.消费档次相对较低

乡村休闲旅游发生在乡村地域，相较城市休闲旅游来说，游客消费层次低，也正是这一原因使得乡村休闲旅游客源市场逐渐呈现出大众化和多元化的趋势。

（三）乡村休闲旅游发展类型

随着现代经济社会的发展，乡村休闲旅游的发展呈现出产业化和规模化趋势。综合国内外乡村休闲旅游的现状和其他学者的研究成果，可将乡村休闲旅游分为以下几种类型：

1.乡村自然风光游

乡村自然风光游主要以欣赏美丽的田园风光为内容，旅游形式有爬山、滑雪、划船等，在欣赏美丽风光的同时，感受大自然的新鲜空气，从而得到身心的舒畅和愉悦。

2.乡村民俗和民族风情旅游

乡村民俗旅游以当地村民的生活方式、民俗文化、民间工艺和节庆活动等为主要内容，从而吸引游客了解乡土民情、民族文化以及乡土文化，感受乡村历史文化底蕴，增加对民俗文化和传统文化的了解，提高自身修养。

3.参与型乡村休闲旅游

参与型乡村休闲旅游主要是指游客通过亲自参与，比如渔场捕捞、游览特色产品果园、采摘特色产品、品尝特色美食和赏析花圃中的盆景等活动，在感受田园乐趣的同时，深刻体会到劳动丰收的喜悦。

4.农庄旅游或农场旅游

农庄旅游主要依托休闲农庄，为游客提供各类休闲场所。比如："以名茶或者品尝特色农家菜为主要内容的农庄旅游。农场旅游主要是依托美丽的田园风光，使游客徜徉在幽雅清静、舒适宜人的绿色空间里。"此外，游客还可以体验农牧场生活，领略不一样的地域乡村风情。

（四）发展乡村休闲旅游的意义

1.带动地方乡村产业结构调整，加快城乡一体化进程

发展乡村休闲旅游不仅可以促进当地农业转型升级，充分发展农业资源，而且可以调整和优化产业结构，同时带动农村第二、第三产业，特别是农村服务业的发展。许多地方乡村休闲旅游依托农业资源，这样可以增加农业附加值，推动农业发展方式的根本转变，延长农业产业链，这样能够较好地促进农民增收。此外，乡村休闲旅游的发展可以带动其他行业的发展，比如农村运输、餐饮、住宿以及商业等，这些都有助于当地财政收入的增加。

发展乡村休闲旅游可以切实推动城乡一体化进程，一方面，通过与游客接触，乡村能感受到一些先进理念，传统思维会发生改变，资金的引入则能够促使乡村农民拓宽投资方向；另一方面，它能够给乡村带来先进的技术和管理经营模式，促使乡村从业人员接受教育培训，从而出现城市带动农村和农村服务城市的资源互补局面。这有助于乡村居民生活质量和素质的提高，逐步缩小城乡差距，不断满足城乡居民需求，增进城市与乡村居民的交流互动，加快城乡一体化进程，进而能够显著地加快全面建成小康与和谐社会的速度。

2.促进农村剩余劳动力就地转移

随着生产力的不断提高，我国很多农村均出现了富余劳动力，他们为了生存和发展，大量地涌入城市。这一方面对城市建设和发展起了推动作用，另一方面也产生了很多负面影响，比如城市拥堵、公共资源紧张、社会治安等。

发展乡村休闲旅游可以带动一系列相关产业的发展，比如商业、建筑业、住宿餐饮业、交通运输业和加工工业等，可以就地转移这些剩余劳动力。一方面，他们可以耕田种地，收获粮食，不至于使田地荒芜；另一方面，能够为他们在家门口提供就业和创业机会，收入也会大幅提高。乡村休闲旅游本身属于劳动密集型产业，它吸纳劳动力的能力比较强，同时乡村休闲旅游需要配备“一条龙”的服务设施，不但需要众多的管理人员，而且需要大量的服务人员。这不仅有效解决了大量农民工涌入城市所带来的负面问题，而且有利于当地农村经济的发展。

3.有助于改善乡村民风，不断提高村民素质

与经济建设相比，农村文化建设更具长期性、艰巨性和根本性。这是由我国农村根深蒂固的文化传统和农民的文化素质决定的。当前，我国农村还存在一些带有迷信、愚昧、颓废、庸俗等色彩的落后文化，甚至存在一些腐蚀人们精神世界、危害社会主义事业的腐朽文化。发展乡村休闲旅游吸引的顾客群大多来自周边城市和发展较好的城镇，他们的文化素质一般比较高，村民在与游客的交往之中，会被他们的谈吐、举止熏陶，无形之中会在内心形成一种约束机制，即改变过去那种不好的行为，提高自身文化修养。此外，政府对乡村休闲服务人员进行的培训，自然会使他们了解懂礼貌、讲文明在服务行业中的重要性。在发展乡村休闲观光农业的过程中，乡村农民的农业生产技术和市场营销方面的知识也会得到提高，当地干部和管理人员也能够接受到现代管理理念和方式。乡村休闲旅游设施的建设本身就能起到文化渗透的作用，村民对于这些旅游设施的认识和了解能够引导他们的投资方向，改善农村的文化环境，比如乡村休闲娱乐设施能够为村民提供丰富的精神文化生活等。村民在搞好本村休闲旅游的同时，自身的思想意识和观念也会逐渐发生变化，从而衍生出农村新文化。

4.有利于乡村基础设施建设，保护生态环境和民俗古迹

发展乡村休闲旅游必然会促进当地基础设施建设，完善的基础设施是为游客提供优质服务的保障。乡村道路建设、农田水利建设、住宿设施、通信设施等各项基础设施的改善有助于吸引游客到此休闲消费，从而增加农民收入和促进当地经济发展。此外，随着乡村休闲旅游的发展，当地村民的文化素养、生活观念、环保意识以及生活观念等逐渐发生转变，这有利于社会主义新农村建设和逐步缩小城乡差距，加快城乡一体化的发展进程，逐步实现基本公共服务的均等化。

发展乡村休闲旅游，作为旅游吸引物的各种旅游项目或者资源就需要得到保护。发展乡村休闲旅游一方面要求村容整洁、基础设施完备；另一方面要求保持古民俗文物遗迹或者古建筑的原真性，这些都有助于保护乡村生态环境的优美和维护古文物免遭破坏等。

三、乡村休闲旅游发展存在的问题

（一）缺乏统一、科学的规划

1.盲目开发，产品层次低

旅游业是一项关联性非常强的行业，涉及餐饮、交通、住宿、通信等基础设施建设和生态环境保护等。一些地区的领导忙于出政绩和经营者急功近利想发财致富，没有充分考虑自身资源优势和客源市场，仅凭一股热情一拥而上，盲目开发乡村休闲旅游资源，不对其乡村旅游资源进行规划和策划，而是粗制滥造，不讲求质量匆匆上马，出现了同一地区旅游项目建设重复，没有突出自己的特色，互相竞争，效益低下的问题。另外，部分村民由于文化水平比较低，对问题考虑不深入，看到别人搞乡村旅游富了起来，也“一窝蜂”地跟着做起旅游经营，仅凭借自家的农田、果园、牧场等搞旅游，导致产品层次低、同质化现象严重、配套设施和环境较差、产品没有文化内涵、不注重挖掘乡村民俗民风资源，在惨淡经营一段时间后逐渐停业。在乡村休闲旅游开发时，不仅应考虑到与邻村（镇）的旅游开发项目是否雷同，还应避免开发与相邻区县相同的旅游产品，否则也将会影响当地乡村休闲旅游的可持续发展。盲目开发乡村旅游资源不仅会造成人力、物力以及财力的巨大浪费，而且会破坏当地的自然生态环境，影响当地人们的生活质量。

2.各自为政，没有形成规模效益

当前，我国乡村农民自发组织起来进行生产经营活动的程度比较低，甚至有的村子根本就不存在联合经营的企业或者团队。村里有项目的基本上都是个体经营，自负盈亏；一开始没有致富项目的，看到别的村民因为某个经营项目赚钱了也跟着搞，出现无序竞争。乡村休闲旅游发展多是规模小、档次低、品牌单一的个体化经营。村民之间如此，相邻村或者乡镇也有类似情况。比如，在乡村休闲旅游开发过程中，有些经营者并没有考虑到联合开发经营，将整个区域资源进行整合，而是局限在自己的一个圈子里，等自己开发完旅游项目后发现与邻近同行的产品相似，其开发的乡村旅游资源项目带来的效益可想而知。注重联合开发乡村旅游资源，一方面可以降低投资风险，另一方面可以突出地域特色，提高乡村旅游发展的质量和效益。

在乡村休闲旅游开发和经营过程中，普遍存在各自为政的问题。各自为政导致一些资源和资金无法形成有效合力，开发出来的乡村休闲旅游项目往往比较小，而且在经营过程中容易出现品牌意识淡薄的情况。另外，在开发乡村休闲旅游资源时，各自为政大都只会注重乡村农业资源的开发，而忽略了对更富有经济、艺术和历史价值的文化资源的挖掘，忽视了对乡村其他资源的开发和利用，这都是发展乡村休闲旅游过程中存在的问题。

其中，黄山旅游区域就是区域旅游不合作现象的典型代表之一。原徽州地区是世界著名的风景旅游胜地，经过长达900年的发展，已经形成了独具特色的区域文化。它包括三个地区：黄山风景区、江西婺源及其邻近的古村落以及以黔县为重心的古村落。现在，这三个地区已经是著名的旅游胜地，其中，黄山最著名。20世纪80年代，为了打造黄山品牌，政府撤销徽州地区，改名为“黄山市”，并将黄山市政府驻地从黄山脚下的甘棠镇改到距离较远的屯溪；将历史文化名城歙县一分为二，划出七个乡镇，成立了县级徽州区；将徽州文化的发源地和主要组成部分绩溪县划到宣城区，从而演变成为今天的“黄山景区”“黄山市”“黄山区”三个名称。而在发展各自地区休闲旅游的时候，原徽州地区的一些古村落以及婺源等地，纷纷打着“黄山”的牌子进行经营，但在实际的开发经营过程中，它们主要还是以“徽州文化”为主要旅游产品。这样就形成了各自为政、独自经营的局面，从而导致出现“皖南处处皆黄山”、黄山地名混乱的尴尬局面。这与当时树立、宣传黄山大品牌的初衷背道而驰，分割了旅游资源、旅游市场，损害了“黄山”旅游品牌的整体性、真实性，同时也弱化了徽州文化的吸引力。

3.政府认识不到位，管理理念落后

当前，国家出台了众多支农惠农的政策，这对于提高农民生产积极性和缓解个体经营压力起到了重要作用，但是国家出台的政策再好，下级政府或者相关管理机构并不一定按照实际政策实施。比如，国家支持乡村休闲旅游发展的政策在有些地方就没有得到贯彻落实，这给乡村经济发展带来了诸多问题。此外，有的政府管理人员对乡村休闲旅游的发展不够重视，只注重重工业项目的引进，并且把乡村休闲旅游准入门槛标准定得比较低，导致当地乡村休闲旅游发展质量不高，资源浪费严重。

有的地方政府管理部门或者相关机构并没有对本地乡村休闲旅游经营主体的资质和数量进行限制，如此将导致恶性竞争。在乡村旅游资源开发经营的过程中，要么由政府一手操办，要么是政府与企业洽谈完合作事宜即可，并没有考虑到乡村休闲旅游开发地区乡村居民或者社区居民的利益，使得乡村休闲旅游发展出现“飞地化”现象，即本地村民或者社区居民在乡村休闲旅游发展中获益很少，而大部分利益则被外地开发商或者经营者占有，致使本地村民或者社区居民对乡村休闲旅游发展产生了不满情绪，不利于当地乡村休闲旅游的发展。

另外，有的政府管理部门对乡村休闲旅游概念认识不清，仅仅把观光农业或者“吃农家饭、住农家屋、看农家景、干农家活”形式的农家乐当作乡村休闲旅游项目，并没有考虑到当地乡村休闲旅游资源的比较优势，或者根本没有充分挖掘出富有内涵的文化旅游吸引物，这都严重影响了当地乡村休闲旅游发展的效益。一方面，没有充分发挥当地资源优势，造成资源浪费；另一方面，没有使乡村休闲旅游发展的效益达到最大化。

4.市场定位不准确

市场是商品经济得以生存和发展的基础，市场定位不准会造成当地资源的浪费，包括人、财、物等资源，不能达到预期的效果。这对于乡村不发达地区的市场经济来说，会是一个不小的打击。一些地区对发展乡村休闲旅游的客源市场、客源类型、游客消费能力、市场规模、游客消费需求和客流规律等没有进行细致、认真和全面的分析总结，而只是凭着主观感受或者粗略估计就匆匆下结论，认为发展乡村休闲旅游会带来很大效益，其实不然。发展乡村休闲旅游不仅要考虑以上问题，而且要注意周边相邻地区是否有类似的乡村旅游产品，因此，充分和全面地分析乡村休闲旅游的客源市场、游客流量、消费需求等至关重要，这是乡村休闲旅游可持续发展的重要保障。

（二）缺乏对自然生态、文化资源的保护意识

乡村休闲旅游发展离不开优美的乡村田园风光、整洁的乡村环境，但一些地区的政府或者经营者没有对乡村资源进行合理规划导致盲目开发。另外，由于乡村教育的落后，人们文化水平、环保意识比较弱，使得乡村生态环境遭到破坏，人们在旅游区周围滥采乱伐，生活垃圾乱堆乱放，生活污水随意排放，严重影响了乡村休闲旅游区的质量，无法满足游客欣赏美景、放松心情的需求。

此外，一些被开发乡村休闲旅游地区由于管理责任不明确或者环境治理者不负责任，使得景区较容易出现脏、乱、差的现象；还有的景区游客人满为患，严重超出了自身接待能力，践踏草坪、乱写乱刻或者随地扔东西的现象普遍存在，这都会影响游客的满意度，从而降低当地旅游区的美誉度。

（三）基础设施建设和服务不完善

1.资金投入不足，基础设施建设比较落后

我国乡村休闲旅游发展面临筹集资金难的困境，这导致很多乡村资源优势比较好的地区无法发展乡村休闲旅游。旅游业是一项投资比较大的产业，在一些经济发达的都市郊区发展乡村休闲旅游一般不会遇到资金短缺的问题，但是在经济欠发达或者偏远的乡村这个问题则比较普遍。乡村村民或者社区居民筹集的资金往往不够，也得不到政府的资金和政策扶持，招商引资也比较困难。缺乏资金支撑，再好的设想也会变成空谈。乡村道路崎岖不平，道路狭窄，无任何标识；公共交通运力不足；旅游区公共卫生条件较差；设备不足，住宿条件和餐饮卫生、人身财产安全满足不了游客的需求。

2.服务人员素质不高

旅游业作为一项服务性非常强的行业，要求服务人员具备较高的文化素养。乡村休闲旅游行业从业人员主要是当地村民，他们大都文化水平比较低，没有接受过高等教育。在从业前也没有受过严格的教育培训和服务指导，服务过程也只是端茶倒水，对于游客想要了解的内容一问三不知，很难将当地具有民风乡俗的深层次内涵传达给游客，由此可见，乡村休闲旅游服务人员总体素质不高。去乡村休闲度假的游客大都是文化素质较高、见多识广的人，对服务标准要求比较高，而有的服务人员竟然连最基本的卫生也不讲究，这一反差往往会影响游客到此休闲的心情，从而会对当地乡村休闲旅游效益产生不利影响。此外，有的从业者只顾眼前利益，不顾长远发展，对游客漫天要价，损害游客的合法权益，使游客对旅游地的服务印象大打折扣。

（四）各项规章制度和管理不健全

1.缺少政策支持和法规约束

任何一个产业要想保持健康、稳定和快速发展，都离不开政策的支持和法规的约束，发展乡村休闲旅游也不例外。当前，我国针对乡村休闲旅游发展的立法管理仍然处于空白状态，相关部门对其进行监管也只是使用本部门法规，达不到治理乡村休闲旅游的良好效果。村民或者社区居民发展乡村休闲旅游的积极性比较高，但是苦于政府没有对发展乡村休闲旅游出台优惠政策，也没有相应法规作为保障。比如，政府没有对开发乡村休闲旅游的经营者实施税收优惠或者信贷优惠等政策；对有的经营户任意定价、蒙客和漫天要价等行为没有制裁措施等，这都会影响乡村休闲旅游发展的质量和效益。

2.卫生管理等制度不健全

发展乡村休闲旅游离不开良好的环境卫生、食品安全卫生以及消防、人身安全等作为保障。在一些乡村休闲旅游地区，尤其是农民作为经营业主的地区，脏、乱、差的现象很严重。比如，景区内垃圾到处乱扔、游览道路上脏乱不堪；有些偏僻落后地区的乡村，卫生设施缺乏，卫生观念相对落后，人畜共饮水现象十分普遍，旱厕朝天，环境卫生状况相当差，严重影响了游客的休闲心情。不仅是露天卫生比较差，有的地区接待游客用餐的场所很多都不符合食品卫生安全标准，餐具不经消毒就上桌，夏天苍蝇在屋内乱飞等，这都会损害游客的利益。然而，在这些地区的经营场所却没有发现相关卫生管理条例。此外，一些乡村休闲旅游地区消防安全隐患防范做得很不到位，一方面是村民无意识或者不愿把资金投在消防安全方面；另一方面消防安全部门也没有加大对乡村休闲旅游地区经营场所的检查和监督力度。很多经营场所根本没有消防设施或者设施已经陈旧无法正常使用，一旦发生火灾，后果不堪设想。缺乏相应管理条例或者相应管理部门未给予足够重视，使得乡村休闲旅游经营业主存在侥幸心理，置游客生命财产于不顾，最终只会导致当地旅游得不到健康、持续的发展。

四、乡村休闲旅游资源的开发与发展路径

（一）“政府 + 农户 + 企业 + 协会 + 旅行社”的发展模式

乡村休闲旅游的发展首先是要政府占主导，政府占主导并不是要政府无处不在，处处干预乡村休闲旅游事务，而是要政府必须时刻引导乡村休闲旅游朝着健康的方向发展。这里的引导主要是宏观政策方面，在乡村休闲旅游初期论证、审批阶段要严格把关。政府应当组织市场营销专家，环境与景观规划专家和历史、地理或者生态文化专家等对开发本地乡村休闲旅游项目进行充分、细致的分析、论证和考察。市场营销专家能够对乡村休闲旅游市场进行调查与预测，其中乡村休闲旅游市场调查包括当地乡村休闲旅游市场需求调查，当地乡村休闲旅游市场供给调查，当地乡村休闲旅游市场客源地市场调查和乡村休闲旅游目的地市场调查等；乡村休闲旅游市场营销调查则包括当地乡村休闲旅游产品调查和当地乡村休闲旅游促销调查等。对乡村休闲旅游市场预测能够为乡村休闲旅游开发与规划提供所需的基础数据，其包括对区域乡村休闲旅游市场发展趋势进行预测和对乡村休闲旅游市场消费倾向与客源地结构预测等。市场营销专家对当地乡村休闲旅游客源市场、客源类型以及客流量的分析为旅游资源开发可行性提供重要参考。环境与景观规划专家会与乡村旅游相关方面的专家举行讨论规划后，形成本地区乡村休闲旅游开发的全景图，其中开发的旅游产品不仅有乡村田园风光，还有乡风民俗、工艺品、生活形式等反映当地乡村文化内涵的旅游吸引物。

在开发乡村休闲旅游的地区，农户是一个不可忽视的主体，他们也应该被看作乡村休闲旅游的主体。农户参与到乡村休闲旅游开发中，才能够使游客深切体会到乡村生产生活给他们带来的乐趣，也能够从中了解更多乡风民俗，体验乡村历史文化底蕴等。只有让农户参与到乡村休闲旅游经营利益分配中，才能够提高他们保护乡村旅游资源的积极性。农户需要严格执行乡村休闲旅游资源规划，贯彻落实政府制定的各项政策和规章制度。农户在不违反相关规定的情况下，有权经营乡村旅游产品并获得应有的报酬；有义务履行当地政府和相关部门规定的职责。经营规模较大或者相对集中的乡村休闲旅游地区，政府要引导农户开发特色产品，走“一户一品，一乡多品”的道路，向规模要效益，防止出现旅游产品雷同、恶性竞争等现象。

（二）统筹各方利益，改善基础设施

1.协调各方利益关系，寻求投入资金的多元化

开发乡村休闲旅游最重要的一点就是拓宽筹集资金的渠道，保证有充裕的资金投入乡村休闲旅游的项目和基础建设中。首先，政府要积极倡导农户参与乡村休闲旅游资金的筹集，农户参与资金筹集的方式可以是现金、土地转让或者其他形式的入股等，参与入股的农户到年底都可以实现分红，享受村里或者乡镇其他类型的补贴等。其次，政府可以通过招商引资的形式，引进企业投入乡村休闲旅游开发中，可以对一些企业实施税收优惠政策等，以便吸引更多有利于当地乡村旅游发展的企业、组织来投资洽谈合作项目。最后，政府要认真贯彻上级对乡村旅游发展下发的政策文件，还应结合当地实际制定针对乡村休闲旅游发展的扶持政策；针对上级拨付的扶持资金，政府要专门成立一个乡村旅游项目扶持专项基金，把上级和当地扶持资金用到开发当地乡村旅游项目中。将这笔专项资金拨付给每一个乡村旅游项目前，政府及相关管理部门要联合专家进行充分论证，确认可以实施开发后才能够划拨资金，资金的管理要遵循专款专用的原则。乡村休闲旅游开发对于一个地区来说是一个系统工程，涉及多方利益，在这里面就要合理分配利益关系，才能确保乡村休闲旅游健康、可持续发展。

2.完善乡村基础设施条件

加强乡村基础设施建设是发展乡村休闲旅游的可靠保障。很多地区的乡村休闲旅游存在“脏、乱、差”的现象，这会使游客对当地乡村休闲旅游的满意度评价较负面。政府要着手规划乡村休闲旅游区的基础设施建设，把资金投入道路、饮水工程、垃圾处理、公共厕所卫生以及村容美化整洁等方面。乡村道路建设一定要按照当地路况实际，保证道路硬化标准，并且要在道路两旁配置路灯，在去往旅游区的主干道上有户外招牌和标识物；建设安全、清洁的饮水工程；政府要整治乡村生态环境，保持乡村整洁；对乡村产生的垃圾要实行集中、分类处理，避免生活垃圾影响乡村环境；在乡村旅游区内要划分停车场；在每个村的入口处设置咨询处，方便游客询问；在乡村旅游区景点周围建设医疗卫生点、邮政储蓄业务点和通信服务点等；对村民改造的民宿要进行监管，不仅要限制规模，还要保证其不破坏乡村聚落的原真性，避免出现乡村“城镇化”，否则会影响游客乡村休闲度假的效果。

（三）健全各项规章制度，完善服务体系

1.健全各项规章制度，做到标准化、规范化管理

要想使乡村休闲旅游健康、稳定、持续发展，政府各相关部门需要建立健全各项规章

制度，对乡村休闲旅游行业进行监督管理。当地政府首先应该按照国家要求制定适合当地乡村旅游发展的示范园区、休闲农业、乡村休闲旅游示范点标准，尽快启动地方休闲农业与乡村休闲旅游示范工程，把示范县、示范乡（镇）、示范企业的建设作为带动和引导地方休闲农业和乡村休闲旅游发展的重要举措，这有利于乡村休闲旅游产品质量的升级，提高乡村休闲旅游市场的竞争力。

现代社会是一个市场经济的社会，我们在遵循经济规律，在市场化运作的基础上，还要充分考虑市场的盲目性、自发性等特点。针对市场缺陷，政府要采取措施积极应对，避免出现损害经营户和游客双方利益的行为。我国乡村休闲旅游虽然发展迅速，但起步较晚，总体来说还处于起步阶段，各项管理制度很不健全。政府要根据当地乡村休闲旅游实际情况，制定相关规章制度、管理条例和办法等。

例如，政府要组织旅游规划、历史文物、环境、工商等方面的专家，对发展乡村休闲旅游有关的行业制定规范条例。为了防止经营业主对游客漫天要价，损害消费者的合法权益，我们可以制定《乡村休闲旅游景区价格管理法》，其中涉及门票价格、农副食品销售价格以及住宿、餐饮等管理规定，这一规定也可以抑制当地消费品价格上涨，对当地农民也有利；为了给游客创造优美的休闲环境，政府相关部门应该制定《乡村休闲旅游景区卫生管理条例》，这部条例要对乡村休闲旅游景区的责任区域、责任人和奖惩办法等做出明确的规定，更重要的是要在餐饮卫生方面加大检查力度，为游客提供一个安全、卫生的休闲消费环境；消防安全在乡村休闲旅游发展过程中应重点关注，消防部门应把制定的《消防安全条例》发放到每位经营业主手中，并要求经营业主认真学习，消防部门也要派专人对其进行消防安全指导、考核等，要对经营业主的经营场所定期或者不定期进行排查，对发现存在安全隐患的场所责令停业整顿，整改合格后允许其正常营业。

完善有关乡村休闲旅游的各项规章制度只是乡村休闲旅游向规范化、标准化管理迈出的第一步，最重要的是要求各相关管理部门积极配合，认真贯彻落实。为了当地乡村休闲旅游的发展，甚至是为了当地经济社会的发展，政府各相关管理人员及工作人员要切实秉承为人民服务、对人民负责的原则，认真履行自己的职责，绝不能玩忽职守，推卸责任。

2.注重引进人才，加强对从业人员的培训

我国自从实施人才强国战略以来，各行各业都把引进适合自己行业发展的高素质人才作为重点。高素质人才意味着先进生产力，他们能够在自己的本职岗位上充分发挥聪明才智，是国家建设的强大生力军。旅游业作为一个服务行业，同样需要懂技术、会管理的高素质人才。乡村休闲旅游发展地区的经营业主很多是农户，他们的文化水平一般都比较低，经营管理理念落后，而且对于一些需要技术的休闲农业，农户由于没有相应技术而不敢接受或者持观望态度；在信息化高速发展的时代，乡村旅游景区也要引进信息网络技术型人才，这类人才能够帮助景区紧跟时代步伐，提高乡村旅游经营效率；景区的导游必须持导游资格证，具有大专以上学历，具备良好的沟通能力并且相当熟悉景区的环境和乡村历史文化等。

政府一方面要为乡村休闲旅游引进人才，另一方面要加强对旅游区内从业人员的培训力度。乡村旅游协会要协助政府分批次将旅游区内的经营业主组织起来进行培训，并且要针对乡村旅游景区的实际制订详细的培训计划，加强对业主的教育，使他们掌握旅游管理和营销方面的知识。

（四）突出特色，走品牌化战略

1.挖掘地域旅游特色，打造旅游新亮点

一个旅游景点能够吸引游客并不断提升知名度的关键是其开发的旅游项目或者产品具有特色。现代乡村休闲旅游有多种类型，主要有以绿色景观和田园风光为主题的观光型乡村旅游；以农庄或农场旅游为主，包括休闲农庄，观光果园，茶园、花园，休闲渔场，农业教育园，农业科普示范园等，体现休闲、娱乐和增长见识为主题的乡村旅游；以乡村民俗、乡村民族风情以及传统文化为主题的乡村旅游；以康体疗养和健身娱乐为主题的康乐型乡村旅游等。目前以“农家乐”为主题，集多种娱乐休闲方式于一体的发展模式成为乡村休闲旅游一大看点，游客们能够从中得到身心的愉悦。

发展乡村休闲旅游要结合本地实际，发挥比较优势，充分整合各种资源，打造属于自己的旅游新亮点，这样可以吸引更多的游客，提高顾客的重游率和当地经济的可持续发展。如果在发展乡村旅游过程中，一味追求数量和模仿其他地区的模式，那么只会降低当地旅游的知名度，而美誉度也无法得到提高。例如，在山区发展沟域经济、在平原发展园区经济、在湖区发展水产经济，充分利用山清水秀、空气清新、环境幽雅、资源丰富的优势，大力发展不同类型的旅游。在山区和丘陵地区发展以吃农家饭、赏农家景、住农家院、体验浓郁的乡土气息和淳朴的乡村风情为主的休闲农庄；利用水资源优势，以垂钓娱乐为主，让游人充分享受赏山水、吃水鲜的乐趣；在农产品种植地区，发展以观光农业为主的休闲旅游模式，让游客们在采摘果蔬中尽享劳动情趣。此外，我们还可以重点打造乡村休闲旅游文化品牌，提升乡村休闲旅游的文化内涵和层次。例如，营造颇具地方特色的文化氛围；举办富有文化内涵的节庆活动；挖掘传统年节活动的文化底蕴；开发民族民间民俗文化资源等。

2.加大对内对外宣传力度

宣传对于任何一种商品来说都十分重要，再好的产品如果宣传效果不好，其得到的收益也会非常少。对于乡村休闲旅游来说，宣传乡村旅游产品效果的好坏，关系着当地乡村旅游效益。宣传也是一项不小的投资，对于农户来说，只能靠口碑传播或者印发小册子、传单等进行宣传，这样的形式宣传效果极其有限。对乡村休闲旅游的宣传离不开政府部门的支持，可以让旅游主管部门牵头，在广播电视、报纸等大众媒体上进行宣传报道，制作乡村休闲旅游主题片，把乡村休闲旅游特色重点推介出去，吸引本地区和省内的游客前来休闲度假。

随着网络技术的发展，人们的生产与生活方式发生了深刻变化。越来越多的人希望从网络中获取自己想要得到的信息，并且要求得到的信息全面且准确。因此，笔者认为旅游主管部门应该建立一个当地的旅游网站，为想要外出到乡村休闲度假的客户群体提供便捷的服务。这个网站建立的原则应该是保证乡村旅游信息的准确性、及时性、有效性和全面性，设定这样的原则不仅可以对当地乡村休闲旅游起到宣传作用，而且可以使潜在的客户群成为实际的顾客。其中应涵盖旅游景点宣传片、住宿信息、天气状况、出行服务、旅游指南、民俗荟萃、乡土特产、农家美食以及娱乐信息等内容。

3.重品牌知识产权保护

发展乡村休闲旅游必须做好以下两方面的内容：一是要挖掘出特色旅游产品，避免与相邻地区开发雷同项目；二是要加强对开发的具有旅游特色的项目和产品实施知识品牌战略，注重知识产权保护。品牌知识产权保护能够增强当地旅游产品在市场上的竞争力，同时有利于扩大地方旅游知名度，从而拓宽客源渠道，促进当地乡村休闲旅游业的发展。

第七章　乡村旅游目的地生态环境规划方法

第一节　乡村旅游目的地生态环境规划类型

一、主要类型

乡村旅游目的地生态环境规划，是应用生态学原理和方法，从生态的角度进行规划设计，合理开发目的地自然景观要素，尊重地域自然地理特征，有机组合各种景观元素，建构良好的景观生态框架，合理布局旅游活动的空间环境，最终实现旅游目的地环境的生态可持续发展。

由于研究问题的角度不同，乡村旅游目的地生态环境规划的类型也多种多样。根据规划内容的性质，可将其划分为生态农业型生态环境规划、景区依托型生态环境规划、古村落型生态环境规划、都市农业型生态环境规划和特色产业园生态环境规划五种类型。

（一）生态农业型

生态农业旅游是将农业与旅游业相结合，充分利用乡村的农业自然资源和乡村人文资源，在生态学原理的基础上，以保护自然为核心，对资源合理规划设计和布局，是集观光休闲、生态农业生产、科学管理、农产品生产于一体的新型生态旅游活动。

生态农业是在保护自然环境的基础上，保留原生态农业生产格局，确保良好的生态效益。规划过程中避免破坏自然生态系统，体现出优质的生态环境和自然农业风貌，并结合有传统特色的农业民俗文化，保持生态环境和人文环境的生态性，确保生态旅游的可持续发展。

农业生产作为生态农业的核心，不仅要能体现出其生产功能（如生产出粮食和农副产品），还要在其生产操作过程中对自然环境起到保护和修复作用，也要将生态效益置于首要位置。另外，在游客游览的过程中，要向其展示出整体的、绿色的、协调的、循环的、可持续的农业生产，传达生态绿色的农业生产模式，起到积极的环保科普教育作用。

当今快速发展的城市生活，使得人们对大自然和农业文化充满了渴望。农业的发展是与文化进步密切联系的，农耕文化、历史人文、民族文化、农村生活方式、宗教文化、饮食文化、地方风俗等造就了深厚的农业文明。人文生态环境规划的关键就在于挖掘当地农业文化，结合当地农业生产方式并谋求生态效益最大化的开发模式，提升农业文化的品格和内涵，追求生态农业旅游环境资源发展模式的最优化。

（二）景区依托型

我国以自然生态旅游资源为主的景区主要有风景名胜区、自然保护区、森林公园等，类型十分丰富，不仅自然景观奇特，而且文化内涵深沉厚重，历史价值极其珍贵。景区依托型的乡村旅游主要分布于著名景区内部或周边，是依托核心景区的自然和人文等资源优势，结合自身特色，与景区协调发展、资源共享的乡村旅游类型。因其依托于风景区，所以具备一般乡村旅游不具备的优势。规划时要充分利用景区良好的自然资源、人文资源和客源量，与风景区总体规划、当地社会经济发展规划、土地规划相协调，将可持续生态理念作为指导思想，维护好生态安全，不对景区的生态造成破坏。

我国景区的人文生态旅游资源也极其丰富，主要包括民族、宗教等文化。民族文化，例如云南西双版纳的傣族文化，每年吸引大量游客前往；我国宗教名胜古迹丰富，宗教文化独具特色。依托于景区的乡村旅游，作为景区文化延续的载体，在规划中要注意保持好原传统习俗，将文化融入生态旅游中，在产品的开发上也融入地域文化内涵。

规划过程强调生态环境效益、社会效益、经济效益三者有机结合，适度利用景区的生态旅游资源，规划出合理的布局结构，延伸景区的旅游产业链，适当开发建设，结合风景名胜区打造一个集旅游度假、休闲娱乐、康乐疗养、生态科普教育于一体的生态旅游目的地。但强调控制人为活动的干扰，如果其规划会对风景区环境造成破坏，则应采取将乡村整体迁出的措施。例如1985年各级政府协力出资，将唐家河国家级自然保护区内的65户农户整体迁出保护区，为区内大熊猫等珍稀野生动植物的繁衍生存创造优良的生态环境。

（三）古村落型

古村落是指在民国前已建村，且保留了较大的历史沿革（村落选址、建筑环境、建筑风貌等未发生较大的变动），具备独特的民风民俗，年代虽久远，但至今仍为人们服务的村落。

古村落旅游，即以古村落为乡村旅游目的地，以了解古村落的历史文化为旅游目的，让游客通过体验和感受古村落特有的自然景观和人文景观在精髓文化上获益受教的旅游活动。

在进行古村落的环境生态性规划时，不能单纯为了迎合游客需要任意而为，应该在维持古村落完整的文化生态系统的前提下进行合理规划，这种完整不仅仅是古村落街巷、文物古迹、建筑民居等物质形态，也包括居民赖以生存的自然环境和丰富的饮食文化、独特浓郁的民俗风情、宗教礼仪、节庆祭典等。因此，规划应强化古村落旅游自然资源和人文资源的整合，注重物质和非物质文化旅游资源的融合发展。

中国古村落作为一种传统的聚落空间，在村落选址布局上比较讲究风水，一般以山河为自然屏障，依山傍水，自然环境资源丰富，整个建筑风貌、村落环境与自然紧密融为一体。自然环境是古村落赖以生存的基础，也是构成古村落景观特色与开发旅游项目的重要资源，所以应在保护村落自然环境的前提下进行规划，一方面要保护好古村落中建筑、农田、水系、林地等自然风光，使其不遭受破坏；另一方面要避免对自然环境造成污染。要对古村落整体划定保护层次区域，结合生态旅游理念，保证整体自然风貌和村落风格协调统一。古村落人文环境的规划也尤为重要。古村落的文化分为物质文化和非物质文化两类。物质文化作为文化的一种载体，包括民居建筑、宗教寺庙、古建筑等，非物质文化包括宗教文化、信仰文化、民俗文化、传说典故、艺术文化等。这些珍贵的传统文化都应保留并合理规划，既要让游客了解和体会当地的人文底蕴，又要让当地居民意识到传统文化的重要性，并以积极的态度将传统文化保持和传承下去，保证传统的生活方式得以延续。

（四）都市农业型

都市农业是指利用田园风光和自然生态资源，依托都市内部的经济辐射，为城市提供农产品和服务，集生活性、生产性和生态性于一体的现代化农业体系，是城市经济与城市生态系统的重要组成部分。一般位于城市内部及周边地区，但多集中在城市郊区，而城郊作为乡村到城市过渡的地段，城市的机能与乡村的机能相互交错，相较于城市或者乡村都更具独特性；地理位置靠近城市，为城市提供特定机能补充的同时，又对城市生态系统的维护起到十分重要的作用。随着我国城市化和工业化进程的加快，旅游业被不合理开发，大量农业资源被占用，令郊区的农业生态环境日益遭到破坏和污染，而都市农业依附于城市边缘，生态环境脆弱，生态代价低下，所以都市农业环境的生态旅游规划是亟待解决的问题之一。

正确认识并充分挖掘生态旅游资源是规划都市农业生态旅游的第一步。都市农业的生态旅游资源包含风景秀丽的田园风光、民居风貌等自然资源，淳朴的民风民俗等人文资源和传统农业的生产方式与过程、农产品等副业的生产模式。规划目标时要达到综合效益的最优化，在满足生态旅游和休闲度假的同时做到全面统筹、稳步发展，秉承生态环保理念、挖掘区域特色文化，并发展区域特色。

在对都市农业型生态环境进行规划时，应以生态环境保护为前提，在尊重自然、保护自然和维护自然生态资源可持续利用的基础上进行，同时治理好环境污染，防止生态环境恶化。根据景观生态学的原理和方法，合理规划都市农业的景观空间结构，使农业用地、休闲用地、生产用地等连接成网，构成和谐高效的自然生态环境，使缓冲城市污染物扩散的生态功能达到最大化。规划时要把各类景观合理地分布到原有的自然环境中，例如建筑密度的控制、各类绿色空间的序列、植被的面积与分布。特别要注意的是，各类人工环境如景观廊道、人工种植等设计，应避免破坏整个自然环境的协调性和整体性，要尽可能地融入自然环境。

生产上应大力发展生态农业，将农业向第二产业和第三产业拓展、延伸与融合，提升生态农产品的消费市场。生产方式讲求绿色生态，推行集生态建设、观光休闲、科普教育、农业体验、农产品深加工于一体的生态产业链。生产技术上，现今很多地方还沿用传统的农业生产技术，专业化与产业化程度低，会对环境造成一定的污染，对当地的生态产生破坏，所以应积极研发新型高效的生产技术，并结合观光旅游开展科普教育工作，供游人参观学习，亲近自然。

此外，还要尽可能实现自然生态与历史人文的和谐统一，注重挖掘当地的历史、文化传统等资源，在旅游区的建设和经营中融入当地的民族民俗文化，保护和传承原有历史文脉。加强对城市近郊的特色人文景观和文化遗迹的保护，避免建设过程中对当地传统文化内涵和民族文化风貌造成不可修复的破坏。

（五）特色产业园

特色产业旅游以特色产业为支撑，以旅游为载体，以市场为主导，需充分挖掘自身产业潜力，同时，在特色产业的基础上设计生态特色产品，促进旅游资源合理利用，使目的地发展形成具有独特文化内涵和旅游功能的特色产业结构。

科学规划设计，对原有乡村旅游资源社会、文化和生态价值进行有效挖掘，并保留原有的地域产业特色，提升旅游资源的经济价值和生态价值，使其特色产业的带动性更有效地体现在生态旅游上。结合生态学原理，做到保护地方生态环境，保护特色建筑、文化传统，不随意破坏原有场地的地形地貌和现有的生态植被。

特色产业作为旅游规划的核心，应从本地实际出发，充分考虑生态承载能力，深入挖掘地脉、文脉、人脉，着力打造城旅融合、农旅融合、商旅融合、文旅融合的特色产业链条和特色产业集群。例如，打造集观光休闲、民宿体验、科普教育于一体的果园、茶园、渔场、酒业、陶艺业等特色生态产业，根据产业的季节性、地域性等特点，科学规划好生态旅游项目，形成联动的生态特色产业链。

二、案例分析

不同类型的乡村旅游目的地生态环境规划在国内外已经有了不少优秀的案例可供借鉴，在进行各种类型的乡村旅游目的地生态环境规划时可以从国内外的优秀案例中取其精华、弃其糟粕，实现对各类型乡村旅游目的地最适宜的生态环境规划。

（一）生态农业型——广东广新生态农业园

广新生态农业园是广东省最大的农林果自然生态景区，始建于1999年，占地5000多亩，是中国最早一批生态农业园，曾获“全国首批农业旅游示范点”“广东省生态示范场”等众多称号，对于生态农业旅游的研究具有参考价值。

广新生态农业园是集观光农业、科普示范、休闲度假、商务会议于一体的首选旅游目的地。生态园提供自种自摘的果实蔬菜和特色粤西菜品；建筑风格独树一帜，建筑布局顺应自然，有可供国际会议、家庭度假的别墅群，也有供青少年和背包客歇息的青年旅社；园内设有丰富的娱乐设施和体验农家情趣的项目。生态农业园充分开发生态旅游资源，挖掘农业文化，使游人不仅可以观光休闲、农作体验、感受乡土风情，还可带动孩子参与科普教育项目，让孩子增长农业知识和提高动手能力。

在规划建设的过程中，生态农业园坚持环保生态的打造理念，合理开发资源和利用土地。运用生态学原理，因地制宜，构建“桑基鱼塘”“果基鱼塘”等生态养殖模式，让生产与造景相结合。在满足功能要求的前提下，强调人与自然和谐共处，营造优美宜人的生态景观，给人以清新自然、舒适惬意的感受。这充分考虑了人与自然、人与环境的融合，很好地体现了生态农业的生态环境规划。

（二）景区依托型——依托黄山景区的安徽南黟西递村

西递村，位于安徽黟县南部，是黄山市最具代表性的古民居村落，至今保存着完好的明清时代的徽派建筑、徽派石刻技艺等旅游资源，2000年被列入世界文化遗产名录。其距离风景名胜区黄山较近，依托于黄山景区，游客在饱览雄伟秀丽的黄山美景之后，落脚在西递村，可同时领略两者截然不同、各具特色的旅游景观。国家级风景名胜区与古村落旅游地相互关联，实现了景区与乡村的客源共享和资源互补。

黄山风景区因具有丰富的旅游资源，吸引了来自全国各地的友人到此游玩，也带动了附近区域的经济，又由于景区的接待能力有限，因此必须发展其周边乡镇的接待能力。同时，景区文化对周边区域具有辐射作用，使得周边类似的旅游目的地也发展起来。所以景区的客源量为西递村创造了发展契机，而西递村的规划定位又与景区完美互补。

西递村依据自身环境特点及资源类型，利用其保存完好的明清建筑和遗存的文化资源，科学合理地规划设计生态旅游项目，满足游客对西递村现存古文化的认知需求，使得公众在欣赏中国古代艺术精华的同时，增强保护生态环境的意识。西递村在生态规划上坚持生态优先的原则，保证生态和经济的协调发展，加强古村落环境保护工作，积极发展依托于风景区的生态旅游。

（三）古村落型——福建土楼

福建土楼，产生于宋元，成熟于明末、清代和民国时期，分布在福建闽南、闽西一带，以土、木、石、竹为主要建筑材料。土楼具有悠久的历史沿革，建筑风貌、建筑环境、村落历史格局保存完整，具有独特的民俗民风和传统的生活方式。在众多土楼中，福建土楼由于简洁的造型、庞大的体量和斑驳的大墙，给人以巨大的视觉冲击力。

福建土楼村落的选址和村落布局体现了土楼建造者的生态设计观念。在选址上注重风水理论，追求“天、地、人”三者合一的中国传统理念，布局强调村落与地形、气候、河流、山脉等自然生态环境和谐统一。所以福建土楼村落的美，不仅在于它向人们展示的外在美，更重要的是其与自然环境和谐统一的生态美。

福建土楼的旅游规划，保护了祖国优秀的历史文化遗产，保护了各时代客家聚居群落的建筑风貌；避免了自然环境和土楼周围的地形地貌等遭受破坏和污染，保证了原生态环境；同时，保护了客家的民间风情，对客家传统工艺、民俗节庆、特产风物等非物质文化遗产进行了充分挖掘。

（四）都市农业型——上海崇明岛中新农业泰生示范农场

中新农业泰生示范农场位于上海崇明岛东北部现代农业园内，占地面积达680亩，内设数百亩有机蔬菜等农艺、园艺作物区及猪、鸡、鸭、鹅养殖区，是种植业和养殖业联体的生态农场。不同于传统农场，其内有供游人休闲游览的旅游区，有生化处理池、生态湿地和动植物保护区，还有可供游客体验有机蔬菜采摘种植并加工包装的区域。

这种综合性的休闲都市农业，不仅可供游人观光游览、采摘果蔬、体验农作，了解农耕生活，享受田园风光，还可结合农业科技创新，开展科普教育。都市农业生态旅游建立在都市农业的基础上，对都市农业进行多功能开发，促进第一产业向第三产业延伸，各产业关联性极强，所以需合理布局、协调合作，实现生态可持续发展。

（五）特色产业园——杭州梅家坞茶文化村

位于杭州市城西山区的梅家坞，是一个有600多年历史的茶文化古村。梅家坞作为西湖龙井茶的一级保护区与主要产地之一，茶山环绕，自然环境优美，独具茶乡特色文化。

梅家坞以独具特色的茶乡为基础，以茶文化为主题，以茶叶特色产业为核心，充分发掘茶艺文化和采摘制作等技艺，融合当地朴实的风俗文化，打造集茶叶生产销售、茶文化展示、产品创意体验、休闲观光、田园度假于一体的人文生态度假村落。

梅家坞通过规划引领，让创新型特色茶产业与乡村旅游相融合，实现文化传承、经济增收、生态保护的和谐统一，形成特色鲜明的文旅产业链。梅家坞抓住茶文化特色，打造村庄独特的文化特征，并将此特征融入乡村旅游的方方面面，形成了系统的茶文化链；以茶文化为旅游主题，不仅让游客体验和参与茶叶的制作流程，还让游客亲身感受浓郁的茶文化气息，让游客在这里尽享生态自然和农家风情。

第二节　乡村旅游目的地生态环境规划理念与方法

一、规划理念与原则

随着交通行业的发展，人们的活动范围变得更加广阔，人们的旅游目的地变得更加多元化，而伴随城市化的扩张，城市人口急剧增加，已超过农村人口，城市成为人们主要的生存环境。城市的嘈杂喧嚣，飞快的生活节奏，浑浊的空气，使人们开始怀念乡村，乡村成为人们旅游的一种选择，成为大多数人体验农耕生活、欣赏淳朴自然、寻找记忆、缅怀情感的地方。这使旅游规划者开始关注乡村旅游目的地的生态环境，在进行旅游目的地规划时因地制宜，确定好的规划理念和规划方法。

乡村旅游目的地生态环境规划涉及景观生态学、生态美学、游憩学、环境心理学等多领域学科，力求在坚定不移地遵循可持续发展观、保护与开发乡村自然资源并举的前提下，做到构思新颖独特、布局完备合理，从而为创造生态系统结构稳定、旅游特色鲜明、人与自然和谐相处的乡村旅游目的地生态环境奠定坚实的理论与实践基础。

（一）规划理念

乡村旅游目的地生态环境规划的设计要求目标明确清晰，特色鲜明突出，规划理念要有创新性、发展要有高起点、质量要严格把关，遵循自然发展变化规律和空间结构组织规则，融自然性、艺术性、生态性、地方性为一体。因此，乡村旅游目的地环境规划涉及多学科领域，是一项正处于探索发展中的综合性、实践性系统工程。

在科学发展观的指导下，乡村旅游目的地的环境规划应本着促进当地区域财政和居民经济共同增长进步、加强生态环境保护力度、全面完善社会基础及公共设施建设、继承弘扬优秀传统文化的原则，在统筹规划的视野下阐述城乡差别，平衡乡村建设和生态环境保护之间的辩证关系，从发展富有当地地方文化特色的“乡村生态游”、加强农耕用地保护、挖掘地方潜力、营造特色景观等角度进行规划设计。

乡村旅游目的地生态环境规划的目标是构建“可观、可游、可居、可玩”的乡村景观。对于富有特色的乡村景观而言，要强调景观元素在不同阶段的个性特征，做到层层推进，既要使城市与乡村两者的景观序列相互融合，又要体现出由城市景观向乡村景观的逐步过渡，最终共同展现推崇自然、生态、健康、休闲的主题。乡村旅游目的地生态环境规划就是在理论知识与专业技能的指导之下，达到一种对立与统一并存的关系。

因此，乡村旅游目的地生态环境规划始终贯穿“生态、旅游、休闲、文化”的思想，在具体规划中可遵循以下三个理念：

1.坚持主客结合、因地制宜的理念

乡村旅游目的地生态环境应提倡“主客合一”的规划理念，在策划旅游项目和开展旅游活动时，必须酌情考虑当地居民的生活方式、习俗文化等，有“主”无“客”或有“客”无“主”的旅游规划方式都是极其片面的。乡村居民的风俗习惯和生活方式普遍依地域与季相发生变化。因此，发展乡村旅游目的地应充分考虑各地区在地理区域、气候季相、农业资源、生产条件、生活方式、风俗习惯、宗教信仰等方面的差异性和特殊性，因地制宜、因时制宜，确保生态旅游与居民生活尽量融洽。

2.突出乡村特色、互动参与的理念

当今社会的旅游者越来越注重旅游体验，渴望参与感，因此在进行乡村旅游目的地生态环境规划时，尤其要注重体现“参与”的规划设计理念，不仅如此，还要体现不同特点、不同程度的参与，以丰富乡村旅游目的地的活动形式，提高乡村旅游目的地环境的对外吸引力，满足旅游者参与体验的需求。乡村旅游目的地环境规划应大力挖掘当地历史文化内涵，用以表现不同区域的独特风格，避免低水平、低品质的仿效及毫无新意的跟风建设。只有突出特色，才能在市场上占有一席之地，才能将当地“乡村生态游”长久地发展下去。

参与不仅指外来旅游者的参与，更要加强旅游者与当地居民的互动性。乡村旅游目的地不仅是一个旅游开发对象，更是大量乡村居民的生活聚集地，所以乡村旅游目的地生态环境规划应尊重当地居民的生活方式、文化传统、民俗特色、宗教信仰等，既满足大量旅游者的需求与愿望，又考虑当地居民生活的延续和发展。而居民收入水平的增长和生活质量的提高，更是进行乡村旅游目的地生态环境规划的首要任务。

3.突出可持续保护与开发并举的理念

乡村旅游目的地生态环境规划首先应遵循生态性原则，要求人与自然和谐共生。在人与自然和谐共生的前提下，加大乡土文化资源和农业旅游资源的整合力度，加大对农耕文化和民俗传统文化的保护力度，加大现代科技在农业中的应用以及农业科研、培训和示范基地的开发建设力度，从而做到真正意义上的自然与人文景观相结合。

（二）规划原则

1.全局统筹、综合规划原则

规划先行，统筹安排。在规划设计中，应当全面贯彻执行国家相关规定和政策，兼顾乡村旅游目的地的自然、社会双重属性，从生态、社会、经济效益全方位、多角度进行考虑，做到以人为本，重点改善乡村生态环境和当地居民经济现状。在规划过程中要始终坚持生态理念，坚持人与自然生态环境的和谐，体现乡村文化特色与内涵，最终带动乡村生态旅游的发展。

2.生态首位、清洁生产原则

保护乡村生态系统多样性，维护乡村生态系统稳定性，在规划发展的同时重视生态环境的建设和改善，并结合土地整治，集约利用土地。乡村生态旅游着重强调的是保护自然生态环境，所以更应该在生产过程中强调生态与清洁的重要性，并且在整个产品产业链中采取环境预防策略，以减少生产过程中可能对人类及自然生态环境造成危害。

在乡村旅游目的地的生态系统中，物质是可以循环利用的，如花生在丰收后的副产品花生藤蔓经过一定的加工处理便可以作为家畜的饲料，从而进入家畜生产链，而家畜的粪便等又是农田天然的有机肥料，也可作为生产沼气的原料，再次转入分解链。生态系统中物质和能量的利用效率随着物质循环而增加。再生利用生产的废弃物，不仅能使生态系统的产出得到增加，生产成本大大降低，还能使废弃物的各种污染问题得到一定的解决。

因此，对生产中的废弃物进行再生利用，在规划设计中达到清洁生产的效果，更具可持续性。

3.注重文化、体现特色原则

保留本地特征，发展地方乡村民俗文化，重视并发挥村庄自身的地域特色，进行深层次人文景观、乡土文化的挖掘和塑造。区位因素和气候环境等的不同导致各地区自然资源和人文历史之间存在差异性，并且形成各具特色的建筑、景观、民俗等。在进行规划的过程中，不仅要考虑如何保护利用好当地的特色资源，还要挖掘出当地特有的人文历史和文化传承，从而突出当地与众不同的景观特色，包括各地区的民风民俗、艺术文明、审美情趣、建筑风格等要素以及其特有的自然景观和文化景观，以此形成鲜明的个性，对旅游者产生强烈的吸引力。

4.因地制宜、合理利用原则

在进行乡村旅游目的地生态环境规划建设时，应结合当地实际情况（包括地理位置、资源构成、能源储备、生态环境与民风民俗等），依据当地独特的地理环境，寻找适合自己的发展类型与方向。切忌不顾当地实情，盲目进行仿效建设。

5.便捷舒适、满足需要原则

对旅游者提供的方便服务主要体现在乡村旅游目的地的信息咨询中心，对内对外交通系统，多种社会基础设施，餐饮、购物、住宿等服务设施，服务的礼貌热情等方面。旅游者大多是出于释放学习、工作、生活、人际的多种压力与不适的目的来到乡村旅游玩乐的，所以乡村旅游目的地要满足交通便利、环境优美、空气清新、安静舒适、气候适宜、绿色生态等要求。

6.以民为本、多方参与原则

乡村旅游目的地的最终目标是实现乡村自然生态环境良好、地区财政经济可持续发展、当地居民生活与生产水平提高，因此，当地居民并不是可有可无的角色，而是实现乡村旅游目的地生态环境规划的一个关键环节。一方面，乡村旅游目的地生态环境规划编制的整个过程需要当地居民的大力参与，乡村旅游目的地生态环境规划的实施也需要当地居民的监督和把控；另一方面，生态环境保护以及传统景观和民俗民风的保护和继承都需要当地居民予以重视。另外，乡村旅游项目的开发也少不了当地居民的参与和协助。

因此，当地政府部门应对当地居民进行管理协调，保证当地居民的参与，保证每一步成果都征求居民的意见，然后吸取其中的合理建议，力求达到最好的规划效果。吸引当地居民参与乡村旅游目的地生态环境的规划建设、管理与维护，不仅可使规划的区域地方特色得到增强，使相关信息咨询更加全面深刻，还能使资源的价值得到充分体现。更为重要的是，规划过程有了当地居民的参与，能使当地居民的利益在规划过程中得到体现，从而成为乡村旅游目的地生态环境规划真正的受益者，这样，他们便会更加自觉积极地保护生态环境。

7.安全为首、保障健康原则

在乡村旅游目的地生态环境规划过程中，乡村生态旅游中旅游者的安全和绿色通道中旅游者或当地居民的安全应当引起规划者和管理者的重视；为维护旅游者的合法权益，要坚持对旅游者负责的态度，保障旅游者在观光游览过程中的生命安全及健康状况不受到威胁，始终为旅游者提供有保障的乡村生态旅游服务。因此，在一些特殊的乡村旅游目的地，如滑雪场、矿坑、河流、森林等，要设置必要的救生设施和医疗设备，以保护游客和当地居民的健康和生命安全。

8.保护资源、长远发展原则

注重保护资源，着眼长远发展，在乡村旅游目的地生态环境规划中始终遵循可持续发展理念。根据乡村实地状况进行选择性开发，留有发展余地，主要是指乡村自然资源和利用开发深度之间的平衡，内容包括：

①资源的节约，即尽量少用不可再生资源，如矿产资源等。

②对可再生资源谨慎使用，如风能、太阳能、生物能等。

③各种废弃物的减少，最好做到物质循环利用。在开发利用程度没有超过社会限度和环境限度的条件下，追求乡村旅游目的地规划开发的经济效益与社会效益最大化，并将社会治安混乱等负面影响降到最低，更要控制资源的破坏和环境质量的下降的消极影响。总而言之，可以将资源保护概括为：在发展经济、改善和提升乡村旅游目的地居民生活质量的基础上，合理利用资源（包括能源、水资源、土地资源、景观资源等），保护环境（自然、人文、生产环境），在和谐、生态、进步的基础上做到长远发展、有质量地发展、有道德地发展，达到自然、生产、人文多方共生，乡村旅游目的地生态环境可持续发展的目的。

二、规划方法

（一）总体规划法

为保障乡村旅游目的地生态环境规划过程中各项工作的有序展开，要让总体规划先行，然后在借助景观艺术规划设计手法的基础上，协调好方方面面的关系，最终使整个规划实施过程有计划、有目的地进行。

首先，在进行乡村旅游目的地生态环境规划之前，应当进行全面细致的目的地调查，从多个层面、多种要素着手，对目的地的地形、土壤、水文、植被、气候、水权以及该目的地区域历史状况等进行调查并且评价，达到由表及里的规划深度。具体调查包括：

（1）地形现状：该地区的登高间隔、地形地貌、自然景观水平位置、人工景观水平位置等。

（2）土壤现状：有机物含量、肥力、粗密度、盐度、密度、密实度、结构、含水量等。

（3）水文现状：植被及其分布、表层土壤侵蚀程度、气候及水文记载；水硬度、混浊度及重金属含量；地表水源，如常流河、潮汐影响、降水、降雨径流以及融雪等；地下水源，如天然泉水、合流处、地下蓄水层等；水流失的途径，如渗透、蒸发、蒸腾、渗漏等；乡村旅游目的地的流域及其物理特征等。

（4）植被现状：植物类型、密度、分布状况等。

（5）建筑现状：村落风貌、群落历史、建筑形制、建筑风格、构造、密度、材料、空间、结构等。

（6）人文现状：风俗习惯、历史文脉、宗教信仰等。

其次，联系周边的水系、林地、农田、村民社区、基础设施等“斑块”，共同配合发展成新的景观整体，融入具有整体性的乡村旅游目的地生态环境规划要求中。特别是目的地生态环境中的多种自然要素，无论其状态特征如何，乡村旅游目的地生态环境特色的框架就是由这些规划过程中重要的元素组成的。

最后，交通道路组织体系、观光游览景点设置、建筑空间构成、建筑布局、功能分区、基础设施都应当被视为规划的整体，不可孤立出现，从而达到重视乡村旅游目的地布局整体性、优化生态格局的目的。

为了更好地发挥景观功能，需要在保证乡村旅游目的地区域景观结构完整的前提下，以斑块或廊道的形式，将绿地、道路、农业生产用地、水系、建筑物、构筑物纳入整个景观结构中，为旅游者提供包含吃、喝、玩、游、住、行、学等的综合性乡村生态旅游场所。

（二）局部分区规划法

局部分区规划法主要是根据生产、生活、游览以及娱乐的需要，将整个乡村旅游目的地生态环境景观划分为不同的功能区域和空间层次。在进行详细规划时，将每一部分逐渐加深细化，进而使每一区域的景观作用都能得到强化和提升，并分别有主题性地营造每一分区景观。实行局部分区规划的策略，可使乡村旅游目的地生态环境规划的景观细部控制更加明确清晰。

功能区域大致可以分为游、行、购、吃、住、学六类，实质上是对旅游者的行为进行空间布局和组织安排。因此，可将乡村旅游目的地区域划分为景观观赏区、农业生产区、科技示范区、游览体验区和休闲服务区，而各个分区囊括的内容则可根据项目规划的具体情况和切实需求进行调整。

对乡村旅游目的地进行功能区域的划分，在规划之初就应当根据重点、要素、空间等组成部分的特点，考虑各方面复杂关系的影响，按照同一性或差异性来进行，充分发掘自身的特殊条件并形成优势。例如，利用特色差别，开发与本功能区域相适宜的旅游项目。同时，也不能忽略景区的整体需要，最理想的状态是各功能区域之间形成优势互补、扬长避短、功能融合的分工合作体系。

（三）景观细部控制法

对于乡村旅游目的地而言，在做具体规划时，景观的细部打造首先要从人本思想的角度进行考虑，不仅要做到具有实用性、美观性，同时应具有独特的乡村文化特征，而这些都是以从大方向进行宏观把握整体布局为基础的。人性化考虑景观细部，应当学会各种乡土元素及材料的灵活运用，再根据明确的主题进行乡村景观的细节营造。例如，在进行乡村住宅的规划设计过程中，可以考虑采用几户并联式或者低层院落式布局的乡村住宅形式；硬质路面铺砖尽量少使用在住宅的前后庭院中，可以大量使用透水性材料；为了给居民留自行建设的余地，最好采用一些简单灵活的结构体系。

在乡村旅游目的地生态环境规划中，要依照现在已经存在的和谐景观进行稍加改造，将其固有的景观情境充分反映出来，最好是能突出其独特的景观特征；而用一些自然的方式将某些不协调的景观要素巧妙地屏蔽或者弱化。涉及生态学理念的乡村旅游目的地生态环境规划方法有四种：一是保护型规划法，二是恢复型规划法，三是功能型规划法，四是展示型规划法。

1.保护型规划法

保护型规划法是指在某些自然生态环境良好的乡村旅游目的地或者有一定文化保护价值的乡村旅游目的地，为了使当地良好的生态环境不被破坏和当地现有文化价值的区域受到保护，利用生态学的有关原理，对其进行规划。在这个基础上，规划者既要维持当地生态环境，又要创造出符合大众审美的乡村旅游目的地。

2.恢复型规划法

一些乡村旅游目的地受损程度较大，生态环境状况不甚乐观，如果不改善当前的环境现状，就很难将其作为旅游目的地来开发利用。该种乡村旅游目的地生态环境规划一般是通过对一些还具有纪念意义或文化价值的传统景观进行保留改造以及对材料进行重复利用等，创造出自然、生态、艺术和科技相结合，完全适宜当前社会，艺术水准比较出众并融入生态理念的乡村旅游目的地。

3.功能型规划法

要对乡村旅游目的地进行高效、科学、合理、完备的规划，首先应当以生态理念为基石，再应用一些行之有效的生态技术措施，使之既具有符合大众审美的艺术情趣，又具有生态学的逻辑性、科学性，从而达到改善乡村旅游目的地及其周边环境，营造出与当地生态环境相协调的、便捷舒适的自然环境的规划目的。

4.展示型规划法

这种规划方法主要是基于乡村生活教育的目的，通过展示自然界农作物、动物的生态演替过程和某种农产品或者手工制品的制作加工过程，从而向旅游者展示各式各样丰富多彩的乡村生活。还可以提供一些适合旅游者参与的活动，不仅能丰富乡村生态旅游的活动形式，而且能给旅游者带来更加切实、独特的旅游体验。

第三节　乡村旅游目的地生态环境规划程序与内容

一、规划程序

在规划乡村旅游目的地的进程中，针对不同目的地的开发目标，一般需要明确相关规划的步骤，在此总结出以下几个程序要求。

（一）前期调研

乡村旅游目的地开发的首要程序就是前期调研，这是确定该项目能否顺利开展的前提条件。在开发前期调研的过程中，开发者可以针对乡村生态旅游需要规划的目的地所在的区位情况、生态现状、自然条件、经济现状、交通条件、村民意愿以及相关政府部门的规划要求等问题展开调研，罗列出现状存在的优势和不足。其中，规划区域的区位、生态情况现状和自然环境条件是调研任务中的主要调查对象。

（二）目标评估

依据前期调研得到的数据，分析所选区域是否具备开发潜力且程度如何，以及确定开发后所能达到的目标。这是整个规划程序的主体部分。此外，利用前期调研所得的原始数据与周边相关环境进行比较，并对比较结果进行分析总结，得出调查区域开发的潜力程度。其中周边相关环境包括地理位置条件、周边景观特色、所选区域与周边观光景点的距离以及其他相关的基础条件，将这些数据与开发前期调研得出的数据相比较，可得出该区域的开发优势和劣势，从而评估该区域的开发潜力并确定开发目标。

（三）规划设计

乡村旅游目的地规划中的功能区域是旅游开发必不可少的程序。功能区域的划分可以根据其原有的自然条件、景观分布情况以及原土地利用情况来确定，对规划区域内的空间进行合理再分配，设计未来不同功能区域内的边界、容量、发展方向及特色。

估算乡村旅游目的地的旅游容量是必不可少的流程。估算针对被规划区域的旅游前景及现有开发区域中的生态、经济、社会、气候环境等条件展开，估算的结果可以作为后面相关程序的有效依据。

根据上面提到的容量估算，基于景观生态学相关原理，可以对开发区域开展景观设计，对其进行合理的统筹规划、资源再配置与设计，使设计结果能够体现乡村生态旅游主题中乡土性与生态性两大主题，在尊重乡村景观原貌的基础上进行合理规划修饰。

乡村旅游目的地景观规划中对景点区域规划的核心内容，包括接待游客、食宿出行等。在规划乡村生态旅游基础服务设施的过程中，需要考虑相关生态原则，尽最大可能采用节能环保的物质材料，尽量减少对周边生态环境的影响，做到最大限度的低影响开发。

（四）规划审核

在规划审核中，社区参与是不可或缺的程序，它贯穿整个旅游规划的全过程。开发前期调研、开发潜力评估、功能分区以及景观设计等各阶段，都离不开当地居民的积极参与，当地居民的参与程度可以使整个规划更好地体现当地的人文特色，更能够集思广益，从居民身上获得宝贵的集体智慧。

（五）规划实施

规划实施是对生态旅游区的建设过程，但不是整个规划的终结。通过对规划开展监督管理，对规划中不足的部分、旅游发展实践中出现的新情况进行反馈，不断丰富与完善规划内容，形成持续改进的规划体系。监督与反馈内容包括生态环境状况、村庄的社会经济发展状况及旅游发展状况等。

（六）实施评估

旅游目的地稳定运转不是规划程序的终点，对于在旅游实践过程中出现的所有新问题和新情况都需要建立相应的反馈机制，以便不断完善此规划，促进乡村旅游目的地的可持续发展。

二、规划内容

在概述和分析乡村生态游规划程序的同时，相应地产生了乡村生态旅游规划的内容范畴。在具体的规划操作实践中，乡村旅游目的地生态环境规划的主要内容包括功能分区、容量估算、景观规划、设施规划和社区参与。

（一）功能分区

考虑到生态保护的原则和要求，在进行功能分区时，规划者可以生态内容的规划为重点，将乡村生态旅游目的地划分为生态保护区、生态服务区和生态游憩区三个部分。不同区域中的设计内容可以体现其在乡村生态环境系统和旅游系统中的不同功能和作用。

生态保护区的划分是基于可持续发展原则开展的，规划的意义在于维护乡村旅游目的地的生态平衡，保持内部生态环境系统的生态多样性。因此，一般将生态保护区规划在乡村旅游目的地的上游。生态保护区应该作为核心保护区，严格限制游客进入。

生态服务区则是游客活动的主要区域。对于此区域的规划设计，设计人员应该根据当地的人文和自然特色，设计出偏重自然、偏重人文或者自然中透出浓郁乡土气息的人文乡土景观。除了乡村旅游目的地自身资源外，可达性是发展乡村旅游目的地的重要条件，因此需要改善目的地周边的交通条件。服务区内部由各种旅游基础服务设施组成，可集中提供生态旅游、休闲娱乐、购物、餐饮、住宿休息等服务。

生态游憩区则介于上述两个规划部分之间，应具有一定的自然原貌景观及相应程度的生态环境条件。作为生态服务区的扩展部分，在此区域内，可在确保安全的条件下，开展一些具有趣味性和有意义的活动，如建设生态展览馆，开展生态科普活动等，为到访游客提供原生态的自然旅游的体验。

（二）容量估算

环境容量指的是在保证生态环境不退化和旅游资源质量不下降的前提下满足游客安全、卫生、舒适、方便等需求，在一定时空范围内，允许容纳游客的最大承载能力。研究乡村旅游目的地的环境及游客容量，可以帮助寻求和阐述环境规模与游客总量之间比较适度的量化关系。合理的游客容量和环境容量是科学经营管理、组织观光游赏以及确定乡村旅游目的地规模的重要依据。

通过查阅现有的资料，笔者发现目前世界上尚无公认的对于“旅游环境容量”的定义。我国对旅游区域内的环境容量的估算这一工作做得还不够，导致投入使用的很多旅游景区出现游客过度饱和的现象，并在一定程度上破坏了生态环境。因此，对于乡村旅游目的地的容量估算应是一个十分重要的环节，是保障乡村旅游目的地可持续发展的关键工作。对容量的估算，实际上是衡量一个旅游目的地内总体环境与旅游活动之间和谐程度的一个指标。做好容量估算，是要保证乡村旅游目的地内的生态环境不被破坏以及能够让游客休闲旅游的获得感和心理最低需求得到满足。其主要包括自然生态环境容量、社会与经济容量以及旅游容量等。

（三）景观规划

乡村旅游目的地吸纳游客的关键因素就是对于景观生态结构进行合理规划。通常认为乡村生态旅游目的地中的景观结构包括基质、斑块以及廊道三个部分，这三个部分有机搭配形成的镶嵌格局便是景观规划。

在乡村生态旅游目的地中，面积最大、分布最广泛的便是基质，其可作为斑块与廊道的环境生态性背景。基质形态和大小等特征都是相对的。通常农田地带、山林地区以及大范围的水域都可以成为基质的内容。斑块内容则比较丰富，无论它的来源位置还是尺度形状都是多样化的，一般来说，斑块由农田、菜果园、水域、山林及村落集镇等组成。廊道不同于基质，是指基质周边的狭长通道。廊道有线形的，也有带状的，是物质与能量迁移的通道，主要包括道路、篱笆、河流及带状洼地等。在这三个部分中，最主要的生态物质载体是斑块，而使游客和物质之间发生转移的主要途径是廊道，将斑块、基质与廊道三者有机结合，可以有效、合理地营造一个自然的乡村生态格局——这是乡村生态旅游目的地景观规划的任务。

对斑块进行规划的重点在于可以依据原有自然生态风貌资源的特点、分布情况以及游客需求等来设计不同主题的斑块，比如以耕地农田开发为主的农家体验，以山林开发为主的户外探险活动、野营登山等。在规划过程中，需要考虑斑块实体与空间结构之间固有的景观和功能的属性，既要起到突出斑块吸引游客的作用，又不能过度人为地改造，这就需要与周边的基质内容做到相互镶嵌、相互借景，保持真实的视觉体验。至于廊道部分，可以分为区间、区内及斑内三种层级。其中，区间廊道是乡村旅游目的地与外部之间物质交换与游客进入的主要渠道，设计时必须考虑廊道的容量与规划之前估算出的旅游容量之间的协调；区内廊道则是乡村旅游目的地内部、各斑块之间相互流通的渠道，设计时要充分利用现存的一些通道，尽量避开生态脆弱的地带，同时可以发挥斑块之间不同的特色，利用地貌特征和水体的形态等来设计水陆互通的区内廊道，保持天然生态的和谐感受；斑内廊道则是斑块内部物质的流动通道，设计时要考虑自身生态系统的特征，选择与斑块自身属性相符的设计材料，最好使用天然石材，在斑块入口处或其他需要指示的位置设置较明显的指示信息，在路径旁设置具有当地特色风貌的休憩区域等。

（四）设施规划

乡村旅游目的地旅游基础服务设施主要包括导引讲解系统、游客集散中心及生态型生活服务设施。

1.导引讲解系统

导引讲解系统是指为了帮助游客了解乡村旅游目的地乡土风情的完备系统，解说的形式可以多样化，比如可以由当地土生土长的居民开展生动有趣的讲解或是对乡村本土特色物品进行展示等，向游客介绍本土生态、人文等内容。导引讲解系统的设计会加强游客对旅游目的地的了解程度和旅游体验深度。客观合理和生动形象的讲解不仅可以使游客产生亲近自然、热爱自然、放松充实的情感，还能引导游客在旅游活动中充分响应和表现对自然环境的友好态度，帮助游客开阔视野，有利于更好地传承当地特色传统文化。

2.旅游集散中心

旅游集散中心作为城市旅游规划基础设施范畴中的一部分，引入乡村生态旅游规划中，可命名为乡村生态旅游集散中心，即乡村旅游总接待中心。

作为一个承接的设施，乡村生态旅游集散中心既要完成接待来访游客的任务，还要为游客安排食宿和介绍景点等，帮助合理分配乡村旅游目的地内游客的去向，在一定程度上控制整个乡村生态旅游目的地的旅游容量。另外，对车辆停靠的管理也是乡村生态旅游集散中心的一项重要工作。大量城市游客涌入乡村，在保证车辆有序停靠的同时，还应遵循生态保护的原则，做到不破坏乡村的生态系统。因此，在选择停车场的位置、设计其形状以及配置周边廊道、斑块时，应符合生态设计的要求。在规划停车场位置时，不能太靠近生态核心区域，比较适宜的位置应是乡村与区间廊道的交界处；停车场不宜建造外墙围合，应采用高大常绿树种天然围合，这样可以起到吸氮防污的作用；车位之间隔离带植被的选择也应为吸污能力较强的树种，可以防止此处车辆被阳光直射；停车场的铺装应以石材为主，选用固土防蚀的本地草种作为铺设，既美观又能实现雨水回收。

3.生态型生活服务设施

生态型生活服务设施规划是对传统的农家院落里的生态系统进行整合与改造，利用景观生态学以及生态工程的学科原理建立和谐的生态关系网进行服务，通常包括生态庭院设计、水资源循环系统设计、垃圾分类处理系统设计、能源系统设计及建筑系统设计等方面。生态庭院是生态型生活服务设施的核心部分。对乡村生态旅游来说，为了保证游客充分体验农家庭院的本土风情，不宜大面积过度绿化，种植设计时可以采用果树、菜地及一些观花植物的组合，添加庭院视角上的色彩多样性。还可以建设乡村生态农场产业，让游客亲身体会劳作的喜悦，学习相关农作知识。

对水资源循环系统的合理设计关系整个乡村的生态环境。设计过程中应充分考虑节约循环使用水，将水资源按用途分为雨水、灌溉用水、生活用水、卫生用水与景观用水等，并形成较为完善的水资源循环系统。该系统一般包括雨水收集系统和污水循环转化系统。雨水收集系统主要将雨水、生活用水、景观用水等收集起来，再进行水净化，水净化系统的设计由水生植物组成；污水循环转化系统主要将人畜污水、厨房污水等进行处理后，作为农用灌溉水再次利用。

对垃圾分类处理系统的设计关系到乡村生态环境系统的持续发展。从资源减排减量的角度出发，可设计绿色环保、安全便利的垃圾分类回收处理系统来保障乡村的生态环境。首先，在旅游目的地中应减少或限制使用一次性物质，减少一次性垃圾的产生；其次，对垃圾可采取不同的有效分类方式，如分为有机垃圾与非有机垃圾。

能源系统的设计出发点是节能需求以及尽可能地普及清洁能源。这对于在乡村发展生态旅游来说，有很重要的实践意义。清洁能源在乡村地区的应用有很多种类，如风能、太阳能、生物质能等，这些不同类型的能源使用可以根据当地的自然条件来选择。通常风能会受到风速的影响，生物质能需要足够的沼气原料，这些都受到条件的限制，唯有太阳能比较容易获取，因此可以着重设计以太阳能为主的乡村能源系统，同时充分考虑相应建筑设计，如建筑物的朝向、植被对光照时间和条件的影响等。庭院的绿化植被可以选取高大的本地树种，这样可以保证在冬天也能获得充足的阳光；在建筑设计布局上，应促进自然风顺畅流通建筑内外，减少其制热的动力，以实现太阳能利用效率的最大化。

建筑系统的规划设计应做到尊重自然环境，尽最大努力做到与周边景观相融合。在建筑色调的选用上，可以与乡村生态文化背景相协调；在建筑风格上，可以充分体现与乡村生态一致的质朴亲切感；在建筑材料的使用上，尽量多地选用环境友好型材料。此外，建筑物的总体布局还应考虑结合周边自然景观与农家庭院的整体格局，设计时充分利用阳台、窗户等位置来增强观景感受，使建筑与自然融为一体，使游客不会感到视线被遮蔽，从而更加亲近自然。

（五）社区参与

旅游项目的开发能否获得成功，居民的参与是很关键的因素。在乡村旅游目的地的规划过程中，居民的社区参与在政治、经济、文化、心理等多方面会有积极的带动作用，还会在未来开发管理的机制及利益分享方面等产生正面影响。社区参与的方式丰富多样，对本土居民而言，可以参与乡村生态旅游开发规划中每项进程、发展决策的制定以及利益分享机制的构建，参与旅游知识培训工作、旅游管理工作等。

通常在开发过程中，当地村民扮演着三种角色，即雇员、经营者与股东，同时也象征了三种不同的参与方式。作为员工，是最基本层次的参与，任何居民均可以作为旅游开发项目的雇员；作为经营者以及股东受益人，居民可以参与经营、决策与分享收益等。我国乡村生态旅游目的地的开发有自身的特点，项目开发发生区域既是生态旅游的活动场所，也是当地居民的生活场所，任何形式的旅游规划开发都与居民的生活息息相关，这样来看，对乡村生态旅游目的地进行规划，更近乎一个区域发展的规划，任何当地居民都是参与者，可参与到每一个环节中；同时，任何当地居民也是经营者与决策者，可以分享旅游开发带来的收益，也可以参与决策旅游开发的发展方向。

参考文献

[1] 刘杰编.乡村旅游规划与开发[M]. 北京：经济科学出版社，2020
[2] 张君.乡村旅游规划理论与实践研究[M]. 北京：中国旅游出版社，2022.
[3] 郭雨，梅雨，杨丹晨.乡村景观规划设计创新研究[M]. 北京：应急管理出版社，2020.
[4] 韦飞.当代乡村旅游管理与规划设计研究[M]. 北京：北京工业大学出版社，2021.
[5] 崔勇前.新时代乡村旅游发展研究[M]. 北京：中国商业出版社，2021.
[6] 陈瑞萍.美丽乡村与乡村旅游资源开发[M]. 北京：航空工业出版社，2019.
[7] 高小茹.全域旅游视角下的乡村旅游产业发展研究[M]. 北京：北京工业大学出版社，2021.
[8] 汪莉霞.乡村旅游开发与产业化发展探究[M]. 北京：中国农业出版社，2020.
[9] 陈树龙，毛建光，褚广平.乡村规划与设计[M]. 北京：中国建材工业出版社，2021.
[10] 工卫涛，杨滢.乡村旅游的创新研究[M]. 北京：北京工业大学出版社，2020.
[11] 赵皇根，宋炼钢，陈韬.振兴乡村旅游理论与实践[M]. 徐州：中国矿业大学出版社， 2018.
[12] 祁颖.乡村振兴战略背景下的乡村旅游发展研究[M]. 延吉：延边大学出版社，2022.
[13] 李立安. 基于乡村旅游规划中的开发与利用研究[M]. 长春：东北师范大学出版社，2019.
[14] 蔡铭.乡村旅游的开发与管理研究[M]. 北京：现代出版社，2020.
[15] 徐虹，焦彦，张柔然. 乡村旅游文化传承与创新开发研究[M]. 北京：中国旅游出版社，2021.
[16] 庄志勇.乡村生态景观营造研究[M].长春：吉林人民出版社，2020.
[17] 王颖.乡村旅游理论与实务[M] .北京：中国农业科学技术出版社，2020.